뉴라이트 위험한 교과서, 바로 읽기

뉴라이트 위험한 교과서, 바로 읽기

초판 1쇄 발행 2009년 2월 10일
초판 2쇄 발행 2009년 4월 01일

지은이 역사교육연대회의
펴낸이 이영선
펴낸곳 서해문집

주간 강영선
편집장 김선정
편집 김문정 이윤희 최수연 임경훈
디자인 오성희 김민정 김현주
마케팅 김일신 박성욱
관리 박정래 손미경

출판등록 1989년 3월 16일 (제406-2005-000047호)
주소 경기도 파주시 교하읍 문발리 파주출판도시 498-7
전화 (031)955-7470 | **팩스** (031)955-7469
홈페이지 www.booksea.co.kr | **이메일** shmj21@hanmail.net

ISBN 978-89-7483-374-9 03900
값은 뒤표지에 있습니다.

이 도서의 국립중앙도서관 출판시도서목록(CIP)은 e-CIP 홈페이지
(http://www.nl.go.kr/ecip)에서 이용하실 수 있습니다.(CIP제어번호: CIP2009000280)

뉴라이트
위험한 교과서,
바로 읽기

역사교육연대회의 지음

서해문집

그간 학계나 교육계에서 근현대사에 대한 뉴라이트의 위험한 주장에 대해 우려의 소리가 높았는데, 그러한 주장을 집약했다고 볼 수 있는《대안 교과서 한국 근·현대사》(이하, 뉴라이트 교과서)는 짐작했던 것보다도 훨씬 더 문제가 심각하다. 바른 역사 인식을 위해 노력해온 여러 단체들이 참가한 역사교육연대회의에서는 이 책에 대한 면밀한 학술적 검토가 필요하다고 판단했다. 그래서 주진오, 박찬승, 홍석률 등이 뉴라이트 교과서를 근대 초기, 식민지 시기, 현대로 나누어 분석한 글을《역사비평》2008년 여름호에 실었는데, 이번에 그것을 일부 수정하고 거기에 뉴라이트 역사 인식의 문제점을 다룬 논문들을 묶어 한 권의 책으로 출간하게 되었다.

새롭게 추가된 글은 북한사 부분에 대한 분석을 비롯해 뉴라이트의 주역과 그들의 역사 인식, 세계관과 철학, 그리고 대안 교과서의 조건에 비추어본 '뉴라이트 교과서' 등을 주제로 한 것들이다. 이 글들은 이신철, 주진오, 박귀미, 김종훈, 홍윤기 등이 집필했다. 여기에 더하여 뉴라이트 교과서의 문제점을 문답 형식으로 실었는데, 이 책의 필자들과 오종록이 수고해주었다. 또 뉴라이트 역사 인식과 정치적 압력을 반대하는 역사학자, 교사, 연구자 들의 성명서 등을 관련 자료로 실었다.

뉴라이트의 역사 인식이나 뉴라이트 교과서를 문제 삼는 것 자체가 그들의 잘못된 주장을 오히려 선전해주는 것이 아니냐는 지적도 있다. 그렇지만 뉴라이트의 주장이 수준 이하라고 해서 좌시하거나 묵살할 수만은 없다. 배후가 그렇게 간단하지 않기 때문이다. 일제 강점기와 이승만·박정희·전두환 집권 시기에 기득권을 누려온 자들과 군국주의 파시즘, 수구적인 반공이데올로기, 냉전의식에 감염된 층은 자신들을 대변해 줄 논리를 찾고 있다. 이에 영향력 있는 극우적 신문들이 민감한 반응을 보이고 있는 것도 주목할 필요가 있다.

사실 소수의 뉴라이트가 기승을 부릴 수 있는 것은 이들 신문이 대부 노릇을 하고 있기 때문이다. 이 신문들은 민주화가 진전되고 근현대사의 사실과 진실이 밝혀지면서 자신들의 실체가 드러나는 것에 자제력을 잃고 있다. 그렇다고 해도 엊그제까지 항일민족정신과 민족주의의 화신처럼 얘기하며 이승만 독재 반대 투쟁을 벌였다고 자랑하던 신문이, 한 명의 역사학자도 참가하지 않은 '역사' 교과서를 가지고, 식민지 근대화론에 매몰되어 식민사관의 부활을 기도하고 독재를 미화하는 주장을, 그것도 사실 관계에서 오류가 많고 저급한 수준의 주장을, 한두 면도 아니고 여러 면에 걸쳐 여러 날 대서특필했다는 것은 지나쳐도 너무 지나쳤다고 아니할 수 없다.

3년 전, 우리는 해방 60년을 맞아 민주주의와 경제 발전을 동시 달성한 것에 뿌듯한 자부심을 가졌으며, 6월 민주항쟁 이후 도도한 역사의 물결이 된 민주화나 남북 간의 긴장 완화, 대화와 교류의 증진을 건강한 보수 세력과 진보 세력 모두가 환영했다. 정치적 제약 때문에 오랫동안 근현대사 연구가 부진했으나, 이러한 역사적 환경의 변화에 힘입어 이

분야에 대한 연구도 크게 진전되어 건강한 사회, 건강한 국가를 형성하는 데 기여했다. 정치 권력이든 언론 권력이든 권력에 의존해서 다시 수구적인 반공이데올로기, 냉전의식을 강요하려는 행태는 시대를 거스르는 부질없는 짓이다.

얼마 전 정부 수립 60년을 맞았을 때 뉴라이트의 건국절 주장이 튀어나와 돌연히 평지풍파가 일어났지만, 독립운동정신과 4월혁명정신을 이어받았다고, 분단은 잘못된 것이라고 생각한다면 이명박 정부는 뉴라이트와 선을 긋는 것이 좋을 듯하다. 뉴라이트 논객들이 이미 이명박 정부의 실용주의를 공격하고 있지만, 실용주의에도 뉴라이트가 주장하는 이념 과잉 수구적 역사관은 백해무익할 뿐이다. 누구든지 뉴라이트의 역사관을 깊이 있게 자세히 알고 싶다면, 이 책은 많은 도움을 줄 것이다.

2009년 1월

서중석(성균관대학교 교수, 한국사)

1부

뉴라이트 교과서, 어떻게 이해할 것인가

1장

새 정권과
역사 교과서 흔들기[1]

이신철

"우리의 자랑스러운 근현대사가 폄하되지 않도록 검토를 시작했다."
"우리의 역사 교과서나 역사 교육이 다소 좌향좌돼 있다고 생각한다."

이명박 정권의 첫 교육과학기술부 장관 김도연이 취임 100일도 안
된 5월 14일, 모임에서 공개적으로 한 언명이다. 그는 교육과학기술부
장관 취임 이후 소위 '4·15 학교 자율화 조치'를 발표해 일선 학교를 무
한 경쟁으로 내몰았다. 어린 학생들은 '0교시 부활', '일제고사 부활' 등
자신들에게 닥친 새로운 환경에 전율하고 있다. 한편 스승의 날에 장관
을 비롯한 교육과학기술부 고위 관료들이 모교를 방문해 부당하게 지원
금을 주는 등 도덕 불감증을 드러내기에 이르렀다. 그런 그가 바쁜 와중

---

1 이 글은 한국역사연구회, 《역사와 현실》, 제68호(2008. 6)에 실린 글을 일부 수정한 것이다.

에 역사·사회 교과서를 수정하겠다고 나섰다.

매일매일 새로운 정책 발표와 새로운 사건에 시달려온 그가 역사 교과서를 한 번이라도 읽어볼 시간이 있었는지 모르겠다. 그가 비록 학자(서울대 공대) 출신이기는 하지만, 분과 학문의 전문성을 뛰어넘을 만큼 역사적 소양이 깊다고 하기는 어려울 것이다. 그는 왜 선두에 서서 역사 교과서 문제를 꺼냈을까?

그가 내세운 이유는 "경제 단체를 중심으로 역사·경제 교과서 내용에 대한 수정 요구가 많아"서이다. 그가 말하는 경제 단체는 바로 대한상공회의소를 일컫는다. 대한상공회의소는 기업의 이익 보호를 추구하는 경제 단체이다. 대한상공회의소는 경제, 더 정확히는 기업인의 눈으로 세상을 본다. 대한상공회의소가 수정을 요구하는 내용을 살펴보면, 그러한 속셈이 너무도 노골적으로 드러나 있다. 예를 들면 이런 것들이다.

고등학교 국사 교과서(국정)의 조선시대 부문 서술에서 "조선은 고려보다도 상업 활동에 대한 통제를 강화하였다."라는 문장 뒤에 "이는 역사적인 후퇴였다."라고 명기할 것을 주장한다. "조선은 기본적으로 주변 국가와의 무역을 통제하였다."라는 서술 뒤에도 "이 또한 역사적으로 볼 때 퇴보를 의미하였다."라고 써 넣을 것을 요구한다. 고려시대와 조선시대의 역사를 상업정책이나 상업 발달 정도만을 비교 기준으로 하여 역사적 후퇴를 운운하는 것 자체가 우스운 일이다.

개항기에 조선이 불평등 무역으로 피해를 본 사실에 대해서는 또 다른 잣대를 들이댄다. 현행 고등학교 국사 교과서에는 "교역의 확대는 경제 생활에 커다란 변화"를 가져왔고, 특히 "면제품을 들여오고 곡식을 가져가는 구조로 이루어져 폐단이 매우 컸다."면서, "값싼 외국산

면제품은 가내 수공업 위주로 이루어진 국내의 면공업 발전에 결정적 타격을 주었고, 이에 따라 농민의 수입도 줄어들었다."고 쓰여 있다. 그들은 여기에 "이는 보다 능동적인 대외 개방 노력의 결여가 초래한 비극이었다."라는 문장을 삽입해야 한다고 주장한다. 시대 상황은 고려하지 않고, 전면적이고 능동적인 개방만을 강조하는 모습이 쇠고기 전면 수입 개방으로 곤욕을 치른 이명박 정권을 빼닮았다.

또한 산업화 과정에서 나타난 열악한 노동환경에 대해 기술한 부분을 편향적 시각이라고 주장한다. 현 국사 교과서는 "제조업에 종사했던 많은 노동자는 산업화 과정에서 나쁜 작업 환경 아래 저임금과 장시간 노동이라는 악조건에 시달려야 했다."라고 당시의 노동 상황을 기록하고 있다. 그런데 그들은 이 문장을 "제조업에 종사했던 노동자들 가운데 산업화 과정에서 나쁜 작업 환경 아래 저임금과 장시간 노동이라는 악조건에 시달리는 경우가 있었으나, 다른 나라의 경우에 비교하여 크게 열악한 편은 아니었다."라고 수정할 것을 요구한다.

백번 양보해서 산업화 과정은 어느 나라나 다 힘들었다고 하더라도 그러한 과정을 당연시하는 것은 말이 안 된다. 노동자들이 자신의 인권을 짓밟혀가며 현장에서 흘린 땀이 우리나라 산업화의 밑바탕이 되었다는 사실은 상식이다. 더욱이 노동자들에게 돌아간 대가는 기업가들에 비하면 너무나 초라했다.

어쨌거나 대한상공회의소도 자신들의 주장을 말할 수 있는 자유가 있으니, 그런 의견을 낸 것을 나무라기만 할 일은 아니다. 문제는 그 이후의 정치적 행보와 그들에게 이론을 제공하는 세력이다. 교육과학기술부 장관이 언급한 "경제 단체를 중심으로"라는 말 속에 포함된 또 다른 집단이 있다. 바로 '교과서포럼'이다.

자랑스러운 근현대사가 폄하되고 있다?

교과서포럼은 2008년 3월 《대안 교과서 한국 근·현대사》(이하, 뉴라이트 교과서)라는 책을 발간했다. 책머리에 이런 말이 있다.

"기존의 교과서는 우리 삶의 터전인 대한민국이 얼마나 소중하게 태어난 나라인지, 그 나라가 지난 60년간의 건국사에서 무엇을 성취했는지를 진지하게 다루지 않는다."

한마디로 기존의 역사 서술은 자학사관이라는 비판이다. 교육과학기술부 장관이 언급하고 있는 좌편향의 근거이기도 하다. 현 역사 교과서들이 과연 그런가 하는 의문이 먼저 든다. 자신의 역사를 자랑스럽게 쓰지 않는 역사책도 있을까? 설사 자신의 역사를 비판했다고 하더라도, 그것이 왜 좌편향인가 하는 의문이 자연스레 돌아난다. 도대체 이들이 자랑스럽게 여기는, '대한민국이 이룩한 성취'가 무엇인지 궁금하지 않을 수 없다.

교과서포럼은 현 역사 교과서가 대한민국을 자랑스럽게 만들기 위해 억울한 희생이 있었으며, 대한민국의 민주화를 위해 많은 사람들이 피 흘린 사실에 관심을 가지기 시작했다는 점에는 눈길도 주지 않는다. 즉 오늘날과 같은 경제 발전을 위해 희생당한 수많은 민중의 역사를 살피기 시작했다는 점에는 관심이 없다. 그들의 관심은 오로지 대한민국의 탄생과 그 이후의 경제 발전에 집중되어 있다. 그들은 경제 발전을 가능하게 한 이승만과 박정희, 나아가 많은 기업인들을 역사의 주역으로 재평가해야 한다고 주장한다.

그러다 보니 그들이 발간한 책에는 노동자들의 역할에 대한 정당한 평가가 빠져 있다. 도시 빈민들의 생존권 확보 투쟁은 "철거에 물리적으로 저항하거나 국공유지의 유리한 불하를 주장하는 빈민촌의 집단행동이 사회적 물의"를 일으킨 것으로 인식된다. 반면에 박정희의 '10월 유신'은 자주국방과 중화학공업 발전을 위한 것으로 미화된다. 뉴라이트 교과서는 주한 미군의 감축 움직임, 1972년 미국과 중국의 국교 수립(사실 이 부분은 이 책의 수많은 오류 중 하나이다. 미국과 중국은 1979년에 와서야 국교를 수립했다), 일본과 중국의 국교 수립 등 "한국을 둘러싼 군사 안보와 국제 정세의 중대한 변화를 맞아 박정희는 자주국방 체제를 추구하였다."고 주장한다. 그리고 이 시기에는 "노동 집약적 경공업을 대신하는 새로운 성장 산업이 필요"했고, 박정희는 이미 1972년 5~9월에 그러한 계획을 수립했다고 주장한다. 결국 이 책은 박정희가 10월 유신이라는 정변을 일으킨 후, "자신에게 집중된 행정국가의 역량을 총동원하여 자주국방과 중화학공업화를 강력하게 추진"했다고 미화하기에 이른다.

한마디로 개발독재의 정당화를 시도하고 있는 것이다. 동양 사회는 서구와 달리 민주화와 산업화가 동시에 진행되기 힘들다는 고전적인 오리엔탈리즘적 시각을 아무렇지도 않게 주장하고, 후세들에게 가르치려고까지 하는 것이다.

결국 교과서포럼이 자랑스럽게 여기고 싶은 대한민국은 이승만의 '건국'과 박정희의 '개발'이다. 이승만이 우리 현대사에 미친 긍정적인 영향에 대해서는 그들이 발간한 뉴라이트 교과서에서 수도 없이 반복, 미화되고 있다. 때로는 사실의 과장과 왜곡도 주저하지 않는다. 그렇게까지 이승만을 미화하는 이유는 단 한 가지, 사회주의화의 길을 막고 자본주의화의 길을 걸을 수 있도록 했다는 것이다. 그 하나의 사실만으로 다른 모든 오류는 덮을 수 있다는 생각이다.

북한은 보론, 미국 중심의 세계 질서는 순리?

교과서포럼이 건국 과정에서 이승만의 역할을 강조하는 논리는 일본 우익들의 식민지 정당화 논리와 흡사하다. 일본 우익들은, 대한제국은 그냥 두었으면 러시아의 식민지가 되어 사회주의의 길로 들어섰을 것인데, 그보다는 일본의 식민지가 되는 게 훨씬 나았다고 주장한다. 일본 우익들이나, 교과서포럼이나 역사의 주체에 대한 고민은 거의 하지 않는 듯하다. 만약 사회주의를 포기한 소련 혹은 사회주의를 변형한 중국이 미국보다 더 큰 경제대국이 되거나, 더 나은 복지국가가 된다면 그것은 또 어떤 논리로 설명할까?

우리가 사회주의 국가가 되었다면, 그것이 마냥 잘못된 선택으로 남아 있었을 것이라는 단정은 어디에 근거한 것일까? 소련과 중국은 최소한 그들의 역사를 그들 스스로 선택했고, 지금도 선택하고 있다. 우리가 식민지를 그토록 반대하고 극복하려 했던 것은 바로 우리 스스로 아무것도 할 수 없다는 사실 때문이었다. 우리가 식민지가 되지 않았거나, 해방 직후 분단이 되지 않았다면 새로운 근대국가 수립을 둘러싸고 전쟁에 버금가는 내부적 갈등을 겪었을 가능성이 높다. 그러나 그것은 역사 발전의 한 과정이고, 우리는 그때마다 가장 현명한 선택을 하기 위해 노력했을 것이다.

그런데 교과서포럼은 청일전쟁 이전에는 중국이 동아시아 질서의 중심이었고, 그 이후에는 일본이 동아시아의 중심이 되었으며, 해방 이후에는 미국을 중심으로 세계 질서가 재편되었다고 주장한다. 여기까지는 동의할 수도 있다. 그런데 그들은 지금까지의 우리나라 역사 서술이 일본 중심의 질서와 그에 대한 민족적 저항만을 중시하고 있다고 비판한다. 그러면서 그것이 "중국 질서와 미국 질서를 이야기하면 민족의 자존심에 상처를 줄지도 모른다는 우려 때문" 아닌가 하며 문제를 제기한다.

그러면 역사 교과서에는 국제 질서와 관련해서 무엇을 써야 하는가? 중국 중심의 질서와 미국 중심의 질서에 저항하는 역사를 써야 한다는 주장일까? 그럴 리가 만무하다. 그들은 우리가 중국 중심의 질서를 인정하고 살아왔듯이 미국 중심의 질서에도 순응하며 살아가자고 이야기한다. 같은 맥락에서 그들은 일본에 순응하면서 근대 훈련을 한 우리 민족의 '저력'을 재평가해야 한다고 말한다. 그런데 그들이 내세운 "근대 훈련을 받은 세력"은 친일민족반역자들이 대부분이다. 김구나 무장독립투쟁을 했던 사람들이 아니다.

그들에 따르면 김구는 기껏해야 "1896년 민왕후의 원수를 갚고자 일본 상인을 군인으로 오인하여 살해"했고, 한인애국단을 조직해 항일 테러를 시작했던 인물이다. 그리고 "1948년 남한만의 단독 총선거를 실시한다는 국제연합의 결의에 반대하고, 북한에 들어가 통일정부 수립을 위한 교섭을 벌였으나 실패"한 인물이다. 나아가 "대한민국의 건국에 참여하지 않았던" 인물이기도 하다. 교과서포럼의 논리에 빗대면 김구는 살인범에 테러의 배후였으며, 미국 중심의 국제 질서에 저항하다가 결국 실패한 지도자이다. 결정적으로 대한민국 건국에 기여한 바가 없는 인물이다. 그런데 왜 대한민국은 그런 김구가 조직한 임시정부의 법통을 이어받았을까? 그들은 대한민국의 정통성이 임시정부 이전에 이승만이 집정관 총재로 있었던 한성임시정부에 있다고 그림까지 곁들여가면서 강조하고 있다.

이렇듯 자본주의적 근대화와 미국 중심의 국제 질서를 강조하다 보니, 해방 이후 북한이 설자리가 없어져버렸다. 헌법을 유난히 강조하는 교과서포럼은, 38선 또는 정전선 이북 지역까지를 대한민국의 영토로 규정하는 헌법 규정에도 불구하고, 북한이 사회주의 체제를 선택했다는 이유만으로 대한민국사의 보론으로 전락시키는 자기모순에 빠졌다. 북한에 대한 그들의 기본 인식은 "1946년 2월 일게가 제정한 모든 법률과 기구를 폐기해버림으로써 곧바로 문명의 막다른 골목으로 들어가고 말았다."는 것이다. 그들의 관점에서 식민지 시기는 "근대문명을 학습하고 실천함으로써 근대국민국가를 세울 수 있는 사회적 능력이 두텁게 축적되는 시기"였는데, 그 시대의 법률과 기구를 폐기해버렸으니, 어찌 문명을 계속 발전시킬 수 있느냐는 주장이다.

그 이후의 북한에 대한 서술은 보나마나이다. 분단 책임을 일방적으로 북한에 전가시키는 것(사실 이 문제에 관해 그들이 내세운 가중 중요한 근거인 '스탈린의 지령'은 사료 오독이며, 다른 근거들도 대부분 사실과 다르다)은 말할 것도 없고, 흡수통일은 너무나 당연한 것이라고 주장하고 있다. 그들에게는 역사상 최초의 남북정상회담이라는 성과보다는, 남북 정상의 합의문이 남한에서 벌어진 '체제 논쟁'의 빌미가 되었다는 사실이 더 중요하다. 남북 화해에 따른 이산가족 상봉과 경제 교류의 성과보다는 북한이 '집단생산과 집단분배'의 경제 체제를 공식적으로 포기하지 않았음을 비판하는 일이 더 중요하다.

그들에게서 인권이나 평화에 대한 개념을 찾아보기는 참으로 어렵다. 우리 사회의 약자들이나 북한사에 대해서는 더욱 그러하다. 역사 교과서가 올바른 비판정신, 평화와 인권 등 21세기의 새로운 시대정신을 이해하는 도구로서 학생들에게 다가가야 한다면, 분명 뉴라이트 교과서는 그러한 대안에는 턱없이 부족하다. 경제 제일주의를 내세우고, 남북 이념 대결을 조장하며, 미국 중심의 세계 질서 편입을 일방적으로 주장하는 역사 교과서가 우리의 미래에 어떤 도움을 줄 수 있을지 의문이 들 뿐이다.

교과서를 정치적 도구로 만들 수는 없다!

박정희 정권이 유신을 전파하는 도구로 교과서를 활용한 이래 김영삼 정권에 이르기까지 우리 역사 교과서는 정치적 도구로 활용되었다는 비판을 피하기 어려웠다. 특히 당대사 서술은 정권에 대한 우호적인 서술이 관행이라고 여겨질 정도였다. 그런데 2002년 제7차 교육과정이 도입되면서 '한국 근현대사' 과목이 생기고 검정제도가 도입되었을 때, 김영삼, 김대중 정권에 대한 서술이 편향되었다는 주장이 제기되었다. 자신들이 집권했던 시절의 교과서를 한 번이라도 읽어보았다면 그런 말은 쉽게 나오지 않았을 것이다. 게다가 당시 일부 언론은 역사 교과서들이 김영삼 정권을 비판 일변도로 기술했다고 주장했지만, 사실 김영삼 정권의 성과도 병렬적으로 기술되어 있었다.

김영삼 정권 당시 야당이었던 현 여당은 마치 원형경기장에 들어선 사자처럼 온갖 비난을 퍼부었다. 그들은 "단군 이래 최대의 부정부패를 덮고 광적인 우상화 작업에 나선 것", "현 정권의 힘 있는 사람이 4개 출판사에 현 정부의 치적을 기술하라고 압력을 가한 것이 아니냐", "청와대 비서실장과 교육부총리의 야심작" 등 막말을 쏟아냈다. 그런데 6년 후 그들의 주장이 현실화되고 있음을 느끼는 것이 필자만의 착각은 아닌 듯하다.

현 정권의 힘 있는 사람이 나서기 시작했다. 교육과학기술부 장관은 이미 그 얼굴을 드러냈고, 교육과학문화 수석(이제는 물러났지만)이 배후라는 의혹이 제기되었다. 교육과학기술부는 대한상공회의소의 의견이라는 핑계를 대며, 출판사를 통해 필자 개인에게 노골적으로 압력을 가했다. 한편에서는 1970년대 성행했던 반공 만화의 속편 같은 만화책이 재향군인회의 이름으로 학교에 뿌려졌다. 일부 교육청은 공문을 통해 그것의 배포를 요청하기까지 해서 물의를 빚었다. 교육과학기술부와 문화체육관광부는 뉴라이트 역사관을 담은 수준 이하의 DVD를 학교 현장에 뿌려 물의를 일으키기도 하였다.

심지어 교육과학기술부는 출판사에 일방적으로 교과서 수정을 지시했고, 저자들의 반발에는 아랑곳하지 않고 권력의 힘으로 수정을 강제했다. 서울시 교육청은 교장들을 불러 모아놓고 특정 교과서를 비방했으며, 이미 교과서 채택 기간이 지났음에도 불구하고 특정 교과서 채택을 취소하라는 압력을 노골적으로 행사했다.

현 정권은 "잃어버린 10년"을 입버릇처럼 되뇌인다. 그리고 모든 것을 10년 전으로 되돌리려 하고 있다. 교과서도 10년 전으로 되돌리고 싶어 안달이다. 미래 지향적이고 평화적인 가치를 담은 교과서를 만들기 위한 수많은 학자들과 교사들의 노력은 안중에도 없다.

역사학자들이 밝혀낸 수많은 진실들이, 그리고 새로운 가치관에 걸맞은 역사 해석이 정치적 입장에 따라 왜곡되고 재단되어 학교 교육 현장에서 엉뚱하게 쓰이는 일은 절대로 용납되어서는 안 된다. 일본의 역사 왜곡이 문제가 되었을 때 많은 연구자들이 그것을 지적하고 학술적인 연구 성과를 제출했다. 뿐만 아니라 한일 시민 사회의 영역에까지 진출해서 왜곡을 바로잡고자 노력했다. 덕분에 우리 역사 교과서에 대한 관심이 높아졌고, 많은 비판과 연구가 뒤따랐다. 지금의 검정제도와 한국 근현대사 교과서는 부족하지만 그러한 노력의 작은 성과들이다. 그런데 정권이 교체되면서 그 작은 성과가 위협을 받고 있다. 물론 우리 역사학계와 역사 교육계가 그러한 위협에 쉽게 무너질 정도로 허약하진 않다. 다만 역사 연구자들이 연구에만 몰두할 수 없게 만드는 정치 현실이 안타까울 뿐이다.

2부

뉴라이트
교과서의
주역과
역사 인식

2장

교과서포럼의
실체와 의도[1]

주
진
오

2005년 1월에 창립된 교과서포럼(http://www.textforum.net)은 최근까지 다섯 차례의 심포지엄을 열었다. 이 중 한 번을 제외하면 모두 역사 교과서, 특히 한국 근현대 교과서가 심포지엄의 주제였다. 특히나 이달에는 안병직을 이사장으로 내세워 뉴라이트재단을 만들었고, 재단의 기관지라고 할 수 있는《시대정신》(http://www.zeitgeist.co.kr)에 한국 근현대사 교과서를 특집 주제로 삼겠다고 공언하였다.

사실 그간 이들이 이룩한 성과라고는 몇 차례의 심포지엄 개최와 그 성과를 기록한 책 단 한 종뿐이었다. 참여한 학자들 일부는《해방 전후

---

1 2005년 한국역사연구회 등이 공동 주최했던 심포지엄 '교과서 논쟁 이렇게 하자'에서 발표했던 글이다. 따라서 최근의 동향에 대해서는 반영하지 못했다는 한계가 있으나, 교과서포럼의 실체를 이해하는 데는 여전히 유효하다고 생각하여 그대로 싣기로 한다. 최근 상황을 제대로 반영하지 못한 점에 대해 양해를 바란다.

사의 재인식》을 통해 자신들의 입맛에 맞는 논문을 고으고, 필자들과의 상의도 없이 내용과 무관한 권두 논문이나 좌담을 통해 발간 의도를 정치화하였다. 보수언론은 이를 대서특필하였고, 그어 따라 마치 역사학계에 대단한 새로운 흐름이 형성된 것으로 대중들이 착각하게 만들었다. 뉴라이트재단[2]에 대해서도 아낌없이 지면을 내주었다.

교과서포럼에 참여한 인사들은 진보학계가 토론을 기피한다며 볼멘소리를 하지만, 교과서포럼이 학문적 논의를 정치화시켜서 자신들의 불온한 상업적 목적을 이루려는 것을 알기에 대부분의 한국사 연구자들은 이를 외면했다. 그들이 제기한 문제의 내용, 그리고 그것을 연구하고 알리는 방법이 전혀 학문적이거나 교육적이지 못했기 때문이다.

교과서포럼이나 뉴라이트재단처럼 과거 국가를 장악하고 이데올로기 공세를 가하던 보수 세력이 오늘날에 와서는 시민운동의 방식으로 주장을 펼치고 있는 것이 우리의 현실이다. 사실 이들이 구사하는 논리와 방식은 1980~1990년대 운동권에서 주로 쓰던 방식이다. 그리고 그 배경에는 당시 운동을 이끌었던 이들이 교과서포럼이나 뉴라이트재단에 수혈되었다는 이유도 무시할 수 없다.

비록 우리가 생소한 지형에 서 있다고 해서 역사학과 역사 교육을 담당하고 있는 사람들이 계속 침묵하는 것은 지적 태만이다. 단순히 그들에 대한 맞대응의 문제가 아니라 스스로 현실에 근거한 대안들을 내놓아야 한다. 그러한 문제의식에서 교과서포럼의 실체가 무엇인지, 그

---

2 올드라이트이자 《시대정신》의 편집위원이라는 중앙대 법대 교수 이상돈에 의하건, 《시대정신》의 경영이 어려워 안 교수와 몇 사람을 영입하기로 한 것이 2006년 2월이었고, 그때 사단법인 '시대정신'을 발족시키기로 했는데, 갑자기 사단법인 '뉴라이트재단'을 발족시키기로 했다고 한다(이상돈, 〈안뽄직, 아집과 독선을 버려라〉, 《독립신문》, 2006. 5. 2).

리고 그들의 주장이 내포하고 있는 의도가 무엇인지를 밝혀보려고 한다. 그동안 교과서포럼에 대한 단편적인 논의는 몇 차례 전개한 바 있으나,[3] 본격적으로 그 실체를 명확히 밝히려는 시도는 없었다고 판단되기 때문이다. 나아가 그들의 정치적 의도를 파악하고 그에 대한 대응 방안을 모색하는 데 목적이 있다.

교과서포럼의 실체

주도 세력의 개관

창립 당시 교과서포럼 중요 인사들의 인적 사항과 경력은 다음과 같다.[4]

공동대표 |

박효종(서울대 교수−정치학/상임공동대표), 이영훈(서울대 교수−경제학)

차상철(충남대 교수−역사학)

운영위원회 |

강규형(명지대 교수−역사학), 김광동(나라정책원 원장−정치학), 김영호(성신여대 교수−

---

3 전우용, 〈역사 인식과 과거사 문제〉, 《역사비평》, 2004년 겨울호; 임대식, 〈과거사 내전을 앞두고〉, 《역사비평》, 2005년 여름호; 안수찬, 〈2006년 진보, 세 가지 딜레마〉, 《인물과 사상》, 2006년 6월.
4 이 내용은 교과서포럼 홈페이지 자료를 인용한 것이다.

정치학), 김일영(성균관대 교수-정치학), 김종석(홍익대 교수-경제학), 김주성(한국교원
대 교수-정치학), 박효종(서울대 교수-정치학), 신지호(서강대 겸임교수-정치학), 유석춘
(연세대 교수-사회학), 이영훈(서울대 교수-경제학), 전상인(서울대 교수-사회학/운영위
원장), 정성화(명지대 교수-역사학), 차상철(충남대 교수-역사학), 함인희(이화여대 교
수-사회학)

고문 |

김동규(고려대 명예교수), 김진홍(뉴라이트전국연대 의장), 안병직(서울대 명예교수), 유
영익(연세대 석좌교수), 윤종영(전 교육부 역사담당 편수관), 윤형섭(전 교육부 장관), 이
대근(성균관대 교수), 이동복(북한민주화포럼 대표), 이상진(전 초/중/고 교장협의회 회
장), 이성무(전 국사편찬위원장), 이택휘(한양대 특임교수), 이인호(명지대 석좌교수), 이
주영(건국대 교수), 최문형(한양대 명예교수), 한흥수(연세대 명예교수)

참여/후원 |

교육공동체시민연합, 기독교사회책임, 바른 사회를 위한 시민회의, 북한민주화네
트워크, 북한민주화 포럼, 자유주의연대, 초/중/고 교장협의회, 학교를 사랑하는
학부모 모임, 한국교원단체총연합회, 한국사학법인연합회, 교과서포럼 후원회

운영위원

| 이름 | 생년 | 현직 (임용 연도) | 학력 | | | 주요 경력 | 비고 |
			학사	석사	박사		
강규형	1964	명지대 교양 과정 (2002. 3. 1)	연세대	연세대	Ohio	연세대통일연구원 연구위원	
김광동	1963	나라정책원 원장	고려대 정외	고려대 정외	고려대 정외	자유지식인 선언 사무처장	

이름	생년	현직 (임용 연도)	학력 학사 석사 박사	주요 경력	비고
김영호	1959	성신여대 정외과 (1999. 3)	서울대 외교학 / Boston Univ. / Virginia	세종연구소 상임객원연구위원 (1998~1999)	
김일영	1960	성대 정외과 (1992. 9)	성대 정외 / 성대 정외 / 성대 정외		《시대정신》, 《해방 전후사의 재인식》 편집위원
김종석	1955	홍익대 경영학과	서울대 경제학과 / / Princeton Univ.	KDI 연구위원	
김주성	1952	한국교원대 사회교육과 (1991. 3)	외대 불어 / 서울대 행정학 / Univ. of Texas 정치학		
박효종	1947	서울대 국민윤리학 (1999. 4)	가톨릭대 신학 / 서울대 국민윤리 / Indiana Univ. 정치학	경상대 교수, 바른 사회를 위한 시민회의 대표, 한국국민윤리학회 회장	
신지호	1963	서강대 겸임교수 (2000. 8)	연세대 경제학 / 慶應義塾 정치학 / 慶應義塾 정치학	한국개발연구원, 삼성경제연구소·일본경단련 연구원	
유석춘	1956	연세대 사회학과 (1987)	연세대 사회학 / / 일리노이 사회학	뉴라이트 전국연합 공동대표, 아시아 연구기금 사무총장	
이영훈	1951	서울대 경제학과 (1985. 3)	서울대 경제학 / 서울대 경제학 / 서울대 경제학	한신대, 성균관대 교수	
전상인	1958	서울대 환경대학원 (2005. 8)	연세대 정외 / Brown 사회학 / Brown 사회학	한림대 사회학과	
정성화	1954	명지대 사학과 (1988. 9)	/ / Univ. of Iowa 미국사		
차상철	1949	충남대 사학과 (1987. 3)	연세대 사학 / 연세대 서양사 / Univ. of Miami, Ohio 미국사		
함인희	1959	이화여대 사회학과 (1995. 3)	이화여대 사회학 / 이화여대 사회학 / Emory Univ. 사회학		

고문 명단

이름	생년	현직 (임용 연도)	학력			주요 경력	비고
			학사	석사	박사		
김동규	1939	고려대 명예교수 (1977. 9)	고려대 교육학	Columbia College	早稻田大	북한연구학회 회장	
안병직	1936	서울대 명예교수	서울대 경제학 (1964)	서울대 경제학 (1964)		서울대 경제학과 전임강사 1965년 부임	
유영익	1936	연세대 석좌교수 퇴임	서울대 정치학 Brandeis Univ.	Harvard 정치학	Harvard 정치학	고려대, 핸림대 거쳐 연세대 극제대학원 교수로 정년퇴임	국편위원
윤형섭	1933		연대 정외	Johns Hopkins	연대 정치학	교육부 장댄(1990. 1~) 연세대 행정학과 교수	
이대근	1940	성균관대 경제 (1980. 9)	서울대 상학	SUNY at Albany 경제학	서울대 경제학	대통령 자문, 교육개혁의원회 위원 (1994. 3~1996. 2)	
이성무	1937		서울대 한국사	서울대 한국사	서울대 한국사	국편 위원장 한국정신문화연구원	
이주영	1942	건국대 사학과 (1979)	서울대 사학	서울대, 하와이	서강대 사학 주립대학	건국다 부총장	
이택휘	1938	퇴임	서울대 정치학	서울대 정치학	서울대 정치학	서울교대 총장	
최문형	1935		서울대 사학 (1953)	서울대 사학	서울대 사학	한양대 사학과 전임강사(1964년 부임)	
한흥수	1936		연세대 정치학	연세대 정외	연세대 정외	연세대 정외과	

김진홍(뉴라이트전국연대 의장), 윤종영(전 교육부 역사담당 편수관), 이동복(북한민주화포럼 대표), 이상진(전 초/중/고 교장협의회 회장), 이인호(명지대 석좌교수) 등이 있음

위의 표를 바탕으로, 교과서포럼을 실제로 주도하고 있는 운영위원을 몇 가지 사항으로 분류해보기로 한다. 먼저 이들 가운데는 미국 박사 출신의 사회과학자들이 압도적이다. 이들 중 국내 학위를 받은 사람

은 김일영, 이영훈, 김광동(나라정책원)뿐이며(21%), 일본에서 학위를 받은 신지호(7%)를 제외하면 모두 미국에서 학위를 받았다(72%). 전공을 보면 총 14명 중 정치학이 6명(43%), 사회학이 3명(21%), 경제학이 2명(15%), 역사학이 3명(21%)이다.

역사학 전공자 중 한국사 전공자는 단 한 명도 없으며 모두 서양사 전공자들이다. 서양사 전공자들 역시 역사학 전공자라고 할 수 있겠으나, 한국사 교과서에 대한 시비를 서양사 전공자들이 맡은 것을 보면 교과서포럼에 역사학자가 부재하다는 인상을 피하기 위해 합류한 것 이상의 의미로 보기는 어렵다. 더구나 이들은 교과서포럼의 활동에 적극적인 모습을 보이지 않고 있다.

연령대를 보면 1940년대 출생자가 2명(15%), 1950년대 출생자가 8명(57%), 1960년대 출생자가 4명(28%)이다. 그 가운데 1940년대 출생자들은 모두 공동대표이며, 나이 순으로 보면 박효종–차상철–이영훈–김주성–김종석–정성화–유석춘–전상인–함인희–김영호–김일영–신지호–김광동–강규형 순이다. 대학 입학 연도 역시 1960년대가 2명(15%), 1970년대가 김일영까지 9명(64%), 1980년대가 3명(21%)이다.

현재 한국 근현대사 분야와 관련해서 독점적으로 활동하고 있는 것은 이영훈이며, 그 밖에 김일영과 전상인이 자신의 분야와 연계하여 활약하고 있다. 특이하게 이 모임의 고문들은 단순한 고문에 그치지 않고 발표와 토론 등을 통해 사회로 나오고 있는데, 서양사학자 이주영, 정치학자 이택휘, 경제학자 이대근 등이 대표적이다.

주도 인물의 역할과 평가

교과서포럼 내에서 이영훈은 한국 근현대사 부문과 관련해 가장 중심적인 역할을 수행하고 있다. 최근 들어 그는 자신을 한국사 전반에 걸친 최고의 전문가로까지 자처하고 있다. 하지만 그나마 탄탄한 사료적 근거 하에 이루어진 연구는 조선 후기나 일제하 경제사에 국한되어 있으며, 나머지는 그야말로 확인되지 않은 사실을 바탕으로 한 거친 주장에 불과하다. 특히 《교수신문》을 통해 진행된 '고종 논쟁'[5]에서 보인 논리적 비약과 정치사에 대한 무지는 도를 넘는다. 한편 한국 현대 경제사를 언급할 때는 박정희를 당시 최고의 경제학자로 지칭할 만큼 과감하기도 하다.

이영훈은 MBC 〈100분 토론〉에 참여하여 "정신대는 공창과 같은 것"이라고 발언하였다. 또한 일본의 역사 왜곡을 비판하면서 우익 세력과 대립하고 있는 일본의 '양심 있는' 학자들과 함께하는 심포지엄 석상에서, 오히려 한국의 교과서가 일제의 수탈을 과장하고 있다는, 심포지엄의 취지에 전혀 걸맞지 않은 발표를 하기도 하여 물의를 빚었다.[6] '비판과 연대를 위한 동아시아 역사 포럼'에서는 〈국사의 해체를 위하여〉라는 논문을 발표했는데, 당시 그 자리에 참여했던 한국사 연구자들로부터 큰 비난을 받았다. 그리고 이 논문은 발표 논문들을 책으로 묶어낼 때 누락되었다. 그러나 그는 이 논문을 〈국사(國史)로부터의 해방

---

5 교수신문사 편, 《고종시대 역사 청문회》, 푸른역사, 2005.
6 위의 심포지엄을 주관한 '한일, 연대 21'에는 창비의 전현직 주간을 비롯하여 많은 진보적 학자들이 동참하였다.

을 위하여〉로 제목만 바꾸어 뉴라이트 세력의 기관지인 《시대정신》 2004년 가을호에 실었다. 이어서 권두 인터뷰를 〈신화에서 역사로〉라는 제목으로 같은 호에, 앞의 심포지엄에서 발표했던 〈국사 교과서에 그려진 일제의 수탈성과 그 신화성〉을 2005년 봄호에, 〈청년들이여, 낡은 역사관을 버려라〉를 2005년 가을호에 잇달아 실었다. 어느 글을 읽어보아도 역사학계에 대한 독기 어린 비난과 감정 과잉의 비문을 접할 수 있지만, 그에 대한 내용 비판은 추후의 과제로 미뤄두기로 한다.

한편 교과서포럼의 상임공동대표인 박효종은 교과서포럼의 최고 연장자로서 현재 서울사대 국민윤리교육과 교수로 재직 중이다. 그런데 그는 언론 활동을 할 때나 공식적인 자리에서 전공을 늘 정치학이라고 한다. 물론 그의 전공이 정치학이기 때문에 틀린 말은 아니지만, 국민윤리를 가르치는 사람이 역사 교육과 관련한 논란의 선두에 서는 것에 대한 거부감을 희석시키려는 것일지도 모르겠다.

박효종은 한나라당 부설 여의도연구소에서 열린 정책토론회에서 박근혜 대표를 비롯한 한나라당 중진들 앞에서 그들 입맛에 맞게 교과서를 비난하는 글을 발표한 바 있다.[7] 사실 교과서에 대한 시비는 그동안

---

7 당시 토론회의 사회를 맡은 최경환 의원(여의도연구소 부소장)은 "노무현 정부의 교과서 왜곡은 계속되고 있지만 우이독경(牛耳讀經)처럼 문제점 지적은 받아들이지 않고 오히려 더욱더 왜곡을 하고 있다."고 교과서 문제를 현 정권과 결부시키고 있다. 이때 발행된 자료집의 주요 내용은 다음과 같다.
　①자유민주주의관의 왜곡 및 훼손: 포퓰리즘적 민주주의관, 대의제와 법치주의 경시, 반체제·반정부 활동 옹호 등 ②대한민국의 정통성 부정: 중도파와 좌파 중심의 건국운동 옹호, 대한민국 현대정치사 전면 부정, 분단 원인의 왜곡, 사회주의 체제 선호 등 ③자학적 대한민국관: 민주투쟁사 관점의 역사 기술, 새마을 운동 성과 폄하, 친북적 역사 기술 등 ④분열, 투쟁, 혁명의 역사관 주입: 반제국주의적 역사 인식, 민중투쟁사 중심의 역사 인식 등 ⑤북한 체제에 대한 내재적·중립적·우호적 평가: 내재적 접근, 북한에 대한 비판 회피, 친북적 자료의 활용과 사실 왜곡 등 ⑥통일지상주의의 확산과 연방제 통일 방안의 선호: 감성적인 통일지상론 확산, 자유민주적 통일 언급 회피, 연방제 통일 방안 선호 등 ⑦반미 확산 의도와 친중 성향의 강화: 미군정의 전면 부정, 친중 성향의 강화, 반미·자주 입장 등 ⑧반시장·반기업 논리의 확산: 반시장적 이념, 반기업적 정서, 산업화 성과에 대한 폄훼 등 ⑨반세계화 경향의 강화: 개방에 대한 비판, 세계화의 역기능 부각 등

끊임없이 제기되었는데, 학계와 거리가 먼 극우단체 인사들이나 권철현과 같은 정치인들이 대부분이었다. 그때마다 한나라당은 교과서 특위를 만든다고 호들갑을 떨다가 이내 잠잠해지곤 했다. 그런데 이제 이렇게 학자들이 가세해서 교과서 비판을 해주니 한나라당 입장에선 얼마나 고마운 일이겠는가.

교과서포럼에 고문으로 참여하고 있는 사람 가운데는 한국 사학계의 원로들도 있다. 그 가운데 한국 근현대사 교과서 발행 당시 국사편찬위원장이었던 이성무는 자신의 후배, 제자 들에 대해서 "역사를 공부한 사람을 굶기면 의식화가 일어나 구로공단에 가서 '구로사학회'만 들고, 위장 취업하고, 명분을 만들기 위해 꽹과리 치고 가면극 하면서 반정부 행동을 했으며, 북한을 자꾸 칭찬했다."고 하였다. 심지어 "독재정권이 두 가지 진주를 얻었는데, 그 중 하나는 경제 발전이고 다른 하나는 민주주의를 키운 것"이라고 했다는데, 이는 '독재 체제가 계속될 수 있으면 좋았겠지만 저항을 받아서 무너졌고, 그래서 저항 세력이 무혈입성한 것'을 의미한다고 할 수 있다. 그에게 있어 가족법 개정, 친일 청산 문제 등은 결코 있어서는 안 되는 쟁점들이다.

그런 점에서 당시 국사편찬위원이기도 했던 유영익은 평소 자신의 학문적 소신에 입각하여(비록 동의할 수는 없지만), 적어도 그보다는 나은 모습을 보여주고 있다. 유영익이 말년의 업적으로 삼고 있는 '이승만에 대한 애정'에 입각하여 교과서를 비판한 점은 능히 그럴 수도 있다. 하지만 한국 현대사 연구가 국내보다는 외국에서 더 많이 진척되었으며, 교과서 집필자들이 브루스 커밍스의 영향을 받았다거나 교과서 집필에 사회과학자, 자연과학자 및 예체능계 사람들을 참여시키자는 등의 주장은 수긍하기 힘들다.

한편 교과서포럼의 후원회장은 이상주(성신여대 총장)가 맡고 있다. 그는 한국 근현대사 교과서가 검인정을 통과했을 당시 교육부 장관이었다. 그런데 지금은 자신이 책임자로서 검인정한 책을 공격하는 집단의 후원회장을 맡고 있다. 마찬가지로 교과서포럼에 합류하여 교과서 비판에 앞장서고 있는 이명희(공주대)는 대학으로 옮기기 직전에 한국교육과정평가원에 근무하였다. 한국 근현대사 교과서에 가해졌던 보수 언론과 한나라당의 공세가 얼마나 허점이 많은가를 너무도 잘 알고 있을 그가, "역대 정권과 달리 국민의 정부에 대해서는 우호적으로 서술하였을 뿐 아니라 양도 많았다."는 기고를 하였다. 더욱이 그는 7차 교육과정 중학교와 고등학교 국사 및 초등학교 사회과 교과서의 집필자였다. 결국 현행 교과서의 발행 과정을 너무나 잘 알고 있으며 그에 대한 책임을 져야 할 주체들이 한결같이 책임을 회피하고, 오히려 그에 대한 비판에 앞장서고 있는 것이다.

교과서포럼이나 뉴라이트재단에 합류하지는 않았으나 《해방 전후사의 재인식》을 기획하고 주도했던 박지향은, 인터뷰를 통해 자유주의연대와 뉴라이트운동에 대해 "잘 하고 있다고 봅니다. 저는 뉴라이트운동을 하는 사람이라고 평을 받는 것은 원하지 않지만, 현 정부가 우스운 짓을 할 때 가장 신속하게 대응하는 것을 보면서 진작 이러한 분들이 나왔으면 2003년 이후에 역사가 이렇게 되지 않았을 것이라고 보지요."라고 하였다. 그리고 과거 운동권 출신들이 뉴라이트운동의 일선에 있는 것에 대해서는 "저는 좋다고 봅니다. 일각에서 지조가 없다고도 하는 것 같은데 저는 대단한 용기를 가진 분들이라고 봐요. 자신이 틀린 것에 대해서 인정하는 것은 용기가 없으면 불가능하지요. 그러한 의미에서 안병직 교수님은 대단하다고 봅니다. 사실 지금 학자들 중에 자신의 좌파적 사고가 틀렸다는 사실을 느끼고 있는 사람들이 적지 않다고 봅니다. 그러나 공개적으로는 대다수가 적당히 넘어가고 있는데, 이런 점에서도 안병직 교수님 등 운동권 출신 뉴라이트의 정직성을 높이 평가합니다."라고 하면서, "명분론, 이것은 우리 사회의 큰 병폐입니다. 이것을 깨야 해요. 저도 한때는 영국 공산당 출신의 역사학자 에릭 홉스봄(Hobsbawm, Eric John Ernst)의 제자임을 자랑스럽게 생각했던 마르크스주의자였습니다. '젊어서 마르크스주의자가 되어보지 않은 자는 바보요, 나이가 들어서도 마르크스주의자로 남아 있는 자는 더 바보다.'라는 칼 포퍼(Popper, Karl Raimund)의 말이 새삼 가슴에 와 닿습니다." 하는 말까지 하였다.[8]

조직 운영에 대한 평가와 뉴라이트재단

현재 교과서포럼의 주소는 '서울시 관악구 신림동 산 56-1 서울대학교 사범대학 11동 407호'로서 국민윤리교육과의 학과 사무실이다. 이렇게 정치적 성향을 강하게 가지고 있는 단체의 사무실이 국립대학의 학과 사무실을 사용하고 있는 것도 아이러니가 아닐 수 없다.

그동안의 활동 내역이나 홈페이지 운영 실태를 보았을 때 교과서포럼은 보수언론에서 대서특필해줄 정도의 실체를 갖고 있지 않다는 것을 알 수 있다. 4차 이후의 심포지엄 자료는 홈페이지에 올라와 있지도

---

8 2006년 5월 16일에 이루어진 것으로서 뉴라이트재단 홈페이지에 실려 있었다.

않으며 회원 게시판은 텅 비어 있다. 오직 최근에 보수언론의 칼럼니스트로 집중 동원되고 있는 운영위원들의 칼럼만이 올라오고 있을 뿐이다. 사실상 교과서포럼은 대중적 지지 기반도 없이 한나라당과 보수언론에 의해, 그리고 우리 사회를 향해 허장성세하기 위해 급조된 조직이라 할 만하다. 이번에 신지호가 안병직을 앞세워 뉴라이트재단을 출범시킨 것은 세력이 강화되었기 때문이 아니라 부진한 활동을 돌파해보려는 노력의 일환으로 보인다. 즉 참여 인사들의 활동력이 떨어지는 문제를 뉴라이트운동과 결합시켜 돌파해보려는 시도인 것이다.

그렇게 될 수밖에 없는 가장 큰 이유로는 그들 내부의 정체성이 모호하다는 점이다. 우선 그들 대부분이 과연 '뉴라이트'가 맞을까. 뉴라이트가 소위 과거 운동권 출신이 전향해서 신우익을 자처하는 이들을 일컫는 말이라면,[9] 운영위원들 대부분은 여기에 속한다고 보기 어렵다. 이전부터 보수언론이 젊은 보수논객으로 총애한 이들이 대부분인 까닭이다. 다시 말해 뉴라이트가 아니라 이미 전부터 우파였던 '올드라이트'이다. 또한 몇몇을 제외한 그들 대부분은 1980년대에 이 땅을 떠나 있었다. 그들이 떠나기 전, 대학은 결코 진보적 담론이 지배적인 공간이 아니었다. 그러나 귀국 후에는 상황이 달랐다. 젊은 학자들 사이에서는 반독재 민주화, 민중민주주의가 대세를 이루고 있었다. 따라서 그들은 자신들의 입지를 찾기가 매우 어려웠다. 만약 당시 진보학계가 포용력 있게 유학파 학자들을 받아들였다면 상황은 달라졌을 수도 있다 (이런 측면에서 볼 때 당시 진보적 학계가 편협했다는 반성도 필요하다고 본

---

9 신지호는 뉴라이트의 주체 세력은 "좌파 운동권 출신의 40대와 역시 40대의 교수 등 전문가 그룹"이라고 못 박고 있다(국민일보 논설위원 문일과의 인터뷰, 〈좌든 우든 이제 더 높이〉, 《국민일보》, 2006. 5. 19).

다). 하지만 당시 학계는 그들을 소외시켰고, 결국 그들은 자신들의 발판을 우리 사회의 기득권자라 할 수 있는 보수적 학계와 보수언론으로 삼았다. 그들은 보수언론의 화려한 조명을 받으며 유명인사가 되었고 탄탄하게 자리를 잡아갔다.

반면 1990년대 학술운동의 스타들은 군소 대학에 겨우 자리를 잡거나 아예 정치판으로 자리를 옮겨버려서, 오늘날 학계에서 그 기반을 상실하고 말았다. 그런 이유로 오늘날 명문 대학과 정부출연연구기관, 그리고 보수언론을 장악하고 있는 것은 바로 그들과 같은 속성을 지닌 사람들이 많다.

교과서포럼의 의도

왜 교과서인가?

교과서포럼은 일본의 대표적 극우 교과서 단체인 '새역모'를 벤치마킹한 것이다. 등장 배경, 인적 구성, 활동 방식, 보수 진영의 지원 등 여러 면에서 닮아 있다. 우리 역사 가운데 부정적인 역할을 했던 것에 대한 비판적 서술을 자학사관이라고 비난하는 점도 그러하다. 앞으로 그들은 교과서를 직접 집필하려고 하는 한편, 교과서 채택률을 높이기 위해 필사적인 노력을 기울일 것이다.[10]

사실 뉴라이트가 한국 근현대사 교과서를 주 타격 대상으로 삼은 것

---

10 임대식(2005), 앞의 글.

은 역사 교육에 대한 문제의식에서 비롯된 것이 아니다. 그들 가운데는 오랫동안 지역주의와 기득권에 기대어 보수정당에 대한 충성 경쟁을 통해 차기 대선과 총선에서 정치권으로 진입하려는 엽관 세력들이 많다. 앞에서 인용한 박지향의 인터뷰 내용에서도 이러한 정치적 욕망이 노골적으로 드러나 있다. 결과적으로 2007년 차기 대선 전, 교과서포럼은 노무현 정권과 진보 세력을 친북좌파로 매도하는 데 한국 근현대사 논쟁을 적극 활용한 것으로 보인다. 전형적인 선동정치적 수법이었다. 그들은 교육 현장에서 학생들이나 학부모들이 겪을 혼란은 안중에도 없었다. 앞에서도 언급했듯이 현재의 교과서는 한나라당의 전신인 신한국당이 집권했던 김영삼 정권 때 만들어진 집필 지침에 따라 김대중 정권 때 검인정이 이루어진 책이다. 결국 현 교과서와 노무현 정권은 아무런 관련이 없다. 그럼에도 불구하고 한나라당은 한국 근현대사 교과서를 정치 공세에 이용하였다.

그러한 공세는 처음 교과서가 나왔을 때 "정권에 아부하는 교과서"라는 비판의 말로 시작되었다. 당시 필자는 그들의 후안무치를 보았다. 그들이 정권을 잡았을 때 나온 국정 교과서를 보면 당장 알 수 있다. 그야말로 독재정권에 아부하는 글로 가득 차 있다. 어느 교과서든지 이전 정권은 이미 끝났기 때문에 공과의 기술이 가능한 반면, 당대의 정권은 미완이기 때문에 그들이 내세운 목표를 중심으로 기술할 수밖에 없다. 그렇게밖에 할 수 없었던 것은 자신들이 만들어놓은 집필 지침이 그렇게 하도록 요구했기 때문이다. 교과서에 대한 공세는 그 후에도《월간조선》, 국방부 군무회의, 그리고 2004년 권철현의 국정감사 발언으로 이어졌다. 그들의 교과서 비난은 어김없이 당일로 보수언론에 대서특필되어 이데올로기 공세로 이어졌다.[11]

2005년에도 자유교육포럼, 뉴라이트교사연합, 북한민주화포럼 등에서 실체도 불명한 사람들이 폭언을 하면서 한국 근현대사 고교 교과서 개정을 위한 국민운동을 선언하자, 《동아일보》는 사설을 통해 '나라에 침 뱉는 教科書 찢어야 나라 장래 있다'라는, 품격 있는 언론이라면 도저히 쓸 수 없는 선동적 제목으로 대중을 자극했다.

반면 그들을 비판하는 행사는 역사학 단체들이 결집해서 아무리 규모 있게 치러도 보도조차 하지 않는다. 2004년에 있었던 한국역사연구회, 한국사연구회, 역사교육연구회가 공동 주최했던 심포지엄도 그랬다. 심지어 당시 발표장에 나타났던 《조선일보》의 모 기자는 마치 자신이 객관적 입장에 있는 양 질문까지 하더니 막상 신문에는 단 한 줄도 싣지 않았다.

그들은 어떤 교과서를 꿈꾸나?

교과서포럼은 포스트모더니즘, 또는 포스트식민주의 논리를 내세우고 있지만, 실제로 의도하고 있는 것은 이 나라를 만든 원동력이었던 '민족주의를 해체'하자는 것이다. 필자는 그동안 우리 역사에서 민족주의가 부정적으로 발현된 현상, 그리고 현재 민족주의가 갖고 있는 부정적인 모습에 대해 적극적으로 비판해왔다. 때문에 내 자신을 전통적 민족주의자라고 생각하지 않는다. 하지만 민족주의가 완전히 해체되어야 한다는 주장에는 동의하지 않는다. 그러한 주장은 민족적 입장에서 수

---

11 이에 대해서는 2004년 10월 14일 한국사연구회, 한국역사연구회, 역사교육연구회가 공동 주최한 '한국 근현대사 고등학교 검정교과서 편향성 시비를 따진다—집필에서부터 교육까지' 심포지엄에서 발표한 〈한국 근현대사 교과서 집필 기준과 검정 시스템〉을 참조하라. 이 글은 《역사교육》(역사교육연구희, 2005)에 실려 있다.

세에 몰릴 수밖에 없었던 세력들을 역사의 부채에서 해방시켜 오히려 역사의 주인으로 탈바꿈시키려는 의도에서 비롯된 것이라고 본다. 교과서포럼이 국제협력노선을 앞세우며 사실상 친일 세력과 친미 세력을 찬양하는 것과 다르지 않다.

그들이 자신들을 신우익이라고 하는 주장도 전혀 새롭지 않다. 그동안 극우 세력들이 늘 써오던 역사의 단순화와 자기중심적 해석이라는 면에서 다르지 않기 때문이다. 더 한심한 것은 북한의 논리를 수용하여 식민지반봉건사회론, 주체사상을 퍼뜨리던 극단적 집단들이 당시 그러한 논리를 받아들이지 않았던 학자들에 대해서 친북좌파라는 색깔론을 벌이고 있는 사실이다. 대부분의 역사학자들이 진보와 민주주의에 대한 희망을 안고 그 길을 가는 동안 왼쪽에서 붉은 깃발 흔들며 자신들 따라오지 않는다고 매도하더니, 이제 와서는 오른쪽 끝에 가서 다른 이들을 친북좌파라고 하는 격이다.[12] 그것도 우리 역사에 대한 깊이 있는 고민을 했다고 인정하기 어려운 사람들이 말이다.

얼마 전에 그동안의 배후 역할에서 벗어나 뉴라이트재단의 간판이 된 안병직에 대해 보수언론은, "연옥(煉獄)을 통과하는 지적 고뇌 끝에" 전향한 좌파 경제사학자로 유명했던 인물,[13] "좌파 운동권의 대부" 등으로 앞다퉈 칭송하고 있다. 22년 전인 1984년에 중진 자본주의론으

---

12 김종철, 〈투사로 변한 원로학자〉, 《한겨레신문》, 2006. 5. 1; 강준만, 〈'내부비판'과 '성찰'에 충실하자〉, 《한국일보》, 2006. 5. 3; 이광일, 〈안병직 교수와 김영환 씨〉, 《한국일보》, 2006. 5. 6.

13 이선민, 〈조선데스크 – 안병직과 박세일〉, 《조선일보》, 2006. 4. 13. 이선민은 이 글에서 "우파는 이제 정부를 비판하는 소극적인 차원을 넘어서 적극적인 미래 구상을 펼쳐야 한다. 국민을 사로잡을 수 있는 이념과 정책을 만들어내기 위해서는 치열한 고민과 토론이 필요하고, 그것이 정치권에도 영향을 미쳐야 한다. 그 과정에서 때로 견해 차이와 논쟁으로 갈등을 빚는 것처럼 보일 수도 있지만 길게 보면 그게 우파의 혁신과 발전을 위해 바람직하다. 우파는 그동안 좌파에 비해 너무 지적으로 게으르고 조용해서 내실과 흥행 양면에서 손해를 봐왔다. 두 거물급 지식인들이 앞으로 보여줄 활동과 상호 작용을 기대한다."고 강조했다.

40

로 전향한 그가 어떻게 좌파 경제사학자라는 말인가? 그는 그 스스로도 말했듯 전두환 정권 하에서 경제가 무너지지 않는 것을 보고 전향한, 진지한 학자라면 실로 상상하기 어려운 '가벼운 문제의식'의 소유자이다.

안병직은 1964년 2월에 석사를 마친 후 1965년 2월에 바로 서울대학교 경제학과 전임 강사로 부임하였다. 그의 대부분의 저서는 이영훈을 비롯한 제자들이 열심히 사료 분석하여 작성한 논문 앞에 총론을 쓰거나 번역 또는 편집해서 펴낸 것이었다. 그가 쓴 10편 정도의 경제사 논문 대부분은 현재 그의 입장과는 전혀 다른 내용을 담고 있다.

지난 반세기 동안 최고의 명문 대학에서 최고로 우수한 학생들을 제자로 거느리고 있으면서도 제대로 된 논문이 거의 없고, 사상적으로나 학문적으로도 우왕좌왕해온 그가 어떻게 학계의 거물이 될 수 있었을까. 이는 바로 스승을 우두머리로 수직화되어 있는 우리 학계의 '패거리 문화'에서 기인한다. 그가 이번에 사상 논쟁을 벌이겠다고 선언한 '창작과비평'과 '역사비평'이 그동안 그를 어떻게 대우해왔는지를 보면 알 수 있다. 이 역시 서울대 중심의 패거리 문화가 아니면 결코 나타날 수 없는 일이었다.

그의 주장은 다음의 몇 가지로 요약된다. 시장경제와 자유주의, 북한인권, 세계화와 신자유주의가 그것이다. 최근 안병직은 올드레프트를 자주노선이라 규정하는 한편, 자신들은 "한국 현대사가 국제협력 속에서 성공적으로 전개돼왔다고 본다."고 말했다. 즉 남은 국제협력노선으로 성공하고 북은 자주노선으로 망했다는 것이다. 또 통일은 당장은 실현되기 어려운 것으로 규정하였다. 그는 이러한 주장을 바탕으로, 6·15공동선언을 기점으로 출발한 남북공조를 폐기하고,[14] 굳건한 한미

일동맹을 이룩해야 한다고 설파한다.

그는 현 정부에 결여되어 있는 '시민 간의 관용과 설득'이라는 도덕률을 뉴라이트가 확보해야 하며, 그래야 진정한 자유민주주의가 실현될 수 있다고 주장한다. 한편 올드레프트의 평등주의에 반대하면서 분배우선 경제정책, 3불 교육정책, 양극화 해소 등은 시장경제를 확립하는 데 장애가 된다고 주장한다. 때문에 제도 개혁에 주력해야 하며, 경쟁으로 나타난 피해자의 구제는 소득재분배 정책으로 달성하면 된다고 한다. 그는 알렉산더 거센크론의 후발성 이론에 근거하여 기획원과 같은 종합적 정책기구가 필요하며, 우리 사회가 가지고 있는 후발적 사회능력으로 동아시아 유교문화권이라는 역사적 배경과 일제시대 및 해방 후의 근대적 발전을 들고 있다.[15]

이러한 그의 주장은 제국주의적 시각이 결여된 '강대국 추종을 통한 경제발전단계'라는 점에서 그동안 박정희 정권의 경제개발모델로 활용된 바 있다. 40여 년이나 된 철 지난 이론을 이제 와서 마치 대단한 이론이나 되는 것처럼 이야기하고 있는 것이다. 게다가 학자라고 하기에는 너무도 정치적인 독설을 자신의 반대 세력에게 퍼붓고, 피가 끓는다면서 사상전을 선포하는 등 그가 앞서 말한 '시민 간의 관용과 설득'에는 이율배반적인 행태를 보이고 있다.

안병직이 말하는 '일제시대 및 해방 후의 근대적 발전'이라는 개념은 식민지와 해방 후를 연속선상에서 보면서 식민지 근대화를 일방적으로 찬양하는 논리이다. 그리고 그 논리의 종착점은 역사 속의 반민족

---

14 북한의 개혁개방 가능성은 제로에 가깝기 때문에 6·15공동선언은 폐기해야 한다며, 북한인권문제의 근본적인 해결은 북한의 체제 변화에 의해서만이 가능하다고 주장하고 있다.
15 안병직, 〈뉴라이트의 역사 인식과 선진화 전략〉, 《문화일보》, 2006. 5. 3.

적 사대주의를 다시 이 땅에 반복하자는 것이다.[16] 그와 비슷한 논리를 일본 잡지에 실었다가 비난을 받고 고대 명예교수직에서 물러난 한승조의 운명에 비한다면 안병직의 득의양양은 참으로 아이러니라고 할 수 있다.

안병직이 거론하고 있는 거셴크론(Gerschenkron, Alexander)은 러시아 태생으로 볼셰비키 혁명을 피해 오스트리아로 망명했다가 나치가 침입하자 다시 미국으로 건너가 하버드대학 경제학과 교수를 지낸 인물이다. 거셴크론은 소련과 동구의 발전에 관한 연구를 통해 1947년 통계 기준 연도를 바꾸는 것이 통계의 성장률을 결정한다는 '거셴트론 효과'를 발표하여 유명해졌다. 그는 주로 소련 경제기획자들의 속임수를 통계적으로 밝혀내는 연구에 집중했으며, 그가 남긴 최고의 업적은 바로 '경제발전 단계이론(linear stages)'이다. 바로 이것기 바로 안병직이 말하는 '후발성 이론'인데, 1962년 Belknap Press에서 출간한 *Economic Backwardness in Historical Perspective*라는 책에서 처음 제기되었다. 이 주장의 핵심은 선진국과 후진국의 공존을 통해 선진 기술을 받아들임으로써 후진국이 여러 단계를 뛰어넘을 수 있다는 것이다. 거셴크론은 그 사례로 메이지 시대의 일본과 소련을 들었다.

그런데 안병직이 한국 사회의 우파 집단 내에서 앞으로도 계속 순항을 할 것으로 보이지는 않는다. 그것은 다음 극우 세력들의 반응을 보면 그러하다.

– 안병직 계열의 뉴라이트는 생존을 위한 기회주의 변신의 그 실체다.

---

16 주종환, 〈뉴라이트 정체는 사대주의〉, 《시민의 신문》, 2006. 5. 15.

- 이들의 전향 동기가 철학적 사색의 결과가 아니라 역사적 현실의 변화에 대한 합리화가 궁색한 나머지 궁여지책으로 선택한 것이라는 점이다(정창인, 〈비수 품은 뉴라이트재단〉, 2006. 4. 29).
- 그들이야말로 독선과 편견과 오만과 허구에 쌓여 있는 가엾은 기회주의의 표상이다.
- 호시탐탐 기회를 엿보며 정권을 넘보는 얍삽한 찰나주의에 연연하고 있는 것은 아닐까?(양영태, 〈뉴라이트가 아니라 뉴막시스트〉, 2006. 5. 3)

바야흐로 극우보수 세력 간의 주도권 쟁탈전이 시작된 것이다. 대선이나 그 외 선거 때마다 이들의 대립과 경쟁은 더 치열해질 것이다. 왜냐하면 이들의 동기와 목표가 한나라당의 집권 전략에 맞닿아 있기 때문이다. 그러나 뉴라이트재단은 그 내부에서 견제와 사상 검증을 또다시 요구당하여 전락할 가능성이 높다.

맺는말

교과서포럼을 주도하고 있는 사람들을 보면서, 역사를 말하는 그들이 정작 역사에서 배운 것이 없다는 사실에 도리어 연민을 갖게 된다. 보수언론의 찬미와 일부 극우 세력의 열광에 취해서 정의의 역사를 매도하고 불의의 역사를 찬양하는 자들은, 언젠가 냉엄한 역사의 평가를 받게 된다는 사실을 배우지 못한다면 역사를 왜 공부하겠는가.

이 글을 쓰는 것은 매우 고통스러운 일이었다. 학자가 내놓은 것이라기에는 너무나도 비논리적이고 정치적 구호에 가까운 말들을 읽고 정리하는 것은 참으로 힘든 작업이었다. 그리고 비록 학문적 입장은 다르지만 그래도 학자로서 치열한 삶을 살고 있다고 믿고 싶었던 이들이, 정치판의 이데올로기에 휘둘리는 모습이 측은하기까지 하였다. 하지만 그들 역시 나의 스승이다. 일종의 반면교사로서 말이다.

한국 근현대사 교과서는 미완의 책이며, 앞으로 더 좋은 교과서가 되기 위하여 더 많은 노력을 필요로 한다. 더욱이 학문적 견해 차이는 얼마든지 있을 수 있으며 그에 대한 논쟁도 활발하게 진행되어야 한다. 그러나 입장과 견해를 달리한다는 것과 반대 입장에 있는 이를 친북좌파로 몰아가거나 학생들이 현재 배우고 있는 교과서를 매도하는 것은 전혀 차원이 다르다. 교과서포럼에 가담하고 있는 사람들 가운데는 소수를 제외하고는 학자적 자세를 견지하고 있는 이들이 여전히 많다. 하루빨리 제자리로 돌아와주기를 간절히 소망한다. 그리고 학문적, 교육적 입장에서 더 진지하게 논의하고 더 나은 교과서를 만들 수 있도록 함께 노력하기를 바란다.

그동안 국사 교과서에 대한 비판을 주도해온 것은 진보 역사학계였으며, 그 결과물이 오늘날의 검인정된 교과서이다. 사실 교과서의 필자로 참여하면서 가장 우려되었던 부분은 동료들로부터 쏟아질 비판이었지[17] 보수 세력으로부터의 매도는 아니었다. 교육부의 집필 지침에 충실하고자 애썼고, 출판사 측과 크고 작은 충돌을 하면서 어쩔 수

---

17 실제로 2002년 11월 9일 '일본교과서바로잡기운동본부'가 주최한 제3차 한국사 교과서 심포지엄에서 '21세기 한국사 교과서와 역사 교육의 방향'이라는 주제로 냉정한 비판을 하였다.

없이 양보했던 부분이 너무 많았기 때문이다. 그 과정에서 교과서 제작 과정과 그를 둘러싼 우리 사회의 모순들을 많이 알게 된 것은 큰 소득이었다.

양심 있는 역사학자라면 교과서 문제는 결코 외면해서는 안 될 중요한 영역이다. 제7차 교육과정 교과서 집필 당시, 진보적 역사학계는 준비가 미비하였거나 무관심하였다는 점을 뼈아프게 반성해야 한다.

더욱이 그동안 역사 교육과 교과서 문제와 관련하여 정부 측에 비판적 입장을 취해왔던 세력들이 지금에 와서는 교과서포럼의 시비 때문에 교육부를 변호하는 것처럼 인식되고 있기까지 하다. 앞으로 교과서 서술만이 아니라 그 이전에 진행될 논의에 대해서 진보적 역사학계는 분명한 문제의식을 가지고 적극적인 개입을 해야 한다. 이제 진보적 역사학계는 기성 학계에 문제 제기만 하는 집단이 아니라, 책임을 지는 집단이 되어야 한다.

3장

뉴라이트의
역사 인식

박
귀
미

역사 교육과 역사 교과서의 문제는 정치적, 이념적 논쟁의 주요 소재가 되어왔으며, 이는 교육계뿐 아니라 사회정치적으로도 중요한 이슈가 되곤 하였다. 역사 교과서 논쟁은 대부분 한국 고대사와 근대사에 관한 것이었다. 고대사 논쟁이 주로 학술 논쟁의 대상이 되어왔다면, 근현대사 논쟁은 곧바로 정치 세력들 간의 충돌로 이어지거나 이념 투쟁의 성격을 띠었다.

제7차 교육과정에서 '한국 근현대사'가 고교 심화선택과목으로 등장하면서, 국정제로 발행되던 사회과 교과서 중에서 '국사'를 제외한 나머지 교과서는 검정제로 전환하였다. 이렇게 출발한 한국 근현대사 교육은 지난 몇 년간 여러 차례 논란에 휩싸였다. 2002년 일부 한국 근현대사 교과서가 전(김영삼) 정부에 대해서는 비판적 서술을, 당시(김대중) 정부에 대해서는 찬양하는 내용을 서술했다는 이유로 언론에서 논란의 대상이 되었다. 2004년에는 국회 국정감사에서 금성출판사의 한국 근현대사 교과서가 친북좌경 교과서라는 지적을 받고 논란에 휩싸이기도 하였다.

2005년에 들어서는 한국 근현대사 교과서를 비판하면서 새로운 역사 교육을 모색하는 시민단체라며 '교과서포럼'이 등장하였다. 교과서포럼은 한국 근현대사 교과서가 "자학사관", "민중·민족에 갇힌", "좌파적" 입장에서 서술되었다고 비판하면서 식민지 근대화론, 대한민국의 정통성, 박정희 시대의 긍정적 재평가를 주장했다. 이어 2006년 초에는 《해방 전후사의 인식》의 문제의식에 직접적으로 도전하는 《해방 전후사의 재인식》 1, 2권을 출간하면서 근현대사에 대한 많은 논쟁을 촉발시켰다. 언론을 통해 근현대사 교육에 끊임없이 이데올로기 공세를 가하던 교과서포럼은, 2008년에 그 결정판인 《대안 교과서 한국 근·현대사》(이하, 뉴라이트 교과서)를 발간하였다.

근현대사 인식과 교육 문제에 대한 활발한 토론, 폭넓은 논쟁은 환영할 만한 일이다. 그러나 근래의 상황은 학문적, 교육적 차원의 생산적 논의라기보다는 "친북적", "좌파적"이라는 수사를 사용하면서 이루어지는 정치 공세의 성격을 띠고 있다. 이러한 상황에서 한국 근현대사 교육과 역사 인식 문제를 점검하고 새로운 방향을 모색하려는 노력은 그 어느 때보다도 중요하다고 하겠다.

교과서포럼의 등장과 역사 인식

교과서포럼의 등장과 단체의 성격

교과서포럼은 "우리나라 중고등학교 교과서의 일부 내용들이 갖는 문제점을 지적하고 이를 개선하고자 하는 지식인의 모임"을 자처하며 2005년 1월에 출범하였다. 어떤 정치적 의도도 배제하겠다고 선언했지만, 이들의 문제의식은 2004년도에 조선일보사와 한나라당이 금성출판사의 근현대사 교과서에 대해 이념 공세를 펼친 것과 동일 연장선상에 있다.

교과서포럼은 2005년부터 몇 차례의 심포지엄을 열었고, 그 결과물이 《한국 현대사의 허구와 진실》, 《경제 교과서, 무엇이 문제인가?》, 《빼앗긴 우리 역사 되찾기》이다. 그리고 교과서포럼의 일부 학자들은 자신들의 입맛에 맞는 논문들을 모아 《해방 전후사의 재인식》을 발간하였으며, 발간 의도는 권두 논문과 좌담을 통해 정치화하였다. 보수언론은 이를 대서특필하면서 역사학계에 새로운 흐름이 형성된 것처럼 포장했지만, 교과서포럼에 참가한 학자들 중 역사, 특히 한국 근현대사를 전공한 사람은 거의 없었다.

교과서포럼은 과거에 국가 권력을 장악하고 이데올로기 공세를 가했던 보수 세력이 모인 단체로서 시민운동의 방식으로 문제 제기를 하면서 등장했다. 2008년 보수정권이 출범하자 교과서포럼은 그들의 입장을 담아 뉴라이트 교과서를 출간했다. 교과서포럼의 운동 방식은 1980~1990년대 운동권의 방식과 흡사하며, 이는 그들과 문제의식을 같이하는 뉴라이트 세력의 상당 부분이 1980~1990년대 운동권 세력[1]

에서 수혈되었다는 점에 기인한다고도 볼 수 있다.[2]

교과서포럼은 창립 선언문을 통해 우리 미래 세대가 교과서를 통해 "대한민국이 잘못 태어났고 성장의 장애를 겪는 국가로 배우고 있다."고 지적하는 한편, "대한민국에 물론 굴곡과 좌절, 아픔이 없지는 않았지만 '미션 임파서블'을 이루어냈다고 보고, 독재와 억압, 자본주의의 참담한 모순만을 기록해놓은 교과서 대신 나라를 세우고 지키며 가꾸기 위해 최선을 다한 우리의 모습, 삶의 질을 높이기 위해 피와 땀을 흘린 자화상을 기록할 것이며, '죄 많은 나라에서 태어났다'는 원죄의식이 불식될 때까지 계속 노력할 것"을 다짐하였다. 그리고 뉴라이트 교과서 현대사 부분에서는 대한민국을 독재와 억압, 자본주의 사회의 참담한 모순보다는 정상적으로 출발해서 경제 발전을 이룩한 위대한 나라로 서술할 것이라고 하였다.

교과서포럼이 창립 선언문에서 언급한 "죄 많은 나라", "원죄의식" 등은 일본 우익의 '자학사관' 운운과 맥이 닿아 있으며, 이들의 활동 모습을 보면 이들이 일본의 '새 역사 교과서를 만드는 모임'을 벤치마킹했음을 알 수 있다. 현행 근현대사 교과서가 자학사관을 담고 있다고 비판하는 이유는 대한민국의 역대 정권에 대한 비판적인 내용이 들어 있기 때문이며, 그러한 비판의식은 교과서포럼 구성원들이 권력자의 관점에서 역사를 보는 데 기인한다.

교과서포럼의 주장은 보수언론과 뉴라이트 매체를 통해 친북·좌파·반미 논쟁을 확대 재생산하고 있다. 보수언론은 지대한 관심을 가지

---

1 〈그들은 NL주사파 운동권 핵심이었다〉, 《오마이뉴스》, 2004. 12. 3.
2 주진오, 〈교과서포럼의 실체와 의도〉, '교과서 논쟁, 이렇게 하자' 특별 심포지엄 자료, 2006.

고 많은 지면을 할애하면서 이들의 존재를 부각시켰다. 그러나 정작 현행 교과서에 대한 교과서포럼의 비판이 기본적인 연구 성과에 대한 검토나 교과서 체제와 발행 과정 등에 대한 검증 없이 이루어졌음은 간과하고 있다.

자유주의연대에서 활동하고 있는 '전향 386'은 신지호, 이동호, 최홍재, 최희섭, 한기홍, 허현준, 홍진표 등이며, 이 중 PD(민중민주) 계열인 신지호 대표를 제외한 나머지는 1980년대에 NL주사파의 핵심으로 활동했던 인물들이다. 《시대정신》의 편집위원인 긴영환은 〈강철서신― 한 노동운동가가 청년학생들에게 보내는 편지〉의 저자이며, 남한 주사파의 대부로 알려졌던 인물이다. 이 기간을 한홍구는 《한겨레 21》에 실은 〈남한 주사파의 비극과 희극〉이란 글에서 서구의 신좌파, 남미의 종속이론, 중국의 마오이즘을 지나 마르크스, 레닌, 스탈린으로 이어지는 볼셰비즘의 번역의 시대를 지나 번역의 시대보다 더 어두운 '받아쓰기'의 시대라고 명명하며, 이렇게 평가했다.

"김영환은 황장엽 등이 화려한 당의정을 입혀놓은 주체사상을 가장 반주체적인 태도로 대단히 교조적으로 집어삼켰다. 그러고는 끝내 소화하지 못한 채 토해버렸다. 강철 시절의 김영환에게 북은 남의 대안이자 '절대선'이었다. (…) 현실 정치 속에 존재하는 하나의 체제인 북을 '절대선'으로 본 것도 비극이지만 김영환은 이런 잘못을 깨닫고 반대 방향으로 뛰쳐나갔다. 그와 유사한 경험을 했지만 그와는 달리 차분하게 북을 바라보는 연구자가 된 어느 학자가 지적한 것처럼 '그는 환상이 깨진 자리를 치열한 반성적 대안으로 채우는 것이 아니라 북한을 악으로 규정하고, 반공·반북으로 나감으로써 최대한 보상받으려' 하고 있다. 수구 세력의 품에 안긴 채로(…)."

교과서포럼의 한국 근현대사 인식

교과서포럼의 근현대사 인식을 크게 네 가지 측면으로 나누어 살펴보고자 한다. 교과서포럼의 운영위원으로서 가장 활발한 활동을 벌이고 있는 이영훈의 글을 중심으로, 먼저 그들의 문명사관을 살펴본 후 근현대를 임의로 개항 전후부터 강제 병합이 이루어지기까지의 시기, 일제 강점기, 해방 이후로 나누어 검토해보겠다. 아울러 그들이 보여주고 있는 민족, 민족주의에 대한 역사적 인식을 살펴보겠다.

시장경제와 자유민주주의를 절대시하는 문명사관

교과서포럼에서 가장 활발한 활동을 하고 있는 이는 이영훈인데, 그는 국사학계의 민족주의를 비판하면서 민족사를 대신하는 '문명사'를 제기하였다. 이영훈과 교과서포럼이 말하는 '문명사'는 1876년 개항부터 1945년 해방까지의 한국 근현대사를 "서양 문명에 기원을 둔 근대문명이 이식되고 정착되는 과정"으로 이해하는 것을 의미한다. 그들은 식민지 시기를 일본에서 사유재산제도가 도입되고 시장경제가 발전하였던 시기로 이해하는 한편, 이러한 이해를 바탕으로 뉴라이트 교과서를 집필하였다. 뉴라이트 교과서는 미국과 유엔의 지원으로 대한민국이 건국되면서 한국의 민주주의 정치제도가 성립되었다고 서술하고 있다. 또한 한국의 근현대사는 전통문명과 외래문명이 대립하면서 융합하는 과정이었으며, 중화제국 중심의 대륙문명권에서 서양이 중심이 된 해양문명권으로 이동하는 문명사의 대전환 과정이었다고 서술하고 있다.

이런 문명사의 전환 과정에서, 북한은 사유재산제도가 폐지되면서 성립한 공산주의 체제 아래 사람들이 자유로운 인격의 주체로 자립하지 못한 나라로 서술되었다.[3]

교과서포럼의 이러한 인식은 철저하게 서구 중심의 근대 개념에 치우쳐 있는데, 이에 따르면 식민지 시대는 제국주의의 침략으로 인한 고통의 시기라기보다는 더 발달한 일본 또는 미국의 문명이 야만적인 조선의 문명과 융합하는 과정으로 묘사될 수밖에 없다.

개항에서 강제 병합까지

이영훈을 비롯한 경제사가들은 수량경제사[4]라는 방법론을 통해 '19세기 위기론'을 주장하고 있다. 즉 조선왕조의 재정은 1840년대 이후 거덜 나기 시작했으며, 그 결과 농민 수탈이 강화되어 1860년대에 도처에서 민란이 발생했다는 것이다. 그들에 따르면 조선은 19세기에 인구는 증가했지만 생산성은 정체되었다. 1850년대부터는 물가가 치솟으면서 민중의 생존이 위협받고, 치안을 유지하기가 힘들어지고, 상인들의 활동과 시장이 위축되어 중앙 정치뿐 아니라 말단 촌락까지 갈등을 겪거나 분열하였다. 그리고 결국 제국주의 국가의 침략에 대처하지 못하고 패망하였다. 이러한 위기의 원인으로 이영훈이 지적하고 있는 것은 인구 증가와 환경 파괴로 인한 삼림의 황폐화, 농업 생산성의 감소, 일본의 발 빠른 변화에 따른 국제 시장의 감소, 위기 상황에 제대로 대처하

---

3 교과서포럼, 《대안 교과서 한국 근·현대사》, 기파랑, 2008, 149쪽.
4 수량경제사의 기본 지표는 물가, 임금, 이자율, 생산성 등과 같이 계량화가 가능한 경제지표로, 주로 18세기 이후 각 지방의 양반 가문에서 남긴 문서들을 가지고 연구한다.

지 못한 도덕적인 성리학의 세계관 등이다.[5]

이영훈은 19세기 조선 정치에 대해, 임오군란 이후 분명하게 드러난 조선에 대한 중국의 침략성 간섭을 지적하며, 조선을 반식민지 상태로 내몬 주범으로 몰았다. 1884년 김옥균 등이 일으킨 쿠데타는 중국으로부터 주권을 회복하기 위한 충정으로 보았다. 그리고 조선의 식민지화는 고종의 반일 외교에서 비롯된 것이라고 비판한다.

여기서 의심스러운 것은 과연 이영훈이 '식민지화를 엄청난 재난으로 인식하고 있는가' 하는 점이다. 그의 다른 여러 글들을 살펴보았는데, 그에게 있어 일본 식민지 시기는 조선의 재난이라기보다는 근대로 가는 문명의 융합 과정에 불과한 듯 보였다. 고종을 변호할 생각은 없지만, 식민지화가 고종의 맹목적 반일 외교의 결과라고 인식하는 것에는 동의할 수 없다. 또한 그가 쓴 글 중 "중국과의 관계에 매몰되지 않고 일본과 적절한 신뢰 관계를 유지하면서 일본이 그토록 두려워했던 한반도를 통한 중국과 러시아로부터의 위협을 적절히 통제할 수 있었다면"[6]이라는 부분에서는 일본의 '새 역사 교과서를 만드는 모임'에서 발간한 《새로운 역사 교과서》의 '한반도 팔뚝론'이 그대로 연상되었다.

일본 제국주의가 침략을 정당화하기 위해 사용한 논리를 그대로 차용하고 있는 것은, 학자로서 치밀한 논리로 구성한 견해라기보다는 일본 측의 입장에, 그것도 제국주의 침략을 합리화하고 싶어하는 사람들의 편에 많이 기울어진 정치적 소견으로 보인다. 일본의 침략과 전쟁이 동아시아 국제 질서를 주도했던 당시의 현실을 고려할 때, 조선이 식민지가

---

5 이영훈, 〈신화에서 역사로〉, 《시대정신》, 28호, 2005.
6 이영훈, 〈청년들이여, 낡은 역사관을 버려라〉, 《시대정신》, 30호, 2005.

된 가장 중요한 요인은 내적 문제라기보다는 외적 강제에 있었다. 고종의 외교 노선에 따라 식민지가 되고 말고 할 상황이 아니었던 것이다.

일제 강점기

이영훈이 국사 교과서의 신화[7]로 가장 많이 지목하는 부분은 일제 토지조사사업의 수탈성과 식량의 약탈, 일본군 위안부의 강제 동원이다. 그는 기존의 역사 교과서가 일제의 침략과 수탈을 과장하고 있다는 입장에서 글을 전개하고 있다. 그 글의 근저에는 식민지 시대를 수탈의 시대보다는 근대화의 시대로 보고자 하는 인식이 강하게 깔려 있다. 또한 친일 진상 규명이나 과거 청산에 대해 상당히 부정적인 입장에 서있음을 표명하고 있기도 하다. 그러나 식민지 시대에 대한 역사 인식은 약탈인가, 근대화인가 정도로만 논할 것이 아니다. 제국주의의 식민지 지배 정책이 식민지민들에게 어떤 의미로 다가왔는지 등에 대해 다각도로 생각해봐야 한다.

　이영훈은 '신고 음모설'과 '40% 수탈설'로 상징되는 토지조사사업에 대한 신화를 국사 교과서가 국민에게 널리 전파했다고 지적하면서, 19세기 조선 사회는 농민의 토지 소유권이 높은 수준으로 발달했지만, 농민의 사유 권리에 대한 국가적 증명 같은 공정한 조세제도가 결여되어 있었다고 지적하였다. 한편 일제는 토지조사사업을 통해 근대적 제도를 창출해갔으며, 그 과정에서 총독부나 특권층의 토지 수탈이 자행

---

7 이영훈은 과학적 근거도 없이, 생겨난 지 얼마 되지 않은 집단기억이 민족과 전통의 권위를 빌려 국사란 이름으로 국민을 동원하는 마성과 같은 힘을 '신화성'이라고 정의하였다.

될 여지는 없었다고 주장하였다. 그의 이러한 주장은 이후 뉴라이트 교과서에 충실히 반영되었다.

그의 주장에 따르면, 일제가 공업화 추진에 따라 부족한 식량을 우리나라에서 착취하려고 산미증식계획을 1920년부터 15년간 추진하면서 증산량은 달성하지 못했지만 미곡 수탈만은 목표한 대로 수행함으로써 농촌 경제를 파탄에 빠뜨렸다는 기존 교과서 서술에서, 가장 큰 문제점은 '착취' 또는 '수탈'의 메커니즘을 명확하게 제시하고 있지 않다는 점이라고 하였다. 따라서 그러한 교과서를 가지고 공부하는 학생은 강포한 외래 권력이 쌀을 강제로 빼앗은 것으로 이해할 가능성이 크므로, 쌀이 일본으로 넘어간 경로는 '수출'이라 해야 한다고 주장하였다. 이와 함께 식민지 시기의 역사적 의의를 근대적 소유권 제도와 시장경제 체제를 확립해가는 과정으로 설명하였다. 또한 그 제도에 적응하고 훈련받은 인적자본이 대한민국 경제 발전의 최대 공신이라고 하였는데, 이러한 역사 인식은 식민지 근대화론의 결정판이라고 할 만하다.

이영훈은 자본주의 시장경제는 절대선이며, 이러한 시장 질서가 만들어지고 인적자본이 형성된 식민지 시대는 해방 후 대한민국 발전의 밑바탕이 되었다고 주장한다. 이러한 역사 인식은 결국 식민지 미화론으로 이어질 수밖에 없다. 친일 진상 규명이나 과거 청산은 불필요하다는 논리가 자연스럽게 나오는 것도 이와 동일한 맥락 하에 있다. 제국주의의 침략적 속성과 그로 인해 희생된 많은 민중들을 역사에서 잊히게 만들고 있는 것이다.

이영훈이 지적하는 또 하나의 신화는 일본군 위안부의 강제 동원 부분이다. 정신대는 노동을 착취하고 군 위안부는 성을 착취하는 것으로,

둘은 엄연히 다르다. 그런데 국사 교과서가 정신대와 군 위안부를 동일시하는 집단기억을 형성하게 했다는 것이다. 그는 MBC 〈100분 토론〉에 과거 청산에 반대하는 입장의 패널로 나와, 한국 사회의 가부장적 구조가 조선 처녀를 군 위안부로 나서게 만들었을 뿐 총독부가 강제 동원한 것이 아니라는 등 한국 민간인의 책임을 운운하고, 군 위안부 성매매를 한국전쟁 이후의 미군 위안부 문제와 동일시하는 발언을 서슴지 않아 국민들의 공분을 사기도 하였다.

식민지 시대에 대한 이영훈의 역사 인식을 정리해보면, 식민지 시기는 조선의 전통문명과 일본을 통해 들어온 서유럽의 근대문명이 상호 융합하는 시기이다. 그리고 일본은 조악한 수준의 수탈을 위해서가 아니라 조선을 영구히 병합하기 위하여 식민지화했다. 이를 위해 조선에 근대적 시장경제를 이식하고 공업화를 추진하여 근대적 경제 성장을 이룩하였다. 이러한 일련의 근대화 과정은 식민지 권력에 의해 일방적으로 이루어진 것이 아니라 전통과의 상호 작용 과정을 통해 융합되어 갔다. 이 양상이 순조롭지만은 않았는데, 특히 정신세계의 융합에는 동화와 차별, 내선 일체와 조선 독립이 그 구심력과 원심력으로 작용했다고 한다.

근현대사 연구에서 민족이라는 관점을 배제하면 우리가 흔히 '친일파'라고 부르는 사람들은 반민족적 행위자가 아니라, 단지 식민지 시대에 두 문명의 융합 과정에서 차별과 원심력보다 동화와 구심력의 논리를 조금 더 많이 적용한 사람들일 뿐이다. 결국 이영훈의 역사 인식은 일본 제국주의의 침략 행위를 정당화하는 한편, 반민족적 행위를 단죄해야 한다는 개념이 설 곳을 잃게 한다.

해방 이후부터 대한민국의 발전까지

교과서포럼이 제시하는 현대사 서술 방안을 살펴보면 민족 해방과 관련된 연합국의 역할과 기여를 서술할 것, 남북 분단의 원인을 설명할 때 해방 후 한반도에 먼저 진주한 것은 소련군이었으며 소련의 책임이 더 크다는 점을 서술할 것을 주장하고 있다. 또한 건국 주체로는 임시정부, 조선독립동맹, 건국동맹이 아니라 한민당으로 발전하는 국내 보수우파 세력과 이승만을 중심으로 서술해야 한다며, 한민당 등 보수우파 세력을 문화적 민족주의 단체로 자리매김해야 한다는 안을 제시하고 있다.

나아가 교과서의 탁치 논의를 바로잡을 것과, 미군정을 반민족적, 반민중적, 반혁명적 세력으로 규정하는 것은 오류라는 점, 남한이 분단국가 수립을 선도했다고 주장하지만 이승만의 단정 수립은 혜안과 예지의 결실이자 통일 준비를 위한 단정 우선이었다는 점을 서술해야 한다고 주장하였다. 뿐만 아니라 현행 교과서가 친일파 청산의 좌절을 단정 수립이 초래한 최대의 역사적 과오로 서술한 것,[8] 한국전쟁에 관해 수정주의 사관을 답습하면서 한국전쟁이 자유민주주의를 수호했다는 문명사적 측면을 외면한 것, 이승만 정권을 권력 강화에만 집착한 것으로 서술한 반면 신속하게 전후복구사업을 벌이고, 국방력을 획기적으로 증대하고, 교육을 통한 문화적 인프라를 확대하고, 인적자원을 개발한 성과는 소홀히 다룬 것, 4·19혁명에 대한 과도한 이데올로기적 윤색 등을 지적하였다.

이에 대한 대안으로는 광복 이후 역사에 대해서 첫째, "식민지에서

---

8 교과서포럼의 뉴라이트 교과서에서는 반민특위를 무력화시킨 이승만 정권에 "좌파 공산주의자들이 끊임없이 체제를 위협하는 상황에서 친일파 청산보다 내부 단결과 반공 태세가 더 급하다고 생각하였다."라는 서술로 면죄부를 주고자 하였다.

벗어나 독립국가를 쟁취하고 자유민주주의 국민국가를 수립했을 뿐 아니라 이를 공산주의 세력의 침략으로부터 방어해낸 대한민국의 존재와 역량을 세계에 각인시킨 시대"로 서술하고, 민족주의와 민주주의의 잣대를 거두고 경제 성장, 교육 부문의 성취, 세계적 진출에 대한 의미를 부각할 것을 주장하였다. 또한 해방이 세계대전의 전후 처리의 일환으로 이루어졌음을 분명히 밝히고, 문명사적 관점에서 최상의 선택은 자유민주주의 체제와 자본주의 시장경제라는 사실을 명기할 필요가 있다고 하였다.

둘째, 미군정은 분단의 책임자보다는 근대적 사회제도의 이식자로 강조할 필요가 있으며, 대한민국 정부의 출범을 분단국가라는 시각보다는 근대국민국가의 출발로 서술하고, 5·10선거의 중요성, 농지 개혁의 의미, 친일 청산의 현실적 어려움에 대한 지적이 필요하다고 하였다.

셋째, 6·25전쟁에 대해서는 전쟁의 주체와 책임의 소재를 분명히 하고, 전쟁의 장기적 영향과 구조적 유산, 남북의 근대국가 형성에 기여한 측면을 논의해야 한다고 하였다.

넷째, 1950년대에 대한 서술은 '암흑기', '독재의 시기'라는 관행적 인식을 버리고 '발전의 시기'로 인식해야 하며, 한미동맹을 안보 유지의 방안이자 1960년대 이후 경제 발전과 1980년대 후반 정치 발전을 이루게 한 안보동맹으로 평가해야 한다고 하였다.

박정희, 전두환 시대에 대해서는, 산업화를 향한 대질주가 실현되었다는 점에서 그 의의를 찾아야 한다며 5·16을 '혁명'[9]으로 규정하였

---

[9] 교과서포럼은 2005년 논의 과정에서부터 5·16을 '혁명'으로 표현하고 있지만 뉴라이트 교과서에서는 '5·16 쿠데타'라는 표현을 사용하고 있다. 하지만 내부 서술에서는 '일대 변혁', '근대화 혁명의 출발점'이라는 표현을 하고 있다.

다. 5·16을 당시 가장 중요한 국가 과제인 산업화를 추진하는 결정적 계기로 파악함과 동시에, 5·16을 통해 등장한 군부 집단은 군 특유의 강력한 추진력을 가진 세력으로서 비현실적인 민주주의 관점과 위험한 통일지상주의를 극복하고, 권위주의적인 권력 구조 창출과 권력 행사로 한국의 산업화를 성공적으로 이끈 세력이라고 평가하였다. 유신체제 역시 박정희의 장기 집권 욕구가 아닌 미·중의 접근, 주한미군의 점진적 철수 등 안보 위기 상황을 타개하고 중화학공업을 효율적으로 육성하기 위해 권력 질서가 비상하게 요청되는 상황에서 추진된 것으로 파악해야 한다고 주장하였다.

신군부도 안정을 바라는 중산층의 기대에 부응한 집권 세력으로 파악할 것을 주문하였다. 교과서포럼은 전두환의 집권 과정에서 광주항쟁이 태생적 원죄가 되긴 했지만, 전두환 정권이 경제 개혁을 통해 성장 기조를 되찾는 데 성공했다는 점을 제대로 평가해야 한다고 주장하였다. 이때의 경제 성장에는 '3저(低) 현상'이라는 국제 경제 상황도 작용했지만, 전두환 시대의 강력하고 자율적인 국가 체제가 중요하게 기여했다는 것이다.[10]

결과적으로 교과서포럼은 박정희, 전두환 시대가 민주화 요구에 직면했던 점은 인정하지만, 이 시기 경제 성장에 대한 높은 평가와 함께 경제 성장을 위해서는 권위주의 체제가 필요했다는 생각에서 군부독재정권에 높은 점수를 주고 있는 현재의 뉴라이트 교과서를 출간한 것이다.

---

10 김세중, 〈권위주의 체제와 경제 발전〉, 《시대정신》, 2006년 여름호.

민족, 민족주의에 대한 인식

교과서포럼은 민족주의적 역사 서술에 대한 비판을 계속적으로 해왔다. 사실 우리의 역사 교육이 민족주의적 관점에 치우쳐 있음을 비판하는 논지가 교과서포럼에서 처음 제기된 것은 아니다. 하지만 이전에는 민족주의가 가지는 배타성, 배제와 차별의 논리, 타자화에 대한 비판이 주였다면 교과서포럼은 주로 통일 지향적 역사 인식과 통일 교육에 대한 비판을 하고 있다. 이러한 비판은 북한을 한국의 역사에서 배제하고자 하는 의도에서 비롯되었다. 그래서 민족주의를 "정세를 보는 눈이 없는 자주 노선" 또는 "외세 배격의 논리" 정도로 파악하며, 북한을 배제하기 위한 논리로 민족주의 비판을 이용하고 있는 것이다.

교과서포럼은 해방 이후 대한민국이 미국의 해양문명권을 지향하였기 때문에 지금과 같은 발전을 누리고 있으며, 북한은 이와 전혀 다른 대륙문명권이라고 하였다. 또한 대륙문명권의 생활 방식은 집단주의적이고 공동체주의적이며, 해양문명권의 생활 방식은 개인주의적이고 자유방임주의적이라고 구분하기도 하였다. 이는 구분의 근거도 미흡하지만, 북한에 대한 적대의식을 적나라하게 드러내고 있다는 점에서 문제가 된다. 북한의 인권 상황이나 독재 체제를 무조건 옹호해서도 안 되지만, 대한민국이 장기적으로 평화로운 민주국가로 발전하기 위해서는 북한이라는 '불편한' 존재가 우리 역사의 동반자임을 부정해서도 안된다. 이것은 단지 같은 민족이라는 명분론의 입장에서가 아니라, 북한이 "평화로 가는 불편한 동반자"[11]임을 인정하고 이것을 출발점으로

---

11 《한겨레신문》에서 특집으로 '선진대안포럼'을 발족하고 여러 차례 토론회를 가졌다. 그 가운데 한 토론회 주제가 '북한, 평화로 가는 불편한 동반자'였다. 여기서 진보 세력들은 그동안의 침묵을 깨고 북한의 인권 문제에 관심을 가질 것과 함께 극단적인 통일운동을 경계해야 한다는 내용의 토론을 하였다.

대한민국의 미래를 모색해야 하는 까닭이다.

교과서포럼은 민족사에 대해서는 국가사를, 민족주의에 대해서는 국제협력, 글로벌리즘을 대안으로 제시하였다. 반일민족주의와 통일운동에 대한 교과서포럼의 비판적인 인식은, 간단히 말하면 반북·친일·친미의 논리를 확대 재생산하기 위한 것이라고 할 수 있다.

맺는말

역사 교과서에 대한 비판을 한 것이 교과서포럼이 처음은 아니었다. 역사 교육 관련 학회나 단체, 진보적 학술 단체 등에서 교육과정이 바뀔 때마다 분야사별, 시대사별로 교과서를 분석했고, 오류에 대한 시정이나 관점의 수정을 요구하기도 했다. 그들은 내재적 발전론−식민지 수탈론이 갖고 있는 근대로의 전환 문제 인식과 민족사뿐 아니라 개인사, 가족사, 여성사, 노동사 등 다양한 범주로 그 시야를 확대해야 할 필요성에 대해서도 여러 차례 문제 제기를 하였다. 역사학계 스스로 학문적 연구를 통해 성찰하고 반성해온 것이다.

물론 교과서포럼의 비판이 전혀 무의미하다는 말은 아니다. '19세기 상황을 어떻게 볼 것인가'는 분명 연구가 더 이루어져야 하는 부분이며, 교과서에서 청일전쟁과 러일전쟁이 우리 민족에게 끼친 영향을 너무 간단히 서술했다는 것도 타당한 지적이다. 식민지 시대에 대한 '수탈'과 그에 대한 '저항'의 이분법적 구도 또한 극복해야 할 과제임에 틀림없다. 수탈에 대한 지나친 강조는 식민지 시대에 대한 정확한 인식을 어렵게 한다. 그러나 이에 대한 비판이 이질적인 문명이 만나서 자본주의 경제 질서가 확립되어가는 과정으로만 인식하는 정도에 머문 다면, 제국주의 지배가 왜 잘못된 것이고 민족적 차별이 왜 문제가 되 는지에 대해서 아무런 문제의식을 느끼지 못하고 군제 제기를 하지도 않는 '식민지 미화론'이 될 수밖에 없다.

식민지 시대에 우리나라가 근대화의 길을 걷게 되었다는 것을 부인 하기는 어렵다. 그러나 식민지 근대화를 인정한다 하더라도 야만과 폭 력의 세기를 "근대는 다 그렇게 이루어진다."라고 인정해버리는 것 역 시 문제가 있다. 또한 현재 대한민국이 경제적으로 발전하고 북과의 체 제 경쟁에서 승리한 모습을 보이고 있다고 해서, 이것이 곧 단정 수립 을 한 '이승만의 혜안'이라고 판단하는 것은 결과론적 판단일 뿐이다.

현대사 부분을 모두 좌우이데올로기로 단정하는 모습도 바람직하지 않다. 현실론적인 역사 인식도 필요하지만, 현실과 다른 대안을 이상으 로 갖는다고 해서 무조건 비판하는 것은 분명 문제가 있다. 대한민국이 성공하고 발전한 국가로서의 자부심을 갖는다 하더라도, 많은 상황에 서 최선의 선택보다는 차선의 선택으로 이루어진 측면이 강하기 때문 에 다른 대안에 미련을 가질 수밖에 없는 것이다.

교과서포럼이 비판하는 사관은 민족주의, 통일, 민중주의 사관 등이 다. 1980년대 운동권 세력의 중요한 이슈는 민족과 민중이었으며, 이와 관련하여 좌편향적 모습을 띠었을 수도 있다. 1980년 '광주'는 이전의 민주화 운동과는 다르게 '미국'이라는 존재에 대해 문제를 제기하였 고, 이 시기는 변혁운동의 주체로 '민중'에 눈떴던 시기이기도 하다. 대안적 사회이론이나 변혁이론을 찾고자 했던 사람들이 좌파적 이론에 관심을 가졌던 것은 사회주의가 제시하는 합법칙적 사회발전이론의 명확성이나 민중혁명 필연론 등에 끌려서라기보다는, 그때가 그만큼 혹독한 시절이었다는 점과 함께 '이 땅에서 고통받는 사람들의 신음 소리에 대한 작은 응답이라도 찾아보고자 해서가 아니었을까' 싶다.

3부

뉴라이트
교과서,
무엇이
문제인가

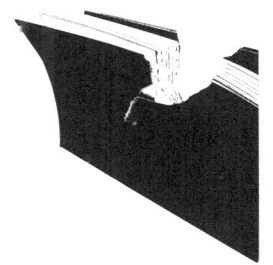

4장

'뉴라이트'의 식민사관 부활 프로젝트
: 근대 초기 서술의 문제점[1]

주진오

교육부의 교육과정과 집필 지침에 따라 집필되고 검정을 거쳐 발행된 현행 6종의 한국 근현대사 교과서 모두를 친북좌경과 자학사관으로 몰아 정치적 공세를 가했던 교과서포럼이 《대안 교과서 한국 근·현대사》(이하, 뉴라이트 교과서)을 발간하여 뜨거운 논란을 일으키고 있다.

뉴라이트 교과서는 일단 목차 및 체제 구성 면에서 현행 교과서와 달리 검정 기준의 제약을 받지 않았으며 그만큼 자유로운 형식에 다양한 내용을 담고 있다. 편집 방식도 사진 설명과 별도의 박스를 활용하

---

1 이 글은 《역사비평》 2008년 여름호에 발표된 것을 바탕으로 한겨레 통일문화재단에서 2008년 10월 27일 개최한 '기억의 정치: 쟁점과 과제 – 과거사 관련 위원회와 교과서 역사 서술을 중심으로'에서 발표한 내용의 일부를 더하여 수정한 것이다. 《역사비평》에 글이 처음 발표된 후 교과서포럼은 《시대정신》 2008년 가을호에서 대대적으로 필자의 비판을 반박하는 글(이하, 〈반박문〉)을 실었다. 이 글은 그에 대한 답변을 반영한 것이다.

여 다양한 내용을 효과적으로 세련되게 담았다. 하지만 그것이 가능했던 이유는 교과서보다 늦게 출판되었다는 점, 교육과정을 준수할 필요 없이 검인정 시스템과 무관하게 제작되었다는 점에 있다. 현행 교과서들에는 대체로 5~6명의 필자들이 참여하는 가운데, 연구자들은 3명이 참여했던 금성출판사를 제외하고는 각 출판사별로 1~2명에 불과한 반면, 이 책에는 무려 12명의 학자들이 집필에 참여했다. 또한 현행 교과서의 경우 집필자들이 개인적 인연으로 구성되고 출판사들 간의 의견 교환이나 유대 관계가 전혀 없었던 반면에, 교과서포럼은 조직적 차원에서 작업을 진행시켰다는 장점을 가지고 있다.

교과서포럼이 지은 책은 '대안 교과서'라는 용어를 사용함으로써 마치 교육 현장에서 교과서로 쓰일 가능성이 있는 것처럼 오해를 불러일으켰다. 이러한 '대안 교과서'는 2006년 교과서포럼이 발표한 시안과 비교해볼 때 달라진 점도 많으며 그동안 쏟아진 비판에 대해 저자들이 많은 노력과 고민을 했다는 것을 느낄 수 있었지만, 과연 이 책의 내용이 '대안 교과서'라는 표방에 값하는 것인지에 대해서는 회의적이다. 책의 내용과 거기에 투여된 역사의식이 우리 사회에서 '대안'이 될 수 있을지도 의문이지만, '교과서'로서 필요하고 적합한 수준을 갖추었는지에 대해서도 논쟁의 여지가 많다.

그동안 이 책에 대한 역사학계의 비판은 대체로 식민지 근대화론과 해방 이후의 독재 옹호론에 집중되어 있었다. 그러나 이 책에 기술된 조선왕조와 대한제국 시기에 대한 내용을 본격적으로 검토하면서 더 심각한 문제들을 많이 발견할 수 있었다.

우선 이 책을 기존 교과서와 비교했을 때 눈에 띄는 것은 구성상의 극단적인 불균형이다. 총 287쪽의 본문 가운데 총론이 14쪽(5%), 문호 개방 전후에서 일제 강점기까지가 50쪽(17%), 식민지 강점기가 56쪽(20%)인 데 비해서 현대사 부분은 무려 167쪽(58%)에 달한다. 이는 필자가 참여했던 중앙교육진흥연구소 발행 교과서가 각각 22쪽(6%), 118쪽(32%), 112쪽(30%), 118쪽(32%)으로 시대별 균형을 잘 유지하고 있는 것과 현저하게 비교된다. 다른 한국 근현대사 교과서들도 대체로 비슷한 체제를 유지하고 있다.

뉴라이트 교과서가 이러한 구성을 띠게 된 이유는, 1부와 2부를 집필한 이영훈과 김재호가 모두 경제사 전공자인 탓에 다른 분야인 정치사나 문화사에 대해서는 이해가 부족하여 충분한 서술을 할 수 없었기 때문이라고 할 수 있다. 또한 이 책의 실질적 목적이 현재 한국 사회에서 보수 세력이 역사적 정당성을 확보하기 위한 것이라는 점을 명확하게 보여준다.

해방 이후 한국 역사학의 최대 과제는 식민사관의 정체성론과 타율성론을 극복하는 것이었다. 내재적 발전론은 그런 고민의 산물이다. 오늘날의 관점에서 무리한 해석과 자료의 부족을 인정하지 않을 수 없지만, 그것을 단순히 민족주의적 역사 서술로 평가하는 것은 무리하다고 본다. 그동안 안병직, 이영훈과 같은 식민지 근대화론자들은 단순히 일제가 추진했다고 하는 근대화를 찬미하는 데 그치지 않고, 자신의 논리를 정당화하기 위해 끊임없이 식민지 이전의 조선을 정체된 사회로 서술해왔다.

최근에는 경제사적인 의미에서의 정체성론만이 아니라 정치사적으로 조선에 대한 청의 지배력을 과장하여 타율성론을 보강하는 반면, 개화파들을 과대평가하여 그들의 실패가 곧 식민지화의 원인이라는 식민사학으로 회귀하고 있다. 심지어 최근 일본 신우익들이 결성한

'새역모'에서 발행했던 후소샤(扶桑社) 교과서와 동일한 역사 서술을 하고 있다.

여기서는 뉴라이트 교과서의 '2부 근대 사회의 태동과 국권의 상실'을 중심으로, 이 책의 목차를 따라가면서 사실 관계의 오류를 지적한 다음 역사 인식의 문제점을 비판할 것이다.

지나치게 많은 사실 관계의 오류[2]

개항

가장 눈에 띄는 것은 한일 관계에 대한 서술에서 기본적인 이해의 부족을 드러내고 있다는 점이다. 예를 들어 통신사를 "일본의 국왕이 교체될 때마다 간 것"이라고 했는데, 일본 국왕이라면 '천황'을 의미하는 것으로 이해된다. 그러나 통신사는 천황이 아니라 막부의 쇼군(將軍)이 교체될 때 갔던 사신이다. 물론 당시 조선이 쇼군을 일본의 왕으로 이해하고 있었다고는 하나, 이에 대한 아무런 설명 없이 일본의 국왕이라고 하면 '천황'을 의미하는 것으로 이해될 수밖에 없다. 이들은 〈반박

---

2 《시대정신》 2008년 가을호에 교과서포럼 명의로 작성된 〈역사비평의 대안 교과서 비평에 대한 반박〉에는 발표자의 비판에 대해서 장문의 반박을 하고 있다. 그런데 이상한 것은 분명히 《역사비평》에 실린 세 역사학자는 '개인'의 실명으로 글을 작성하였는데 반해, 이들은 교과서포럼이라는 '조직'의 이름으로 〈반박문〉을 작성하여 책임의 소재를 밝히지 않았다는 점이다. 그리고 그들이 주장하는 것과는 달리 세 명의 학자는 개별 필자들로서 글을 쓴 것이지 《역사비평》의 요구대로 쓴 것이 아니다. 더욱 이해가 안 가는 것은 사실의 오류를 지적한 것에 대해 "교정 수준의 비평"이라든가 "실증 문제를 둘러싼 지엽적인 문제"라고 비난한 것이다. 자신들도 역사학자라고 강변하면서, 그것도 교과서를 표방한 책에 그렇게도 무수한 오류가 나타난 것이 지엽적이라고 한다면 그 것만으로도 역사학자로 인정할 수 없는 사유가 된다. 특히 자신들이 범한 오류를 《민족문화백과대사전》에 그렇게 나와 있다는 것으로 변명하는 것도 납득하기 어렵다. 적어도 전문 역사학자가 사실 확인도 제대로 거치지 않고 백과사전을 보고 교과서를 쓴다는 것이 있을 수 있는 일인가?

문〉에서 일본의 쇼군이 대외적으로는 일본 국왕을 자임했으므로 '국왕'이라는 표현이 당시의 양국 관계를 사실 그대로 서술한 것이라고 주장하고 있으나,[3] 아무런 보충설명 없이 서술되었을 때 이를 학생들이 어떻게 이해할 수 있을 것인지 궁금하다.

그리고 뉴라이트 교과서는 당시 "왜관이 동래에 있었다."고 하였는데, 1678년 이후에는 초량에 설치되어 개항 이후까지 지속되었기 때문에 이 부분이 17~19세기를 다루는 것이라고 한다면 잘못된 서술이다. 이들은 〈반박문〉에서 동래가 초량의 상위 행정단위로서 초량은 동래부 부산진의 한 촌락에 불과하다고 했지만, 분명히 당시 기록에는 초량왜관이라고 되어 있다. 또한 사소한 것이긴 하지만 조선의 수도에 대한 한자 표기조차 오류를 범하고 있으며, 연도에 있어서도 고종 즉위년이나(뉴라이트 교과서, 31쪽, 이하 쪽수만 표기) 신헌이 죽은 해를(33쪽) 틀리게 적어놓았다.

한국 사회의 대응과 동요

우선 눈에 띄는 것은 '개화당'이라는 제목으로 '양복 차림의 급진개화파(개화당 핵심 인사들)'의 사진을 게재한 부분이다. 사진 설명에서 "왼쪽부터 김옥균, 서광범, 박영효, 홍영식"이라고 하였으나 이는 틀린 설명이다. 순서대로 김옥균, 서재필, 서광범, 박영효가 맞다. 이 사진은 이들이 갑신정변의 실패로 일본에 망명한 뒤 단발을 하고 찍은 것이다. 갑신정변 실패 당일에 살해당한 홍영식이 어떻게 사진을 찍을 수 있다

---

3 교과서포럼, 〈역사비평의 대안 교과서 비평에 대한 반박〉, ?시대정신?, 2008 가을호, 293쪽.

는 말인가. 이 시기에 대해 조금만 더 상식적인 이해를 가졌어도 이런 오류를 범하지는 않았을 것이다. 게다가 이 사진은, 사실 거꾸로 인화되어서 인물의 배치가 반대로 나와 있는 잘못된 사진이다.

한편 '민왕후'라는 명칭은 어디에서도 사용되지 않았던 신조어이다. 현재 많이 사용되고 있는 '명성황후'라는 명칭은 대한제국 이후에 붙여진 것으로, 그녀가 활동했던 시기에는 이러한 명칭으로 불리지 않았다. '명성'은 그녀가 죽고 난 이후인 대한제국 시기에 붙여진 시호로서, '명성황후'는 지나치게 높이는 표현이 아니라 당연한 호칭이다. 일반적으로 역사를 서술할 때는 죽은 뒤에 붙여진 시호를 생전에도 사용하기 때문이다. 오히려 성을 붙여 부르는 경우가 거의 없다는 점에서, 이는 교과서포럼이 의도적으로 칭호를 격하시켰던 일본 식민사학자들에게 동조한 결과로 보인다.

더욱이 "척족 민씨의 집권에 중추로서 역할을 하였다. 임오군란 후 잠시 실권하였다가 청의 지원으로 재집권하였다."(34쪽)는 명성황후에 대한 서술도 성립이 되지 않는다. 황후는 그 자체로 독립적인 권력일 수 없다. 국왕과의 사적인 관계로 인해 권력 행사에 참여할 수 있을 뿐이기에 재집권이라는 표현은 있을 수 없다. 그리고 그녀를 시해한 이를 "일본 정부의 사주를 받은 자객"이라고만 볼 수도 없다. 거기에는 일본 군인을 포함하여 대원군이 동원한 군대와 당시 조선에 거주하던 일본 거류민들이 가담하였다. 이는 일본군의 가담과 조선인 친일 세력의 역할, 그리고 무엇보다 대원군의 참여를 호도하는 것이다. 그리고 '漢城週報'도 '漢城周報'가 맞는 표현이다(39쪽).

"김옥균이 차관 도입을 위해 노력하였으나 민왕후 세력과 묄렌도르프의 방해 때문에 실패하고 빈손으로 귀국하였다"(40쪽)는 것도 오류이다. 당시 이노우에 카오루(井上馨) 외무대신은 일본이 그런 거금을 차관으로 제공할 수 있는 능력도 없고, 이를 통해 조선에 대한 통제를 할 수 있는 여건이 되지 않는다고 판단하였다. 이에 후쿠자와 유키치(福澤諭吉)가 중심이 되어 다이이치(第一) 은행의 시부자와 에이이치(澁澤榮一)를 통해 17만 엔을 제공하였으나, 김옥균은 이 돈을 정부에 전달하지 않고 자신이 주도하는 사업에 사용해버렸다. 그러니까 차관 교섭의 실패 원인에 대한 서술은 물론이고 빈손으로 귀국했다는 것도 잘못된 설명이다.

또한 갑신정변의 실패로 망명한 후 일본 정부가 김옥균의 존재를 부담스럽게 여겨 유폐하였다(40쪽)고 하였으나, 처음 그를 오가사하라 섬으로 보낸 것은 김옥균이 '오사카(大阪) 사건'이라고 불리는 일본 대외 강경파들의 조선 침공 작전에 가담했기 때문이었다. 또한 조선에서 그를 죽이기 위해 밀사들을 파견한 것에 대한 조치이기도 했다. 당오전을 설명하는 부분에서 '黨一錢'이라고 오기하고 있는 것도 눈에 띄며, '후쿠자와 유기치'는 '유키치'라고 해야 올바른 발음 표기이다(45쪽).

전통 경제의 구조 변동

그들이 경제사학자인 만큼 이 부분은 역사 인식의 쟁점이 될 수 있는 내용은 많지만 오류는 적다고 할 수 있다. 하지만 지도 설명에서 조일 통상조약이 1886년에 체결되었다고 한 것과, 조청상민수륙장정이 종주국과 속방 사이에 맺은 협정으로서 조약이 아니라고 스스로 설명해놓았으면서도 조청통상조약이라고 한 것은 오류이다. 1882년에 서울이 개항되었다고 한 점도 잘못이다. 내륙 도시의 시장을 개방한 경우에는

'개항'이 아니라 '개시(開市)'라고 해야 맞다. 교과서포럼 측은 〈반박문〉에서 자신들이 개항이 아닌 개방이라 했다고 주장했지만, 분명히 그 페이지의 지도 부분에는 '서울 개항'이라고 되어 있다. 또한 이때는 양화진을 개시했지 서울을 개항한 것이 아니었다(48쪽).

근대국가의 모색

삼국 간섭으로 친러파가 정권을 잡는 사태가 벌어졌다고 하였는데, 이는 명백한 오류이다. 김윤식, 어윤중, 유길준 등이 여전히 내각에 있는데 친러파가 정권을 잡았다고 하는 것은 무리인 까닭이다. 뿐만 아니라 이 사건과 을미사변에서 대원군이 했던 역할은 전혀 언급되지 않아서 고의로 은폐하고 있는 것으로 생각되며, 아관파천 후에 벌어진 사건을 다루면서 김홍집이 고종을 알현하기 위하여 궁에 더물다가 살해되었다고 한 것도 오류이다. 김홍집, 어윤중, 정병하가 고종의 지시를 받은 경무청의 순검들에 의해 참혹하게 살해되었다고 하였으나, 고종의 지시를 받았다는 근거는 전혀 없다. 더구나 어윤중은 지방으로 피신하던 중 용인 부근에서 그에게 원한을 가지고 있던 민간인에게 살해되었다. 또한 고종은 아관파천 후 단발령을 철회한 것이 아니라 스스로 편한 대로 알아서 하도록(從便爲之) 조칙을 내렸을 뿐이다.

　독립협회가 국왕의 환궁을 적극적으로 요구했다는 것도 근거 없는 말이다. 그들은 독립협회가 환궁을 요구했음은 일반적으로 받아들여지고 있는 사실이라고 변명한다.[4] 그렇다면 근거를 제시하기 바란다. 또

---

4 교과서포럼, 앞의 글, 294쪽.

한 독립문의 완공 날짜에 대한 기록은 어디서도 찾아볼 수 없는데 무슨 근거로 1897년 11월 20일에 완공되었다고 하는지 알 수 없다. 서재필이 추방된 것이 아니라 중추원 고문에서 해직된 후 남은 기간의 월급을 받아서 스스로 미국으로 돌아갔다는 것은 이미 분명하게 밝혀진 사실인데 여전히 미국 추방설을 제기하고 있다. 여기에 관한 연구논문이 발표된 지 10년이 훨씬 넘었음에도 이들이 반박의 근거로 연구성과가 아닌 《민족문화백과대사전》을 삼고 있는 것은 참으로 이해하기 힘든 일이다. 서재필이 미국 시민이 되어 이름을 바꾼 것을 단지 미국명이라고 기술한 것도 오류이다. 또 서재필은 개화파가 정권을 잡자 귀국한 것이 아니라, 외무협판에 임명되었음에도 불구하고 귀국하지 않아 면직된 뒤 1895년 12월 25일에 귀국했다.

윤치호는 독립협회가 창립될 때 러시아 특사로 파견되어 국내에 없었으므로 서재필, 이상재 등과 함께 독립협회를 조직했다고 한 것은 오류이다. 당시 이상재가 독립협회를 창립하는 데 중심적인 역할을 했다고 한 것도 사실과 다르다. 반면 회장이었던 안경수와 위원장이자 2대 회장으로서 역할을 했던 이완용은 전혀 언급되지 않았다.

또한 만민공동회에는 의장이라는 직위가 없었으며 회장은 고영근이었다. "서재필이 추방된 후 윤치호가 회장이 되어 1898년 3월에 만민공동회를 개최하였다."(60쪽)는 것도 사실과 다르다. 서재필이 출국한 것은 5월이다. 다만 3월에 있었던 만민공동회 계획에는 서재필도 참여하였다. 만민공동회를 개최할 때 독립협회 회장은 이완용이었고, 그가 전라북도 관찰사로 부임하여 이탈한 이후에야 부회장 윤치호가 회장 대리로서 독립협회를 이끌었다. 윤치호가 정식으로 회장이 된 것은 8월 28일의 일이다.

"의회 설립 운동은 1898년 12월 정부가 동원한 보부상 단체의 공격을 받아 끝내 좌절되고 말았다."(60쪽)는 것도 오류이다. '의회 설립'을 위한 노력을 전개했던 것은 관민공동회였으며 이것은 10월 말의 일이었다. 독립협회 지도자 체포에 항의하여 집회를 하고 있던 만민공동회를 보부상이 습격한 것은 11월 21일이므로, 12월게 공격을 받았다는 것은 잘못이다.

이승만이 내각제 정부를 수립하고 고종의 양위를 꾀했다는 혐의로 체포되었다는 것도 사실과 다르다. 그는 의회와 성격이 비슷했던 중추원에서 박영효를 대신으로 추천하고, 실제로 반란을 모의하던 박영효 세력에 가담했기 때문에 체포되었다.

대한제국의 위기와 망국

가쓰라-태프트밀약을 '협정'이라고 했다가 그 옆의 박스 설명에서 '협약'이라고 한 것도 문제지만, 더 큰 오류는 "일본이 필리핀을 침략하지 않겠다고 했다."(65쪽)는 서술이다. 그러한 내용은 이 밀약에 들어 있지도 않았으며, 이미 미국이 식민지로 지배하고 있던 필리핀 문제에 대해 일본은 침략하지 않겠다는 약속을 할 만한 위치에 있지 않았다.[5] 교과서포럼 측이 〈반박문〉에서 제시하고 있는 자료를 보아도 그것은 필리핀을 침략하지 않겠다는 주장이라고 할 수 없다. 필자의 주장은 이 밀약을 연구한 미국의 연구성과를 통해 확인된다. 또한 이때 '밀약'이라

---

5 이 부분에 대해 필자는 《역사비평》의 글에서 "필리핀 문제에 대해 일본은 언급할 수 있는 위치에 있지 않았다."라고 기술했다. 교과서포럼 측은 이에 대해 문제를 제기했다. 여기서는 필자의 표현이 과도한 것이었음을 인정하여 "침략하지 않겠다는 약속을 할 만한 위치에 있지 않았다."고 정정한다.

고 한 것은, 그것이 정부 간의 공식적 협정이 아니라 대화를 나눈 것을 문서로 작성해둔 것에 불과했기 때문이다.

한편 '을사조약'이라는 제목으로 조약문을 싣고 있는데, 이 조약의 명칭은 본문 설명에도 있듯이 '제2차 한일협약'이다. 따라서 제목을 단다면 굳이 1905년의 간지인 을사조약이라 해서는 안 된다. 물론 현행 교과서도 을사조약이라는 명칭을 사용하고 있으나, 본문에서 편의상 설명하는 것과 조문의 제목을 다는 경우는 분명 다르다.

이준이 1895년에 독립협회에 가담했다고 설명하였으나 독립협회가 창립된 것은 1896년이고, 그가 독립협회에 참여했다는 근거 또한 없다. 이에 대해 이들은 신용하의 연구에 나와 있다고 반박했지만, 그 부분의 오류를 지적한 논문이 이미 오래전에 나왔다. 따라서 연구성과를 따라잡지 못한 억지 주장에 불과하다. 또한 이준을 비롯해 많은 사람들이 만민공동회에 참여했다는 근거로 제시된 자료가 전혀 믿을 수 없는 것이라는 점은 오래전에 필자가 밝힌 바 있다. 한편 최익현은 "1868년 대원군의 실정을 규탄하는 상소를 올려 파직되었다."(68쪽)고 하였으나, 그가 상소를 올린 것은 1863년이고 그를 쓰시마에 끌고 간 것은 일본이었다. 그럼에도 이를 유배시킨 것이라고 할 수 있는지 의문이다.

'영선사'란 청에 보내는 유학생을 인솔하는 사신을 의미한다. 따라서 "영선사를 보내어 무기 화약의 제조법을 배우게 했다."(70쪽)는 서술은 잘못이다. 알렌은 "광혜원의 의사와 교수"라고 하였으나, '광혜원'은 설립 계획상에만 존재했던 명칭일 뿐 실제로 병원이 설립되었을 때는 '제중원'이라고 하였다. 아울러 광혜원 개원을 "알렌의 선교 사업의 일환"이라고 서술하고 있는 것은, 병원 설립이 조선 정부의 근대 개혁 의지와 결합되었던 것임을 무시하는 서술로 보인다. 또한 언더우드가 "1885년 아펜젤러와 함께 미국 북장로교 선교사가 되어"(73쪽)라고 쓰여 있는 구절을 보면, 아펜젤러도 북장로교 선교사라는 식으로 이해될 우려가 있다. "기독교의 전파"라고 해놓고 천주교의 선교 자유부터 설명하고 있는 점도 문제인데, 그 아래에 있는 서술을 보면 개신교를 기독교로 파악하고 있기 때문인 듯하다.

안중근에 대한 설명을 보면 "하얼빈 역에서 이토를 대한 황제 폐하를 위협하여 을사조약을 맺고 황제 폐하를 강제로 폐위시킨 죄를 물어 권총으로 사살하였다."(76쪽)고 하는데, 이는 도무지 문장이 성립되지 않는다. 아울러 교과서를 표방한다면 도저히 있을 수 없는 오류로서, 러일전쟁의 전개 과정을 보여주는 지도에서 제주도와 일본의 위치를 실제와 다르게 그린 점을 들 수 있다.

끝으로 하나 더 짚고 넘어가자면, 순종을 '둘째 아들'이라고 하는 이유는 무엇인가? 첫 번째 왕자가 있었지만 일찍 죽었기 때문에 순종이 적장자이다. 그러므로 굳이 둘째 아들이라고 할 이유가 없다. 1875년에 이미 왕세자로 책봉되었고 대한제국의 수립과 동시에 황태자가 된 것인데도, 굳이 1897년에 황태자로 책봉되었다는 서술만 하고 있다.

식민사관으로의 복귀

조선 사회 정체성론으로의 회귀, 소농 사회론

뉴라이트 교과서는 소농 사회론에 입각하여 17~19세기 조선의 전통 사회를 조명하고 있다. 즉 "대다수 농민은 소농으로서, 그들은 농업 생산과 사회생활의 기초 단위를 이루고 있었으며, 사회는 양반과 상민으로 구성되었는데 17세기까지 4할에 달하던 노비가 19세기에 들어서는 1할로 줄어들어 스스로 전근대적 신분제의 굴레로부터 해방되고 있었다."(18~19쪽)는 것이다.

이러한 주장은 그동안 현행 교과서에서 상정하고 있던 내재적 발전론을 부정하는 맥락에서 서술된다. 물론 내재적 발전론이 가지고 있는 문제점이 없지 않으며, 특히 조선 후기의 경제적 변화를 지나치게 근대적 양상으로 그려냈다는 비판은 역사학계 내부에서도 나오고 있다. 그러나 조선 후기에 사회경제적 변화가 일어났던 것은 사실이며, 그것을 어떻게 이해할 것이냐의 문제는 앞으로의 과제이다.

사실 소농 사회론에 대해서는 세계적으로 수많은 연구들이 축적되어 있다. 그런데 이영훈은 뉴라이트 교과서에서 그러한 연구들을 충실하게 반영하여 소농의 개념을 제기하지는 못했다. 소농에는 자작농도 있고 소작농도 있는데, 이런 점을 무시하고 일괄해서 규정하는 것은 이론적으로도 문제가 있다. 조선왕조 말기에서 일제시대에 한국 농촌의 가장 중요한 문제는 고율 소작료에 신음하는 소작 빈농들의 극한 빈곤이었다. 그런데 이 문제는 거론하지 않으면서 신분제가 이완된 것만 강조하면, 대다수 소작 빈농의 실상을 제대로 파악할 수 없게 된다. 따라서 조선 후기를 소농 사회라고 하는 것은, 내재적 발전론에 대하여 부정적인 입장을 취하고 있는 역사학자들조차 수용하기 어려운 해석이다. 자신을 비롯한 극히 일부 경제사학자들만이 동의하는 내용을 '대안'이라고 가르치겠다는 것은 억지가 아닐 수 없다.

교과서포럼 측은 농촌 근대화의 내용을 토지 사유권의 확립과 시장경제화라고 보는 입장에서, 일제가 시행한 토지조사사업 덕택에 농촌

이 근대 사회로 진입했다고 주장한다. 이는 일제 시기에 한국 소작 빈농들이 초근목피로 겨우 연명했던 실상과, 해방 후 농지개혁에 의해 비로소 자립적 소농다운 모습을 갖추게 되었다는 사실과 맞지 않는다. 근대화에 대한 일제의 공헌을 과장하는 이들의 식민지 근대화론의 이론적 근거로 사용되고 있을 뿐이다.

언뜻 보면 뉴라이트 교과서는 조선 사회를 상당히 의미 있는 시대로 묘사하고 있는 듯 보인다. "17~19세기 전통 사회는 그 시대를 빼놓고는 오늘날 한국을 설명할 수 없을 만큼 풍부한 역사적 유산을 남겼다." "공동체가 큰 역할을 수행한 여타 후진 사회보다 높은 수준의 문명에 속한다." "소농 사회는 스스로의 힘으로 전근대적인 신분제의 굴레로부터 해방되고 있었다." 소농 사회의 "문명 요소는 이후 한반도에 서양의 근대문명이 들어올 때 그것의 순조로운 이식을 가능케 한 내재적 토양을 제공하였다."(18~19쪽)는 등의 서술이 그렇다.

그러나 이는 어디까지나 '소농 사회론'에 내재되어 있는 '조선 사회 정체성론'을 호도하기 위한 수사에 불과하다. 이러한 서술은 구체성을 띠지 못하고 추상적으로만 언급되어, 도대체 무엇이 그런 평가를 가능하게 하는지 역사학자인 필자조차 이해하기 어려운데, 그런 설명을 학생들에게 대안이라고 제시할 수는 없다. 다만 분명한 것은 "소농 사회가 서양 근대문명의 순조로운 이식을 가능케 한 토양"이라는 서술에 이영훈의 속마음이 드러나 있다는 점이다.

한편 교과서로서 기능하기 위하여 제시된 사진 자료의 경우, 17~19세기 장시의 발달을 언급하면서 20세기 초에 찍은 사진을 사용하고 있는 점도 문제이다(20쪽). 조선왕조가 엄청난 수탈국가라는 점을 장황하게 언급한 후 난데없이 "조선왕조가 백성을 수탈한 것만은 아니다."라고 하여 혼란을 주고, 환곡에 대해서는 그 부정적 운영에 관한 언급 없이 "조선왕조의 경제 정책은 백성의 살림살이를 평안하게 함을 기본 목적으로 하고 있다."(21~22쪽)는 결론을 끌어내고 있는 것 또한 간과할 수 없는 문제이다.

타율성론으로의 회귀, 중화제국론

과거 일제의 식민사학자들은 늘 조선이 중국의 지배를 받던 속국이었다고 강조했다. 따라서 일본은 조선을 속국의 상태에서 벗어나게 해주었으며, 일본의 식민지 지배를 받는 조선의 모습을 한국 역사에서 늘 있어왔던 외세에 의한 지배의 연장선상에서 합리화하였다. 이러한 주장은 최근 일본의 후소샤 교과서에도 그대로 반영되어, 한국의 역사학계는 이를 정정하기 위해 노력하였다.

뉴라이트 교과서에서 주장하는 '중화제국'은 역사상 그 실체가 있었다기보다는 일부 학자들의 주장으로만 존재하는 제국이다. 중화란 그야말로 문화적 개념이며 제국은 정치적 개념이다. 그런데 교과서포럼은 양자를 혼동하고 있다. 조선인에게 청은 사대외교의 대상이었으나 중화라고 인식되지는 않았다. 따라서 중화제국론이란 그야말로 상상의 산물이다.

더욱이 뉴라이트 교과서는 자주와 독립의 문제를 혼동하고 있다. "조선왕조가 중화제국의 조공국의 층위에서 독립국가로 자존하였다."(23쪽)거나, "조선왕조는 중화제국과의 사대 관계 안에서 자주독립을 누렸다."(25쪽)고 한 것이 그것이다. 조선왕조는 병자호란 이후 청의 속방의 위치에 있었으므로 독립된 국가라고 할 수 없었으며, 1895년 시모

노세키조약에서 청이 조선을 자주독립국이라고 승인할 때까지 자주국이기는 했으나 독립국은 아니었다. 반면에 내정, 외교 면에서는 자주권을 행사하는 국가였다. 그러므로 자주와 독립은 엄밀하게 구분되어야 한다.

그런데 조선은 강화도조약을 시작으로 구미 열강과 조약을 체결하게 된다. 이는 바로 조선이 국제적으로 독립국이라고 인정되었음을 의미한다. 그렇기 때문에 청과의 관계에서는 독립국이 아니면서 다른 열강과의 관계에서는 독립국으로 인정되는 양절(兩截) 체제가 성립되었던 것이다. 즉 열강이 조선을 독립국으로 인정하여 중국 중심의 동아시아 질서에서 이탈시키려고 한 것은, 조선에 대한 자유 행동권을 보장받기 위한 것이었다. 즉 열강의 의도에 부합하도록 조선의 국제법적 지위를 확고한 독립국으로 만들기 위해서는, 바로 청으로부터의 독립이 필수적으로 요청되었다.

그럼에도 불구하고 이 책에서 중화제국론을 강조하는 이유는 무엇보다도 조선에 대한 청의 규정력을 과대포장하고, 그것을 해체시킨 것이 일본이었음을 강조하기 위한 것이다. 이는 고종의 황제 즉위에 대하여, 청으로부터 독립하려는 개화파의 노력이나 실추된 권위를 회복하려는 고종의 의도보다도 "청일전쟁에서 청이 패배했다는 동아시아 국제 질서의 근본적인 변화"를 강조하는 서술(56~57쪽)에서 잘 드러난다. 그리고 이러한 서술은 일본이 조선을 독립시켜주었으나 결국 스스로의 자강개혁에 실패하여 식민지로 전락하고 말았다는 서술로 이어진다. 이것이야말로 타율성론의 회귀를 기도하고 있는 것이며, 일본 후소샤 교과서의 한국판 서술이라고 할 수 있다.

일본 교과서를 방불케 하는 서술

교과서포럼은 한발 더 나아가서 어떤 부분에서는 뉴라이트 교과서가 일본 교과서인지, 한국 교과서인지 구분하기 어려울 정도의 서술을 하고 있다. 청일전쟁에 대한 서술 어디에서도, 일본군이 왜 조선 내부의 문제였던 동학농민운동에 군대를 파병하여 내정 개혁을 강요했는지에 대한 비판적 인식이 전혀 보이지 않는다. 일부 일본 교과서들이 "일청 양국이 출병하였을 때 이미 농민군과 조선 정부는 휴전하였다. 그러나 일본은 군대를 주재시키기 위해 개혁안을 조선 정부에 강요하고 그에 대한 회답에 불만하여 조선의 왕궁을 점령하였다."고 한 것에도 미치지 못하는 서술이다.

한편 방곡령에 대한 설명에서도 "조선왕조는 흉년을 명분으로 방곡령을 발동하여 일본 상인에게 타격을 주었다."(45쪽)고 했는데, 이는 당시 일본인들의 주장을 그대로 받아들인 것이다. "한국에 친일 정권을 세우기 위하여 일본 혼성여단이 서울에 진군, 만리창과 아현동에 주둔하였다."(46쪽)는 서술도 그렇다. 한국의 관점에서 보았을 때 이는 일본군의 서울 침략이지 '진군'이라 할 수 없는 것이다. 이러한 비판에 대해서 이들은 "단어 하나를 두고 상대방을 사문난적으로 모는 고약한 버릇으로부터 국사학계는 하루빨리 해방되어야 한다."고 열을 올리고 있다. 대단한 과잉 반응이며 도무지 자기 반성이 없는 합리화이다. 자기 나라를 침략한 외세의 군대에 대해 '진군'이라는 표현을 쓰는 교과서가 과연 어디에 있다는 말인가?

면직업에 대한 설명도 마찬가지이다. "서울을 중심으로 잠시 성립했지만 이것도 러일전쟁 이후 쇠퇴하였다."(50쪽)는 설명은, 면직업을 발전시키기 위한 노력을 일본이 저지했다는 측면을 완전히 도외시하고 있다. 철도회사 및 은행의 경우에도 그 한계만을 지적하고 있는데, 아직 초창기로서 충분한 역량을 결집하지 못한 상태에서 식민지화로 말미암아 넘어지고 말았다는 점은 인정하지 않고, 일본인의 입장에서만 평가하고 있다.

또한 명성황후 시해 사건의 원인을 "삼국 간섭으로 친러파가 정권을 잡는 사태가 벌어지자"(55쪽)라고 하여, 사실을 왜곡하였을 뿐 아니라 일본인의 관점에서 서술하였다. 이에 앞서서 중앙 정계에서 밀려난 개화파가 일본군의 지원으로 다시 집권하였을 때는 "정권 탈취를 주도한 인물은 유길준 등의 소장 관료"(53쪽)라고 하여, 도무지 무슨 말인지 알 수 없을 뿐 아니라 일본군의 경복궁 침략을 정권 탈취라고 보는 시각을 보여주고 있다.

러일전쟁의 배경에 대한 설명을 보자. 러시아에 대해서는 '야심'이라고 하는 반면, 일본에 대해서는 '진출'이라고 표현하고 있는 점도 형평성에 어긋난다. 이같이 '침략'을 '진출'이라고 하는 것은 일본의 우익 세력들이 후소샤 교과서를 통해 역사 인식을 바꾸려고 시도하는 대표적 사례로서, 이미 양심 있는 일본 역사학계가 치열한 반론을 제기했던 서술 방식이다. 이에 대해 교과서포럼 측은 "깊은 악의에 두려움마저 느낀다."고 했다. 비판을 악의로 몰기보다, 일본 역사학계가 '진출'이라는 용어가 가지고 있는 문제를 가지고 얼마나 치열한 논란을 벌였는지를 먼저 살펴보는 것이 학문하는 기본 자세일 것이다.

또한 '일본의 승전'이라는 제목 아래 "일본은 대한제국이 친러 정책을 취하는 상황에서 자신의 이익선이라고 간주했던 한반도에 대해 러시아가 야심을 드러내자, 러시아와의 전쟁이 불가피하다고 판단하였다."(64쪽)라고 하는 등 일본의 주장을 그대로 싣고 있다.

이토 히로부미에 대한 설명 역시 일본 역사 교과서를 방불케 한다. 그가 조선 침략에 어떤 역할을 했는지는 언급하지 않고, 오로지 일본사에서 중요한 역할을 했다는 것과 "한국을 일본의 보호국으로 두자는 입장에 서서 양국의 병합에 대해서는 소극적인 태도를 취하였다."(66쪽)는 것만 언급하여, 마치 그가 조선에 대해서는 침략적 태도를 취하지 않았던 것으로 오해하도록 유도하고 있다.[6]

이같이 일본 정치계의 움직임을 강경파와 온건파로 나누고 온건파의 수장이었던 이토 히로부미를 안중근이 암살함으로써 강경파가 식민지화를 강행하게 되었다고 서술한 것은 후소샤 교과서와 동일한 설명이다. 이들이 온건파라고 하지만, 사실 그것은 시기 상조론이다. '온건파'라는 호칭은 그들이 궁극적으로 식민지화를 전망하고 있다는 점을 고의로 은폐하는 것이다. 또한 "일본 정부가 한국 병합의 방침을 공식 결정한 것은 1909년 4월"(76쪽)이라고 서술하였는데, 이토가 통감을 사임한 것은 그 이후의 일이므로 앞뒤가 맞지 않는다. 헤이그 밀사 사건에 대해서도 "열강의 간섭을 기대한 고종의 노력은 일본을 강경책으로 선회하도록 자극하였다."(68쪽)고 하여, 고종이 식민지화를 자초한 것처럼 서술하는 한편 일본의 정책 변화를 정당화했다.

이 밖에도 일본에 대한 것은 아니지만 제너럴셔먼호 사건에 대한 서술 관점에도 문제가 있다. "통상을 요구하다가 주민의 공격을 받아 불타버린 사건"(32쪽)이라고 함으로써 마치 평화적 요구에 대해 조선인들이 폭력적으로 공격한 것처럼 오해를 하게 한다. 당시 평양 관민들은

---

6 교과서포럼 측은 이 부분이 후소샤 교과서에 나오지 않는다고 반박했다. 후소샤 교과서에 이 내용이 나오지 않는다는 점에서 필자의 오류를 인정한다. 그런데 이 내용은 일본의 大阪書籍에서 나온 교과서에 실려 있다.

물과 음식을 제공하는 등 평화적인 교섭을 통해 돌아갈 것을 요구했다. 그러나 제너럴셔먼호는 조선인 관리를 억류하고 무력 도발을 했고, 이에 맞서 화공을 가한 것이 제너럴셔먼호 사건이다.

한국 근대변혁운동에 대한 편향적 인식

개화파에 대한 일방적 미화

줄기차게 반복되는 고종과 명성황후에 대한 부정적 언급, '동학농민운동'을 보수적 근왕주의로 보는 의도적 왜곡, 그리그 의병운동에 대한 1쪽도 되지 않는 소략한 서술 등에서 교과서포럼의 의도를 읽어낼 수 있다. 바로 개화파의 활동을 일방적으로 미화하고, 그들의 실패로 인해 조선이 식민지로 전락했다는 숙명론을 전개하는 것이다.

그러다 보니 갑신정변을 주도한 세력의 문제점과, 갑신정변으로 인해 개화를 추진할 수 있는 세력이 손실되고 청의 외압을 강화시키는 결과를 초래한 점을 지적한 학계의 연구에 대하여, "오늘날 한국의 일부 역사학자는 갑신정변을 일본에 의존하여 경거망동하여 근대화에 필요한 인적 역량만 잃어버렸으며 일본에 의한 식민지화의 위기만 부추겼다고 낮게 평가하고 있다. (…) 갑신정변을 저평가하면서 그 주역들에게 식민지화의 책임까지 묻는 것은 1880년대 당시 한국을 반식민지 처지로 내몬 것이 일본이 아니라 청이었다는 사실을 외면하는 문제점을 안고 있다."(40쪽)는 식으로 억지를 부리는 것이다.

역사학자 가운데 갑신정변에 대해 가장 비판적인 입장을 견지하고 있는 필자도, 갑신정변이 식민지화의 위기만 부추겼다고 평가하지는 않는다. 필자는 이들이 당시의 정치 세력 가운데 가장 선진적인 입장에 서 있었음을 부정하지 않는다. 다만 그들의 주관적 의도와 객관적 진행 과정 및 결과가 서로 다르다는 것을 균형 있게 서술하고자 노력할 뿐이다.

뉴라이트 교과서는 "정변이 실패한 후 10년간 조선왕조가 청의 강한 간섭과 통제 하에서 근대적 개혁을 추진하지 못하고 현실에 안주하여 황금 같은 시간을 낭비했다는 사실에 유의할 필요가 있다. 이는 갑신정변의 주역들이 왜 그토록 청으로부터의 독립을 갈망하면서 성급하게 개혁을 추진할 수밖에 없었는지를 잘 설명해준다."(40쪽)고 서술했는데, 이는 1884년부터 1894년 사이에 고종 친정 체제가 청의 내정 간섭에서 벗어나 독립국으로 인정받고자 미국과 유럽에 외교 사절을 파견하는 등의 외교적 노력을 전개하는 한편, 제중원과 같은 근대적 의료 기관 및 육영공원, 연무공원, 외국어학교와 같은 교육기관을 설립하였다는 점을 고의적으로 무시하는 것이다.

또한 뉴라이트 교과서는 "갑신정변의 실패 원인은 일본이 약속을 지키지 않은 것과 급진적 개혁 정책에 호응할 사회 세력의 미성숙이 근본 원인"(41쪽)이라고 함으로써, 정변을 주도한 세력의 정세 판단 과오와 미숙함을 의도적으로 은폐하고 있다. 갑오경장의 실패 원인에 대해서도 "국왕의 지지도 사회 세력의 뒷받침도 없었기 때문에 소기의 성과를 거두는 데 처음부터 한계가 있었다."(55쪽)고 했을 뿐 개화파 세력 자체의 문제는 전혀 언급하지 않았다. 한편 "민란의 물결"이라고 해놓고는 대부분 1840년대 예를 제시하여, 백성들의 저항이 고종과 명성황후 세력에 대한 것이었다고 오해하게 유도하고 있다.

이렇게 개화파를 미화하는 이유는, 무엇보다도 현재 한국 사회에서 그들과 비슷한 지향을 가지고 있는 보수 세력을 자처하는 자신들의 역사적 기원을 개화파에서 찾기 위함이라고 생각된다. 그들이 열심히 노력했음에도 그 노력이 좌절됨으로써 근대국민국가 수립에 실패하고 식민지로 전락할 수밖에 없었다는 논리로 몰아가려는 것이다.

집권 세력에 대한 악의적 비판

뉴라이트 교과서는 대한제국에 대한 평가에 있어서도 '대한국 국제'가 가지고 있는 부정적 측면만을 강조하고 있다. 필자는 고종에 대해 서술할 때 개혁 군주로서의 성격을 지나치게 부각시키는 것에 동의하지 않는다. 하지만 이 책이 시도하고 있는 대한제국에 대한 부정 일변도의 평가는 더욱 문제다. 이는 식민지 근대화론을 정당화하기 위한 전사(前史)로서 의도적으로 이루어진 것이라고 생각된다 교과서포럼은 그러한 생각으로 이용익의 탈(脫)일본 노력을 전면적으로 부정하고, "을사조약 후 고종의 밀서를 가지고 프랑스로 향하던 중 일본 관헌에 발각되었다. 해외에서 유랑하다가 블라디보스토크에서 사망하였다."(62쪽)고만 서술하였다.

물론 이용익이 대한제국 경제 정책의 집행자로서 문제가 없었던 것은 아니다. 하지만 이용익이 을사조약에 반대하다가 일본에 끌려갔다 돌아온 후 군부대신, 관찰사를 마다하고 프랑스로 갔던 것은, 러시아와 프랑스를 통해 국권을 회복해보려는 의지에서였다. 그의 노력은 실패로 이어지고, 그는 살해 미수 사건까지 겪으면서 상하이까지 갔다가 귀국하지 못하고 블라디보스토크로 거처를 옮기게 된다. 그곳에서 그는 일본의 침략을 저지하기 위해 노력하다가 1907년 2월 사망한다. 그런 그를 유랑하다가 죽었다고만 하는 것은 지나친 게 아닐까?

한편 대한제국에 대한 역사적 평가를 1970년대에 있었던 광무개혁 논쟁으로 끌고 올라가, 광무개혁론을 통해 고종과 명성황후 세력은 근대화의 주역으로, 대한제국은 일본과 유사한 근대국가로 평가했다고 한 것도 억지 주장이다. 광무개혁론이 고종을 근대화의 주역으로 평가했거나 대한제국을 근대국가의 성립으로 주장한 것도 아니다. 오히려 광무개혁은 근대국민국가를 수립하기 위한 노력이었으나 일본의 압력은 물론 고종의 한계, 개화파 관료들의 동요에 의해 실패했다고 평가하고 있다. 반면 대한제국에 대한 이 책의 서술을 보자. "전체적으로 통치자에게 강한 개혁 의지가 있었던 것은 아니었다."는 평가까지는 몰라도, "궁중에 출입한 무수한 하인배의 급료로 낭비되었다."(63쪽)는 식의 서술은 도무지 상식적인 것이 아니다.

더구나 일제가 외교권의 이양을 요구할 때 그것을 견제할 의회 권력이 존재하지 않아서 약점을 노출하였다는 서술도 국권 침탈의 책임을 일본의 강요가 아니라 고종에게 돌리려는 의도로밖에 볼 수 없다. 의회 권력이 존재했다면 그것을 막을 수 있었다는 것 자체가 있지도 않은 의회 권력을 상정하는 무리한 가설인 까닭이다.

민중의 저항운동 무시

교과서포럼 측은 먼저 동학농민운동을 '동학농민봉기'라고 의도적으로 격하시켰다. 가장 대표적인 것이 "기존 체제를 부정한 급진적 혁명이었다기보다는 유교적 근왕주의에 입각하여 서민의 경제 생활을 안정시키고자 했던 복고적 개혁의 성격이 강하였다."(45쪽)는 서술이다. 이 부분은 감수를 맡은 유영익의 주장을 그대로 옮긴 것이다. 그러나 실제로 농민군은 유교적 지배 질서에 맞서 저항운동을 벌였다. 그들이 변혁의 대상으로 설정했던 것은 국왕과 척족 세력들이었다.

역사학계에는 일반적으로 당시 농민군 지도부가 현실 사회를 부정했으나 새로운 사회에 대한 전망을 체계화시키지 못했다는 점에서 '농민혁명'이라기보다 '농민전쟁'이었다고 평가하는 경우가 많다. 사실 현행 교과서가 '동학농민전쟁'이나 '동학농민혁명'이라 하지 않고 '농민운동'이라고 서술하는 것은, 교육부의 교육과정을 이행하기 위한 어쩔 수 없는 선택이었다. 그런데 동학농민운동을 복고적이라고 규정하는 것은 당시 '복고'의 의미가 현실에 대한 강한 부정을 내포하고 있다는 점을 고의적으로 외면하고 있는 것이다.

이들이 부정하고 있는 오지영의 《동학사》에 대해서도, 그 저술의 배경과 성격, 내용 등에 대해 이미 역사학계는 비판적 검토를 거쳐 오류들을 지적해왔다. 특히 '폐정개혁안 12개조'는 진위 여부를 놓고 현재도 팽팽하게 논쟁하고 있는 문제이다. 최근 연구에 의하면 12개조와 같은 명시된 폐정개혁정강은 없었다고 생각되나, 오지영이 익산의 집강소에 참여했던 것은 확실하며, 당시 집강소의 분위기를 반영한 것은 인정해야 한다는 것이 중론이다.

아직 학계에서 팽팽한 의견 대립을 이루고 있는 이 문제에 관하여, 어느 한 학자의 일방적 주장을 바탕으로 교과서를 서술할 수는 없다. 농민전쟁론 또는 농민혁명론의 근거가 모두 《동학사》에서 비롯되었다는 뉴라이트 교과서의 주장도 억지라고밖에 볼 수 없는데, 다른 사료들을 통해서 얼마든지 농민전쟁론의 근거를 제시할 수 있기 때문이다. 그럼에도 이 책은 '집강소'의 존재 자체를 언급하지 않고 있는데, 이는 농민전쟁의 의미를 훼손시키려는 의도로 보인다.

　의병전쟁에 대한 설명은 이 책에서 불과 11줄에 불과하며, 그나마도 "무기나 기율이 갖추어지지 않아서 전투보다는 상소나 시위를 위한 집단에 가까웠다."(68쪽)고 하여 역사적 의의를 부정하였다. 애국계몽운동에 대해서는 1쪽 정도를 할애하여 서술하였으나, 이것 역시 기존의 교과서에 비하면 현저히 적은 분량이다. 또한 '해외이민과 독립운동'이라는 소제목을 붙여놓고, 맨 마지막 한 줄만 독립운동가들의 망명과 해외지기로서의 역할을 언급하였다.

맺는말

필자는 그동안 교과서포럼의 활동을 지켜보았으며 여러 논쟁에 참여해왔지만 이번에 그들이 내놓은 결과물 《대안 교과서 한국 근·현대사》를 조목조목 검토하면서, 새삼 그들의 오만과 왜곡에 개탄하지 않을 수 없었다. 관점의 문제를 떠나, 사실 관계의 오류와 독해가 어려운 엉성한 문장이 너무도 많이 눈에 띄었다. 물론 교과서 집필 작업을 하다 보면 누구나 오류를 저지를 수밖에 없다. 역사학자들과 역사 교사들이 꼼꼼하게 검토하고 편집진에서 많은 노력을 기울여도, 책이 나온 뒤 뒤늦게 오류를 발견하기도 한다.

　하지만 뉴라이트 교과서의 경우에는 그런 과정이 생략되고 두 명의 특정 경제사학자들이 작업을 진행하였기 때문에 자신의 전문 분야가 아닌 부분에서 오류를 잡아낼 수 없었던 이유가 크다. 그 점에서 감수를 맡았다는 한국사 연구자가 과연 제 역할을 다한 것인지 의문이다. 그리고 과연 추천사를 쓴 한국사 연구자들은 내용을 제대로 읽어나 보고 그런 글을 썼는지도 궁금하다.

기본적으로 이들 의견을 학문적 연구의 결과물로 제시하면 상호 논쟁으로 그 가부를 가릴 수 있다고 생각한다. 그러나 이같이 정치권, 수구보수운동단체 및 언론과 결합하여 역사 교육 문제를 놓고 정치 공세, 이데올로기 공세를 펼치는 것은 문제가 된다. 이들은 한국의 역사 교육을 걱정하는 것처럼 주장하지만, 사실 이들의 활동은 오랫동안 역사학계와 역사 교육자들이 노력해온 결과물인 현행 교과서에 대한 불신을 초래하였을 뿐이다. 제대로 된 대안을 가지고 있는 것도 아니면서, 실로 위험하고도 부실한 내용을 대안이라며 제시하고 있는 까닭이다.

사실 그들의 뉴라이트 교과서는 검인정이라는 공식적 절차를 거친 교과서가 아니다. 하지만 적어도 '교과서'라는 명칭을 사용하기 위해서는 충실한 편집과 정확한 사실 근거를 지녀야 할 것이다. 경제사에는 전문가일지 모르나 다른 분야에 대해서는 무지한 두어 명의 학자가 아직은 역사학계에서도 합의를 이루지 못한 주장을 담아 '교과서'라고 내놓을 수 있는 것인가? 한국사 연구자가 필진에 전혀 포함되지 않았다는 점에 대한 논란은, 단지 학문 이기주의의 소산이 아니라 그 결과 편향된 책이 나올 수밖에 없기 때문에 문제가 되는 것이다.

더욱 큰 문제는, 이 책이 마치 기존 교과서를 대신할 '대안'인 것처럼 선전해주는 일부 언론이다. 과연 그런 기사를 쓴 기자는 책의 내용을 제대로 읽어보고 이 책이 의도한 바가 무엇인지 알고 기사를 썼는지 의문이다. 이들의 기사는 이 책에 대한 역사학계의 비판을 전혀 다루지 않았다. 일방적으로 교과서포럼의 주장만 기사화한 것이 이번이 처음은 아니지만, 적어도 언론인이라면 입장의 차이를 떠나 역사학계의 주장을 소개하는 것이 상식일 것이다.

마지막으로, 스스로 '한국의 보수'를 자처하는 사람들도 교과서포럼의 이 '대안'이라는 것을 주의 깊게 살펴보아야 할 것이다. 적어도 '합리적 보수'라면, 자기 민족의 근대화를 위한 노력과 식민 지배 역사를 부정하고 일본의 침략과 지배를 옹호하는 이런 책을 '대안'이라고 생각해서는 안 될 것이다. 백번 양보해서, 해방 이후의 역사는 보수적 관점에서 보려고 할 수 있다. 하지만 적어도 식민지 이전의 역사, 그리고 비록 실패하였으나 근대국민국가를 위해 노력했던 대한제국의 역사를 왜곡하는 이들의 주장에 동조해서는 안 된다. 만약 이 책의 서술이 '대안'이라는 데 동의한다면, 일본의 후소샤 교과서와 역사 왜곡을 비판할 자격은 없는 것이다. 교과서포럼은 한국판 새역모이며, 한국판 후소샤 교과서에 앞서 간행되었던 《국민의 역사》 같은 역사관과, 같은 방법으로 뉴라이트 교과서가 만들어졌다는 점을 명심해야 할 것이다.

실제로 일본의 극우 역사학자들은 뉴라이트 교과서에 큰 관심을 보이고 있다. 이 책이 나오고 난 뒤, 한국에서도 그런 책이 나오는데 왜 일본 교과서를 왜곡이라고 하느냐는 반론까지 나오고 있는 실정이다. 이 책으로 말미암아 앞으로 일본에서 어떤 교과서를 만들든지 한국 측에서 그것을 비판할 여지가 많이 좁아진 셈이다. 그런 점에서 이 책은 일본의 우익들에게는 참으로 고마운 책이다. 극우 성향의 《산케이 신문》 구로다 가쓰히로(黑田勝弘) 서울 특파원은 이 책을 극찬하면서 현행 교과서를 "좌익민중사관", "한국판 자학사관"으로 매도하고 "당연한 교과서 만들기에 바야흐로 서로 고생하고 있다."(〈당연한 교과서〉, 《산케이 신문》, 2008. 4. 1)고 논평했다. 이에 대해 불쾌함을 느끼는 것은, 단순히 필자가 '진보적 역사학자'이기 때문일까.

사실 뉴라이트 교과서는 워낙 내용도 부실하고 교과서로서 기본이 되어 있지도 않기 때문에, 일시적인 관심의 대상은 될지언정 교육 현장에 줄 충격은 별로 크지 않을 것이다. 그러나 우려가 되는 것은, 일부 보수 세력들이 언론 및 정권과 결합하여 억지로 이 책을 확산시키려 할 가능성이다. 실제로 일본에서는 새역모가 《산케이 신문》계열의 출판사를 통해 1999년 《국민의 역사》를 간행하고, 2000년에 교과서 검인정을 받아 정식 교과서로 채택하려는 운동을 벌인 바 있다. 아마도 교과서포럼은 같은 길을 걷기 위한 수순을 밟고 있는 것으로 보인다. 아울러 권력을 장악한 것에 힘입어 정권의 입맛에 맞게 현행 교과서를 수정하라는 요구를 할 것이다.

당시 일본의 역사학계와 시민운동단체들은 진보와 보수를 떠나 이같이 위험한 역사 인식을 청소년에게 유포하려는 새역모에 맞서서 치열한 싸움을 벌였고, 그 결과 후소샤 교과서는 1%도 안 되는 저조한 채택률을 보였다. 이처럼 한국에서도 양심 있는 역사학자와 역사 교사 들이 우리의 역사를 식민사관으로 회귀시키려는 이러한 음모에 맞서서 치열한 싸움을 벌일 마음의 자세를 가다듬어야 할 것이다. 아울러 정권 교체를 빌미로 이렇게 부실하고 편향된 '대안'을 온갖 수단을 동원하여 교과서에 반영하려는 권력에 단호히 맞서야 할 것이다.

마지막으로, 자신들에 대한 비판을 겸허히 수용하기보다는 반지성적이고 반학문적인 태도로 대응한 교과서포럼 측에 몇 가지 충고를 하고자 한다. 이들은 《역사비평》 2008년 여름호의 비판에 대해 《시대정신》 2008년 가을호에서 안병직, 이영훈, 그리고 교과서포럼 명의로 반박을 게재하였다.[7]

그들은 교과서포럼 명의의 반박에서, 자신들을 식민지 정체론으로의 회귀 및 일본의 후소샤 교과서와 같이 일본 극우파의 주장에 동조하는 이들로 몰았을 뿐 아니라, 자신들을 향해 "연구자로서 금도를 넘었다고 보는 거친 표현도 적지 않다."고 하였다. 또한 "연구자로서 차마 입에 담을 수 없는 온갖 험구로 우리의 지적 능력과 도덕성에 흠집을 가하고자 하였다."고 했으며, "이런 식의 무책임하거나 악의에 가득 찬 비평은 지난 60년의 지성사에서 거의 전례가 없는 일"이라고 하였다.

필자는 그 글을 읽으면서 그동안 이들이 해온 교과서 비판이 얼마나 반지성적, 반학문적인 것이었는지 스스로를 먼저 돌아보지 않는 모습에 질리고 말았다. 남의 비판을 비난하기에 앞서 자신들의 얼굴을 거울에 비추어보기를 권하고 싶다. 한나라당 여의도연구소 이사장직을 맡아서 온갖 독설을 뿜어내던 안병직은 학문적 입장에 충실한 것인지, 그 연구소에 가서 근현대사 교과서에 ① 자유민주주의관의 왜곡 및 훼손: 포퓰리즘적 민주주의관, 대의제와 법치주의 경시, 반체제·반정부 활동 옹호 등 ② 대한민국의 정통성 부정: 중도파와 좌파 중심의 건국운동 옹호, 대한민국 현대정치사 전면 부정, 분단 원인의 왜곡, 사회주의 체제 선호 등 ③ 자학적 대한민국관: 민주투쟁사 관점의 역사 기술, 새마을 운동 성과 폄하, 친북적 역사 기술 등 ④ 분열, 투쟁, 혁명의 역사관 주입: 반제국주의적 역사 인식, 민중투쟁사 중심의 역사 인식 등 ⑤ 북한 체제에 대한 내재적·중립적·우호적 평가: 내재적 접근, 북한에 대한 비판 회피, 친북적 자료의 활용과 사실 왜곡 등 ⑥ 통일지상주의의

---

7 안병직의 〈한국 근현대사의 체계와 방법〉, 이영훈의 〈우리에게 국사란 무엇인가〉, 교과서포럼의 〈역사비평의 대안 교과서 비평에 대한 반박〉 등이다.

확산과 연방제 통일 방안의 선호: 감성적인 통일지상론 확산, 자유민주적 통일 언급 회피, 연방제 통일방안 선호 등 ⑦ 반디 확산 의도와 친중 성향의 강화: 미군정의 전면 부정, 친중 성향의 강화, 반미·자주 입장 등 ⑧ 반시장·반기업 논리의 확산: 반시장적 이념, 반기업적 정서, 산업화 성과에 대한 폄훼 등 ⑨ 반세계화 경향의 강화: 개방에 대한 비판, 세계화의 역기능 부각 등의 이유를 달아 비판한 박효종은 학자적 태도에서 그리한 것인지 반문한다. 그리고 〈반박문〉을 통해 '민국론'을 주장하는 역사학자를 "논문도 아닌 강연이나 언론을 통해 떠벌이고 있는 것은 연구자로서 금도를 넘은 경망스러움의 극치"라고 매도하는 이영훈은 과연 예의를 지키고 있는 것인지 묻고 싶다.

또한 검인정을 통과하여 학교 교육현장에서 몇 년 동안이나 사용되어 온 금성 교과서에 대해서 "반국가적 통일운동 교재로서의 특질을 강하게 띠고 있다."[8]고 목소리를 높이는 것은 '60년 지성사'에 유례가 있는 일이었던가? 나아가 이영훈이 금성교과서의 세계사 인식이 1983년 북한에서 출간된 《현대조선역사》와 동일하다고 지적한 내용을[9] 국회 국정감사에서 한나라당 정두언 의원이 똑같은 취지로 질문했던 점 등에서 이들이 한나라당의 책사 노릇을 하고 있음을 알 수 있다. 자유주의 문명사관을 내세우면서 어느 나라 자유주의가 이런 색깔론을 동료 학자에게 덧씌울 수 있는지, 이것이 과연 문명국가에서 있을 수 있는 일인지도 의문스럽다.

---

8 교과서포럼이 금성출판사의 한국 근현대사 교과서에 대한 수정 요구를 하면서 지시한 문제점이다.

9 이영훈, 앞의 글, 286쪽. 그가 근거로 제시한 것은 바로 교과서포럼 편, 〈한국 현대사의 허구와 진실〉이다. 여기서 그는 "이 같은 지적은 자칫 매카시즘이라는 역공을 초래하기 쉽지만, 그 겁이 두려워 두 책의 관련 서술을 대조하고 평가하는 작업을 그만둘 수는 없다. 그럴 때 위와 같은 결론이 도출됨은 어쩔 수 없는 일이라고 생각한다."고 하였다.

안병직은 〈반박문〉에서 "현재 한국 근현대사 6종은 한결같이 대한민국의 정통성을 부정할 수밖에 없는 민중운동사적 역사관에 입각하여 기술되어 있다. 대한민국의 건국, 경제 발전과 민주화는 경시되거나 부정적으로 기술되고 대한민국의 해체를 전제로 통일을 전망하지 않을 수 없도록 기술되어 있다."고 하였다. 그 이유는 첫째, 진보 진영의 한국 근현대사관을 기초로 하는 정부의 집필 지침에 따라 서술되었기 때문이다. 현행 교과서는 2003년부터 실시되었으므로 진보 진영의 역사관을 반영하는 교육부의 교육과정에 따라 집필하게 되어 있다. 둘째, "현재 한국 근현대사에 관한 연구와 교육은 진보 진영이 지배하고 있다."고 하면서, 한 걸음 더 나아가 "한국 역사학계가 아직까지 근대 과학의 조명을 제대로 받지 못하고 있는 사실은 그들이 한국 근현대사를 제대로 서술할 능력이 있는가 하는 심각한 문제를 제기한다."고 하였다. 또한 "북한의 민중운동사와 한국 근현대사는 기본적으로 다를 바 없다. 민족주의와 자주의 이념에 입각하여 서술되었다는 점에서 같다", "한국 근현대사의 발전 방향은 주어진 것이다. 대한민국을 택할 것인가, 북한을 택할 것인가"라고 하여 자신의 주장에 동조하지 않으면 마치 북한을 택한 것으로 몰아가려고 하는 색깔론의 전형을 보여준다.

이는 교과서 집필 과정에 대한 무지를 보여준 것이며 한국의 역사학계에 대한 심한 모욕이다. 교과서 집필 지침은 이미 알려져 있듯이 김영삼 정권 시절에 작성된 것으로 김대중, 노무현 정부와는 아무 관련이 없다. 바로 여기서 이들이 교과서에 대한 공세를 벌이는 배경에는 분명한 정치적 이유가 개재되어 있음을 알 수 있다.

정치적이고 이념적 공세의 장으로 한국 근현대사 교과서를 끌어들여 역사학계와 역사 교사들을 총체적으로 모독하는 세력에 대해 한국의 역사학계는 대체로 침묵해왔다. 그 이유는 할 말이 없어서가 아니라 대응할 만한 가치가 없고, 이들이 도무지 토론할 자세가 되어 있지 않다고 판단했기 때문이다. 하지만 이들이 국가 권력과 곁합하여 취하고 있는 작금의 공세는 단순히 교과서 문제를 넘어서서 교과서의 검인정 발행 체제에 대한 위기와 역사학의 전문성을 무시당하는 지경에 이르렀다. 그동안 침묵하던 역사학 관련 학회들이 성명서를 발표하고 역사 교사들이 '전국역사교육자선언'에 뜨겁게 참여한 것은 그러한 위기의식의 표현이자, 사태를 바로잡고자 하는 노력의 단초에 불과하다는 사실을 잘못된 역사관을 강압하는 세력들은 명심해야 할 것이다.

5장

식민지 근대화론에 매몰된
식민지 시기 서술[1]

박찬승

식민지 근대화론에 매몰되다

교과서포럼의 《대안 교과서 한국 근·현대사》(이하, 뉴라이트 교과서)는 많은 문제점을 안고 있지만, 그 가운데에서도 식민지 시기에 대한 서술은 그 시대를 바라보는 시각에서부터 커다란 문제를 안고 있다. 우선 이 책은 전체적인 관점에서 일제의 지배가 억압적이었다고 말하고 있지만, 지배 정책의 억압성에 대한 서술은 그리 두드러지지 않는다. 대

---

1 필자는 《역사비평》 2008년 여름호에 교과서포럼의 《대안 교과서 한국 근·현대사》의 식민지 시대 서술 부분을 비판하는 글을 실은 바 있다. 이에 대해 교과서포럼 측은 《시대정신》 2008년 가을호에 〈반박문〉을 실었다(이하, 〈반박문〉). 이 글은 《역사비평》에 실은 글을 다소 수정, 보완하여 2008년 7월 초에 이미 원고를 넘긴 것이었으나, 《시대정신》의 〈반박문〉이 8월 말에 발간되었기 때문에 이를 확인하고 다시 일부 수정하였다. 이 과정에서 《역사비평》에 실었던 글 가운데 지엽적인 문제라고 생각되는 부분들은 삭제하였다.

신 식민지 시기가 새로운 근대문명에 관한 학습기 근대문명의 제도적 확립기였다고 강조한다. 식민지 시기 경제에 대해서도 '수탈'이 아니라 합법적인 경제 운영이 이루어졌으며, 상당한 '경제 성장'이 있었던 시기라는 점을 부각시키려 애쓰고 있다. 또 이 시기에 철도, 도로, 항만 등이 많이 건설되었고, 교육과 위생, 의료 부문에서도 상당한 발전이 있었다고 서술하고 있다. 따라서 이 책은 겉으로 내세우크 있지는 않지만, 전체적으로 볼 때 '식민지 근대화론'에 입각하여 쓰여졌다고 볼 수 있다.

뉴라이트 교과서 필자들은 식민지 근대화론이른 "(식민지 시기에) 오늘날 한국 현대문명의 제도적 기초가 그 과정에서 닦였음을 강조하는" (뉴라이트 교과서, 96쪽, 이하 쪽수만 표기) 시각이라고 소가 하고 있다. 이 책의 필자들이 식민지 시기를 문명의 제도적 기초 확립 시기라고 말한다면, 그것은 1910년을 전후하여 일본 제국주의자들이 일본은 '문명의 사도'로서 조선에 왔다고 말한 것에 동의를 표하고 있는 것과 다름없다고 할 수 있다. 물론 근대문명이 본격적으로 들어온 시기이자 그것이 제도화된 시기라는 점을 부정하지는 않는다. 하지간 문제는 식민지 시기의 역사상은 '문명의 제도화' 정도로만 설명될 수 없다는 점이다.

식민지 시기의 역사상을 그릴 때 가장 중요한 전제는 한국이 일본 제국주의의 지배를 받는 식민지 상태에 있었다는 점다. 따라서 식민지 시대의 역사 서술은 일본 제국주의의 식민지 지배는 어떻게 이루어졌으며, 그에 대한 한국인들의 대응은 어떠했는가가 중심이 될 수밖에 없다. '문명의 제도화'는 어디까지나 식민 지배의 일환으로서 다루어져야 할 부분적인 내용이지, 식민지 시기 역사 서술의 중심이 될 수는 없다. 그런데 뉴라이트 교과서는 식민지 시대의 '문명의 제도화', 곧 식민지 근대화에 중점을 두고 역사를 서술하고 있다. 따라서 평자는 이 책의 식민지 시기에 대한 서술이 '식민지 근대화론'에 매몰되어 있다고 본다.

거듭 말하지만, 뉴라이트 교과서의 식민지 시기 서술은 사실의 오류라든가 하는 문제보다 식민지 시기를 바라보는 관점에 가장 큰 문제가 있다. 따라서 여기서는 식민지 시기를 바라보는 관점과 관련된 주제들을 중심으로 논의를 전개하고자 한다.

식민지 지배 정책과 관련한 서술에 대하여

뉴라이트 교과서는 식민지 지배 정책에 대해 전체적으로 비판적인 논조로 서술하고 있다. 그런데 부분적으로 보면 여러 곳에서 문제점이 발견된다. 몇 가지 중요한 부분의 예를 들어 살펴보기로 한다.

토지조사사업과 광무양전의 대비

먼저 지적할 것은 토지조사사업에 대한 서술이다. 이는 대한제국기의 광무양전사업에 관한 서술과 연결시켜 살펴볼 필요가 있다. 뉴라이트 교과서는 광무양전사업에 대해 "전제국가 대한제국으로서는 일반 백성에게 일물일권의 근대적인 사적 소유권을 인정할 수 없었으며, '時主'라는 생소한 규정을 고안하여 토지에 대한 궁극적인 소유권은 황제에게 귀속함을 명확히 하였다."(62쪽)고 쓰고 있다. 그리고 '時主'란 임시적 또는 한시적인 주인을 말하는 것으로 해석하였다. 〈반박문〉에서도 '時主'는 주인은 주인이되 本主가 아니라는 으미라고 설명하였다. 이는 오래전부터 이영훈이 주장해오던 것을 그대로 옮긴 것이다(이영훈, 1997). 이영훈은 장편의 논문에서 '시주'를 제한된 권리를 갖는 임시적 또는 한시적인 주인으로 해석하였으며, 여러 자료를 동원하여 이를 설명하였다. '시주'라는 단어 하나가 어떤 의미를 지니는지에 대해 엄청난 노고를 아끼지 않은 이영훈의 학문적 열정에는 경탄을 금치 않는다. 하지만 광무양안에 나오는 '시주'를 그렇게 해석한 것에는 동의하기 어렵다.

한자어에서 時란 '그때', '당시' 또는 '현재'라는 뜻으로 쓴다. 예컨대 時任이란 現任을 가리키는 말이다. 단국대학고 동양학연구소에서 펴낸 《한국한자어사전》을 찾아보면, 時起(현재 개간되어 농사짓고 있는 땅), 時相(그 당시의 정승), 時原任(현임과 전임) 등 이러한 뜻으로 쓴 용례를 많이 찾아볼 수 있다. 時를 '임시'라는 의미로 사용하는 경우는 時御所(임금이 임시 거처하는 곳) 하나밖에 없다. 하지만 이 경우에도 '제한된 권리를 갖는다'는 의미는 아니다.

주지하듯이, 조선시대에 '임시'를 뜻할 경우에는 時 대신에 假라는 말을 썼다. 위의 사전을 찾아보면 假家(가게 또는 가건물), 假堂上(임시로 임명된 당상관), 假都事(임시로 임명된 도사), 假使令(임시로 채용된 사령) 등 수많은 용례를 찾아볼 수 있다. 假建物은 지금도 그런 의미로 쓰고 있는 예이다. 따라서 時主란 양안을 만드는 시점어서의 주인이란 뜻이지, 임시 주인이라는 뜻은 아니라고 생각된다. 즉 양전 이후에 주인이 바뀔 가능성을 염두에 두고 時主라는 표현을 쓴 것이다. 만약에 임시 주인이라는 의미로 썼다면 假主라고 썼을 것이다.

교과서포럼의 〈반박문〉은 《역사비평》에 쓴 필자의 위와 같은 지적에 대해, 이영훈이 '시주'에 관한 장문의 논문에서 논한 바와 같이 광무양 안상의 '시주' 규정은 강력한 왕토주의자인 이기(李沂)가 창안한 것으로, 지계아문에 의해 양안상의 主 규정으로 채택된 것이라고 주장하였다. 또 이러한 생각은 정약용이 《경세유표》에서 양안상에 民을 主라고 기재하는 것은 국왕의 권력을 허구화하는 것이기 때문에 時占이라고 기록해야 한다고 했던 것과 통하는 것이라고 하였다. 광무양안의 '시주'라는 용어가 이기의 머리에서 나온 것은 맞는 것으로 보인다. 하지만 그가 어떤 의미로 이 용어를 사용했는지는 확실하지 않다.

이기는 《전제망언》에서 모든 토지는 본래 국가의 것이며 궁극적으로 모든 토지는 公田이 되어야 하지만, 현실에서 이미 오랫동안 진행되어 온 토지 사유화에 대해서는 이것을 인정할 수밖에 없고, 따라서 私田을 公田으로 만들기 위해서는 이를 매입하는 수밖에 없다고 말했다. 따라서 그가 광무양안에 '時主'라고 썼을 때도 이는 현실의 토지 사유자를 의미하는 것이었을 가능성이 크다.

실제로 지계아문에서 만든 〈지계아문직원급처무규정〉에서도 '田土時主'라는 단어를 쓰면서, 이 시주가 제한된 권한을 갖는 임시 지주라는 설명은 전혀 없었다. 오히려 뒤에 개정된 규정에서 '山林土地田畓家舍 所有主'라는 표현을 쓰고 있는 것을 보면 '시주'는 '소유주'라는 의미가 분명하다(김용섭, 1975: 567, 569). 또 다산 정약용이 《경세유표》에서 "나라 안의 전지는 모두 王田이니 그 私主가 있는 것도 '主'라고 써서는 안 되고, 마땅히 그 이름을 고쳐서 '時占'이라 하고 그 경작인은 '時作'이라 해야 한다."고 한 것에서도 다산이 중점을 두고자 한 것은 '主'가 아니라 '占'이라고 써야 한다는 것임을 알 수 있다. 만일 이기가 다산의 뜻을 따라 광무양전의 토지 주인을 표기하려 하였다면 그는 '時

主'가 아니라 '時占'이라고 썼을 것이다.

여기서 또 하나 참고할 수 있는 것은 1909년 통감부 시절 탁지부에서 만든 《토지조사참고서》 제3호이다. 이 책의 103쪽을 보면 광무양안의 샘플을 그림으로 보여주고 있는데, 토지 주인 부분을 '舊主 白南用 時主 日人 阿部'라고 쓰고 있다. 즉 양전사업 10년 뒤에 탁지부 사람들은 時主란 舊主와 대비되는 뜻, 다시 말해 '현재의 주인'이라는 뜻으로 이해하고 있었던 것이다. 이쯤 되면 '시주'가 '본주'에 대비되는 말이라고 주장하는 이영훈과 뉴라이트 교과서의 주장은 문제가 있다고 할 것이다.

이상 다소 지루하게 '時主'에 대한 설명을 늘어놓은 까닭은 이 대목이 중요하기 때문이다. 교과서포럼의 뉴라이트 교과서는 광무양안과 관련해서는 조선 사회에서 오랫동안 성장해온 토지에 대한 사적 소유권을 대한제국은 인정하지 않았다고 서술한 반면, 토지조사사업과 관련된 부분에서는 "대부분 소유권자가 신고한 대로 소유권을 인정받았다."(84쪽)고 서술하고 있다. 토지조사사업 과정에서 신고한 이들이 대부분 소유권을 인정받았다는 것은 평자도 인정한다. 하지만 조선시대에 오랫동안 성장해온 사적 소유권이 광무양전에 의해서는 쿠인되었지만, 토지조사사업에 의해서는 근대적인 소유권으로 인정받았다고 대비시켜서 서술하는 것은 문제가 있다. 광무양전사업에서도 이기 '시주'라는 이름으로 현실의 사적 소유권을 인정하였다고 볼 수 있기 때문이다.

1910년대 조선총독부의 조선토지조사사업에 깊이 간여한 와다 이치로(和田一郎)는 1920년에 낸 《조선토지지세제도즈사보고서》에서 이렇게 쓰고 있다.

"광무 2년(1898년), 즉 명치 31년 토지제도를 근본적으로 이정하기 위하여 양지아문을 설치하여 토지 측량의 사무를 관장케 하고 양전사목을 반포하였다. (…) 광무 5년 양지아문을 폐하고 지계아문을 설치하여 종래의 양지 사무를 계속 진행하고, 한편에서는 측량을 종료한 토지에 대해서 지계를 발급하게 하였다. 그런데 量地의 사업은 조금도 진척되지 못하여 광무 7년 지계아문을 폐하고 (…) 양지의 사업은 사실상 정지되었다. (…) 요컨대 時勢의 진화에 각성한 토지제도 개혁의 기도는 이조 말엽에 몇 차례 시행되었음에도 불구하고, 단순히 미봉적, 응급적 시설에 그쳤고 하나도 종국의 효과를 거두지 못하였다. (…) 명치 43년(1910년) 10월 조선총독부가 설치되자 토지조사사사업은 한국 정부의 企圖를 이어받아 곧 그 실행 계획을 확립하여 토지 소유권의 査定과 함께 토지등기제도를 개시하고, 지세제도의 쇄신, 지형 측량의 완성과 함께 조선 통치의 일대 시기를 획하기에 이르렀다. 조선에서의 토지제도는 실로 토지조사의 완결로서 시작되어 그 서광을 드러내게 되었다고 말할 수 있다."

위에서 보듯이 와다 이치로도 토지조사사업은 광무년간의 양전사업의 의도를 계승하여 이루어진 것이라고 말하고 있다. 즉 양자 사이에는 단절이 아닌 연속의 의미가 더 컸던 것이다. 그럼에도 교과서포럼의 뉴라이트 교과서는 이를 단절적으로 보려 하고 있다. 평자는 이 책이 왜 대한제국 정부의 사업에 대해서는 폄하하면서 조선총독부의 사업에 대해서는 긍정적으로 평가하려 하는지 이해가 가지 않는다.

산미증식계획의 성격

다음으로 뉴라이트 교과서는 수리조합을 중심으로 산미증식계획을 설명하고 있는데, 당시 조선 농민들의 수리조합 반대투쟁에 대해서는 전혀 언급이 없다. 사실 농민들은 토지조사사업보다는 수리조합 문제를 더 중요하게 생각하였고, 이 때문에 각지에서 수리조합 반대투쟁이 일어났다(이애숙, 1985).

뉴라이트 교과서는 산미증식계획 기간 중 쌀의 증산과 대일 이출 문제에 관해서 "1910년대 후반에 비해 1930년대 연평균 쌀 생산량은 700만 석가량 증가했는데, 그 가운데 570만 석이 일본으로 수출되었다." (87쪽)고 쓰고 있다. 《조선총독부통계연보》에 의하면, 산미증식계획이 시작되기 전인 1915~1919년 연평균 쌀 생산량은 1,393만여 석이었고, 1930~1935년 연평균 쌀 생산량은 1,765만여 석이었다. 즉 연평균 쌀 생산량이 약 372만 석 증가한 것이다.

그런데 쌀 수출은 220만여 석에서 782만여 석으로 약 562만 석이 늘었다(송규진 외, 2004: 126~127). 이러한 통계이 대해 〈반박문〉은 1910년대 후반의 미곡 생산의 통계는 믿을 수 없는 것이라고 반박하였다. 〈반박문〉에서 주장하고 있듯이 박섭은 1910년디 통계 가운데 1917년까지의 통계와 1920년대 이후의 통계도 믿을 수 없다고 주장하면서, 이를 수정한 추정통계를 내놓고 있다(박섭, 1996: 2005).

박섭의 통계를 보면, 1910년대 후반 쌀 생산량 등계를 약간 상향 조정하였고, 1920년대 이후, 특히 1930년대의 쌀 생산량 통계는 대폭 상향 조정하였다. 박섭의 1930년대 수정 통계와 총독부 통계를 비교해보면 1930년 265만 석, 1931년 245만 석, 1932년 279만 석, 1933년 316만 석, 338만 석, 1834년 338만 석, 1935년 367만 석의 차이가 난다. 이들 통계를 가지고 계산하면 1930~1935년의 연평균 수확량은 1910년대 후반보다 746만 석 정도 증가한다. 이는 총독부 통계에서 약 372

만 석이 증가했던 것과 비교할 때 꼭 2배가 되는 수치이다. 같은 시기 쌀 수출이 약 562만 석 늘었다고 할 때, 박섭의 통계대로 하면 증산분에서 약 180만 석이 조선에 남아 있다는 결론이 나온다.

박섭의 주장은 약 2,000만 석의 전체 생산량 가운데 300만 석 정도의 오차가 있었다는 것인데, 이 부분은 앞으로도 더 검토가 필요하다고 생각된다. 300만 석, 15%의 오차는 결코 작지 않은 숫자이기 때문이다. 1930년대 전반의 연평균 쌀 생산량이 총독부의 통계처럼 약 1,700만 석이라면 증산분 370만 석 이상이 일본으로 실려 간 셈이 되고, 박섭의 통계처럼 약 2,000만 석이라면 증산분 700만 석 가운데 570만 석이 일본으로 실려 간 셈이 된다. 따라서 1930년대 전반의 쌀 생산량이 문제가 되는데, 통계의 차이가 너무 크기 때문에 이에 대한 판단은 일단 유보하기로 한다.

한편 뉴라이트 교과서의 "1910년대 후반에 비해 1930년대 연평균 쌀 생산량은 700만 석가량 증가했는데, 그 가운데 570만 석이 일본으로 수출되었다."는 서술은 오해를 불러일으킬 수 있다. 왜냐하면 1930년대에 일본으로 수출된 쌀은 연평균 약 800만 석이었다. 조선은행조사부에서 펴낸《조선경제연보》(1948)에는 1930~1935년에 연평균 782만 석이 수출된 것으로 나온다. 또 1936~1939년에도 연평균 865만 석이 수출되었다고 쓰여 있다(송규진 외, 2004: 127). 1936년 4월 조선총독부 농림국에서 펴낸《조선미곡요람》에는, 1925~1929년 일본으로의 연평균 이출액이 595만 석, 1930~1935년 연평균 이출액이 805만 석으로 되어 있다. 또 東畑精一, 大川一司가 쓴《조선미곡경제론》(1935)을 보아도, 1930~1932년 연평균 이출액은 802만 석으로 나와 있다(131~132쪽).

이러한 통계들로 볼 때, 1930년대 연평균 수출액은 800만 석 이상이라고 보아야 할 것이다. 그런데 뉴라이트 교과서에서는 그 가운데 추가분인 570만 석만 말하고, 1910년대 후반 일본에 수출되던 220만 석은 언급하지 않고 있기 때문에 오해를 불러일으킬 수 있다.

산미증식계획 후 일본으로 쌀이 얼마나 실려 갔는가 하는 문제와 관련하여, 그동안의 교과서와 교과서포럼의 뉴라이트 교과서는 모두 증산량이 얼마이며, 그 가운데 얼마가 일본으로 '더 실려 갔는가 하는 수출 증가분의 절대 액수만 가지고 말해왔다. 하지만 이러한 설명 방식은 문제가 있는 것으로 보인다. 왜냐하면 산미증식계획 이전에 실려 간 쌀은 언급하지 않고 있기 때문이다. 이 문제는 차라리 절대 생산량 가운데 수출량이 어느 정도의 비중을 차지했는가를 설명하는 것이 낫지 않을까 여겨진다. 총독부통계연보와 박섭의 추정 통계치를 가지고 이를 비교해보기로 하자.

〈표 1〉에서 보듯이, 1910년대 후반부터 1930년대 후반까지 조선에서 생산된 쌀의 총량 가운데 일본으로 실려 간 쌀이 차지하는 비중은 16%대에서 46~47%대까지 꾸준히 높아졌다. 이는 조선총독부의 통계나 박섭의 통계에서나 비슷하게 도출되는 수치이다. 산미증식계획의 성격은 이러한 수치에서 가장 잘 드러나지 않을까 여겨진다.

〈표 1〉 연평균 미곡 생산량과 미곡 수출량

	〈통계연보〉 연평균 생산량(A)	〈박섭〉 연평균 생산량(B)	연평균 수출량(C)	(C/A) ×100	(C/B) ×100
1915~1919	1,369만 석	1,312만 석	220만 석	16.0	16.7
1920~1924	1,452	1,456	357	24.6	24.5
1925~1929	1,492	1,624	481	32.2	29.6
1930~1934	1,726	2,015	788	45.7	39.1
1935~1939	2,052	2,129	982	47.9	46.1

자료: 박섭(2005, 122~123), 송규진 외(2004: 126~127).

<표 2> 시기별 1인당 미곡 소비량의 변화 추세

	〈통계연보〉 국내 소비량(A)	〈박섭〉 국내 소비량(B)	인구(평균) (C)	A/C	B/C
1920~1924	1,095만 석	1,099만 석	1,766만 명	0.62석	0.62석
1925~1929	1,011	1,143	1,915만 명	0.53	0.60
1930~1934	938	1,224	2,060만 명	0.46	0.59
1935~1939	1,070	1,147	2,234만 명	0.48	0.51

자료: 인구 통계는 《조선총독부통계연보》, 각년판 참조.

또 하나 중요한 지표는 조선 내에서의 1인당 미곡 소비량의 변화 추세이다. 〈표 2〉를 보면, 1920년대 전반 0.62석에서 1930년대 후반에는 0.48 내지 0.51석으로 줄어들고 있다. 해방 직후 조선은행조사부에서 펴낸 《조선경제연보》(1948)를 보아도 1인당 미곡 소비량은 1910년대 후반 0.71석, 1920년대 전반 0.64석, 1920년대 후반 0.51석, 1930~1936년 0.43석으로 계속해서 줄어드는 추세에 있었다(송규진 외, 2004: 126~127).

이와 같은 미곡 소비량의 감소 추세에 대해 東畑精一, 大川一司는 《조선미곡경제론》(1935)에서 명치 시대의 일본과 대비되는 일이라고 말하고 있다. 즉 명치 7~11년 일본에서의 1인당 쌀 소비량은 산미증식계획 직전 조선의 1인당 소비량과 비슷했는데, 일본의 경우에는 이후 계속 늘어나 1인당 1석에 달했다는 것이다. 반면, 조선의 경우에는 오히려 줄어들고 있었다. 조선의 이러한 상황을 《조선미곡경제론》은 쌀을 대신하는 잡곡, 즉 조와 보리, 콩, 기타 잡곡 등으로 대신하고 있었기 때문이라고 해석하였다. 이 가운데 가장 큰 비중을 차지하는 것은 보리였고, 다음이 조였다(89쪽). 뉴라이트 교과서도 이 부분은 어느 정도 인정하고 있다.

인구 증가

뉴라이트 교과서는 인구 증가와 관련하여 그 배경으로 공중보건과 의료 개선을 언급하고 있다. 즉 "불과 30년 사이에 인구가 50% 넘게 증가한 것은 공중보건과 의료 개선으로 사망률이 낮아졌기 때문이다. 특히 유아 사망률이 크게 낮아졌다."(95쪽)고 쓰고 있다.

〈표 3〉에서 보듯이 조선의 사망률이 서서히 낮아지고 있었던 것은 사실이다. 《조선총독부통계연보》에 따르면, 1920년대에는 인구 천 명당 20~22명 선을 오르내렸는데, 1930년대에 들어서는 19~20명 선으로 낮아졌다. 그리고 이는 당시 일본 본토의 인구 천 명당 사망자 수가 17~18명이었던 것과 비교할 때 약간 높은 것이다. 따라서 사망률이 점차 낮아지고 있었다는 점은 인정한다.

다만 이 책은 유아 사망률이 "크게 낮아졌다."고 했는데, 이에 대해서는 좀 더 검토할 필요가 있다. 총독부 통계를 보면 영유아 사망률은

〈표 3〉 조선-일본의 사망률 비교 (인구 천 명당)

연도	조선	일본
1925년	20.64	20.27
1926년	20.30	19.18
1927년	21.48	19.81
1928년	22.58	19.91
1929년	23.89	20.04
1930년	18.85	18.17
1931년	20.25	18.98
1932년	22.21	17.73
1933년	19.30	17.76
1934년	19.28	18.11
1935년	19.67	16.78
1936년	19.69	17.51
1937년	17.75	16.95

자료: 조선총독부, 《朝鮮の人口統計》, 각년판.

〈표 4〉 영유아(0~4세) 사망자

연도	총수(명)	천분비례
1928년	157,845	371.71
1931년	151,709	377.81
1934년	161,499	396.54
1937년	155,143	391.07

자료: 조선총독부, 《朝鮮の人口統計》, 각년판.
비고: 천분비례는 사망자 총수 가운데 차지하는 비율임.

다소 낮아지기는 하지만 그리 크게 떨어지지는 않았다.

〈표 4〉에서 보듯이, 사망자 천 명 가운데 0~4세의 영유아 사망자가 차지하는 비중은 1928년 371명, 1931년 377명, 1934년 396명, 1937년 396명으로 갈수록 늘어나고 있었다. 즉 영유아 사망률은 상대적으로 여전히 높았던 것이다. 물론 이와 같은 통계도 충분히 신뢰할 수 있는 것은 못 된다. 만 1세 미만 영아 사망의 경우 출생 신고를 하지 않은 경우가 많았을 것이기 때문이다. 따라서 영유아 사망률이 전체적으로 낮아지고 있었으리라는 추정은 가능하지만, "크게 낮아졌다."고 단언하기는 어렵다.

의료시설의 개선

또 뉴라이트 교과서는 "총독부는 보건위생업무를 경찰 소관으로 하여 식수와 음식 등 오염원을 관리하고 예방접종에 힘을 써 전염병의 발생과 전파를 막았다."(95쪽)고 쓰고 있다. 이러한 서술도 얼마나 사실에 부합하는지 검토해볼 필요가 있다.

《조선총독부통계연보》를 기초로 작성한 〈그림 1〉을 보면, 전염병과 관련한 사망자 수는 1920~1930년대에 줄어들지 않고 꾸준히 늘었다

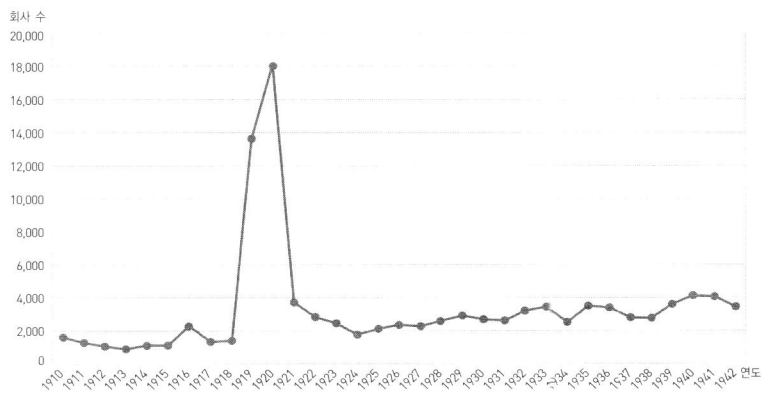

〈그림 1〉 식민지 시기 각종 전염병 감염 사망자 수 연도별 추이

(1919, 1920년은 콜레라의 유행으로 사망자가 크게 늘었다). 이는 총독부의 전염병 대책에 문제가 있었음을 말해준다.

또 뉴라이트 교과서에는 의료 개선으로 사망률이 낮아졌다고 쓰여 있는데, 총독부가 각 도에 세운 자혜의원(뒤에 도립병원)의 이용 실태를 통해 의료시설의 개선 문제를 살펴보기로 하자.

〈표 5〉에 의하면 1911년에는 자혜병원이 13개 있었고, 입원환자 8,594명에 외래환자 23만 2,167명으로 환자가 총 24만 761명이었다. 그런데 1930년에 병원은 30개로 늘었지만, 입원환자는 16,128명, 외래환자는 28만 3,462명밖에 되지 않았다.

이 표에서 특기할 것은 조선인 외래환자 수가 늘지 않고 오히려 감소하였다는 점이다. 이는 일본인 외래환자가 꾸준히 늘어난 것과 대비된다. 또 1930년에 일본인 환자 수는 16만여 명, 조선인 환자 수는 23만여 명인데, 인구 비례로 볼 때 일본인 환자의 이용률이 대단히 높다는 것을 알 수 있다.(1930년 조선 내 인구는 조선인이 약 2,000만, 일본인이 약 50만 명으로 일본인은 조선인 인구의 40분의 1에 불과하였다.) 1910년 당

〈표 5〉 자혜병원(도립병원) 환자 수의 추이

연도	조선인			일본인		
	입원자	외래자	계	입원자	외래자	계
1911년	4,481	182,475	186,956	4,111	49,651	53,762
1915년	3,520	127,177	130,697	5,455	79,906	85,361
1920년	3,747	167,811	171,558	7,851	96,850	104,701
1925년	4,886	121,451	126,337	7,976	107,458	115,434
1930년	7,271	127,304	134,575	8,786	155,008	163,794

자료: 송규진 외, 《통계로 본 한국 근현대사》, 아연출판부, 2004, 338쪽.

시 일본인의 진료율(인구 대비 환자 비율)은 7.14%였으나, 1920년에는 30.10%, 1942년에는 55.28%까지 높아졌다. 반면에 조선인의 진료율은 1910년 0.32%, 1920년 1.01%였고, 1942년 최고였을 때도 2.12%에 불과했다(송규진 외, 2004: 338).

그러면 일본인은 왜 조선인보다 병원 이용도가 높았을까. 먼저 ①도립병원의 사용료 및 수수료가 고가인 점, ②도립병원의 직원 대부분이 일본인이라는 점을 들 수 있다. 특히 후자를 살펴보면, 도립병원의 원장 및 소장은 모두 일본인이었고 의관, 교관, 사무관, 약제관 등 병원의 주축을 이루는 직원은 물론 서기, 약제수, 간호부장까지도 모두 일본인이었다. 조선인은 겨우 의원 51명 중 37명, 촉탁 17명 중 12명, 그 밖에 조수 몇 사람이 있을 뿐이었다.(조선인 의사는 1918년부터 채용되기 시작하였다.) 간호부도 일본인이 대다수여서 일본어를 모르는 조선인 환자는 불편할 수밖에 없었다. 이렇게 본다면 자혜병원은 일본인 중심의 병원이었다고 해도 과언이 아니다.

그리고 도립병원의 의사 수도 매우 부족했다. 1931년에 겨우 100명을 넘기 시작하여 1942년에도 200명을 넘지 못하였다. 당시에는 하나의 도립병원에 의사가 겨우 3~6명 정도밖에 없었던 것이다(송규진 외,

2004: 335~336). 이러한 상황을 외면하고 공중보건과 의료가 개선되었다고만 쓰는 것은 문제가 있다.

도시의 발전

뉴라이트 교과서는 인구 증가를 말하면서 "도시의 발전도 있었다."(95쪽)는 점을 강조하고 있다. 하지만 식민지 시기 도시의 발전을 얘기하려면 반드시 언급해야 할 것이 '일본인' 인구의 증가이다. 이 책 전체에서 조선 사람이 외부로 빠져나갔다는 얘기는 많지만 일본인이 얼마나 들어왔고, 그들이 어디서 살았는지에 대해서는 언급이 없다. 일제 말기에 약 75만 명의 일본인이 조선에 들어와 살고 있었고, 그 가운데 대부분이 도시에 집중되어 있었으므로 도시의 발전은 일본인들의 조선 이민과도 깊은 관련이 있다. 〈표 6〉은 재조선 일본인 인구 가운데 부(府)에 거주하는 일본인의 비중이 갈수록 커지고 있었음을 보여준다.

이와 같은 평자의 지적에 대해 〈반박문〉은 "1940년의 도시 인구는 전체 인구 2,400만 명의 11.6%로 278만 명이었다. 그 가운데 일본인은 70만 명 내외였다. 따라서 식민지기 도시화의 진전을 일본인의 이민만으로 설명할 수는 없다."고 말하고 있다. 물론 평자도 식민지 시기 도시화의 진전이 일본인들에 의해서만 이루어졌다고 같하는 것은 아니다. 다만 이 시기 도시의 발전을 언급할 때, 주요 도시들이 일본인들에 의해 주도되는 '식민도시'의 성격을 강하게 띠고 있었다는 점을 언급하지 않으면 안 된다고 본다.

예를 들어 경성부를 살펴보자. 〈표 7〉은 경성부의 인구 변화를 보여주는 것인데, 이 표를 보면 일본인 인구는 1920년 6만 5,000여 명에서

구분	1920년	1930년	1940년
재조선 일본인 인구(A)	347,850	501,867	689,790
府에 거주하는 일본인(B)	173,183	263,378	403,599
B/A×100	49.8	52.5	58.4

자료: 송규진 외, 《통계로 본 한국 근현대사》, 아연출판부, 2004, 95쪽.

〈표 7〉 경성부의 인구 변화

구분	1920년	1925년	1930년	1935년	1940년	1944년
조선인	181,829	247,404	279,865	312,587	775,162	824,976
일본인	65,617	88,875	105,639	124,155	154,687	158,710
합계	250,208	342,626	394,240	444,098	935,464	988,537

자료: 《조선총독부통계연보》, 《국세조사보고서》.

〈표 8〉 경성부의 경제 현황 (괄호 안은 백분비)

구별	조선인	일본인	외국인	합계
인구(명)	270,590 (70.7)	106,782 (27.9)	5,119 (1.4)	382,491 (100.0)
토지소유(평)	1,413,646 (45.7)	1,639,627 (52.9)	43,970 (1.4)	3,097,243 (100.0)
납세액(圓)	1,019,697 (24.4)	2,849,893 (68.0)	317,074 (7.6)	4,186,664 (100.0)

자료: 이여성·김세용, 《숫자조선연구》, 5집, 1935, 99~100쪽.

1940년 15만 4,000여 명으로 늘어났다. 〈표 8〉을 보면 1935년 조선인은 경성부 인구의 70.7%를 차지하고 있지만, 경성부 전체 토지의 45.7%밖에 소유하지 못했고, 납세액에서도 24.4%의 비중밖에 차지하지 못했다. 반면 일본인은 경성부 인구의 27.9%를 차지했는데, 토지는 52.9%를 소유하였으며, 납세액은 68.0%의 비중을 차지했다. 즉 서울과 같이 일본인이 다수 들어와 살던 도시의 경우, 토지는 대부분 일본인의 소유였으며, 납세액에서도 일본인이 압도적인 비중을 차지하고 있었던 것이다.

한편 서울이나 개항장에서 발전한 도시들은 일본인촌과 조선인촌이 분리되어 있고, 도시 시설에서도 양자 사이에 커다란 격차가 있는 '이중도시(dual city)'의 모습을 띠었다(김백영, 2005). 즉 조선의 대도시들은 사회경제적으로나 공간적으로 '이중도시'라는 식민도시의 모습을 보이고 있었던 것이다.

위와 같은 점에 대해서는 전혀 언급이 없는 가운데 "도시의 발전도 있었다."고만 쓰는 것은 식민지 조선의 '식민성'을 은폐하고 '근대성'만을 부각시키는 것이 될 수 있다. 이러한 지적과 관련하여 〈반박문〉에는 "도시에서 부유층과 빈곤층의 주거가 분리되는 현상은 비단 식민도시의 일만이 아니다. 오늘날 서울도 그러하며, 미국의 도시들은 더욱 심하다."고 쓰여 있다. 물론 부유층과 빈곤층의 주거 분리 현상은 식민도시가 아닌 곳에서도 발견할 수 있다. 하지만 식민도시는 '민족별'로 주거 분리 현상이 뚜렷이 나타나는 현상을 보인다. 이는 부유층과 빈곤층의 분리 현상과는 다른 의미를 갖는다.

식민지 경제에 관한 평가에 대하여

식민지 시기 서술에서 가장 큰 문제를 드러내고 있는 곳은 바로 경제사 부분이다. 우선 경제사 부분의 각 절은 '시장경제 기반의 형성', '식민지의 경제 개발', '농촌 경제의 동향' 등으로 구성되어 있다. 제목 자체에 상당한 문제가 있다고 하지 않을 수 없다.

사회간접자본의 확충 문제

측주로 쓰여 있는 '식민지 시기 사회간접자본의 확충' 부분을 보면, 우선 "총독부는 인력과 물자의 이동을 활성화하고 지배 체제를 공고히 하기 위해 교통·통신망을 대거 확충했다."고 쓰고 있다. 이어서 철도의 길이가 얼마나 늘어났는지, 자동차와 선박의 수가 얼마나 늘어났는지, 통신시설이 얼마나 확충되었는지를 쓰고 있다. 그리고 결론으로 "이 같은 사회간접자본의 확충은 식민지 한국에서 자본주의적 시장경제를 활성화하였다."고 서술하고 있다.

이와 같은 서술은 일견 매우 객관적인 서술로 볼 수도 있다. 하지만 "인력과 물자의 이동"이 무엇을 의미하는지, "자본주의적 시장경제의 활성화"가 무엇을 의미하는지에 대한 설명이 없으면 독자는 오해하기 쉽다. 즉 일제가 조선의 자본주의적 발전을 위해 사회기반시설을 확충한 것으로 읽을 수 있는 것이다. 일본이 조선에 철도, 항만과 같은 많은 사회기반시설을 확충하여 조선을 근대화시켰다고 하는 일본인들의 설명과 같은 맥락으로 이해할 수 있다. 물론 〈반박문〉에서 뉴라이트 교과서의 필자들은 교통, 통신 등 사회간접자본의 확충을 통해 자본주의 시장경제의 발전을 촉진하고, 나아가 "한반도 경제를 일본에 통합시킴으로써 제국 전체의 경제를 발전시키는 것이 일제의 목적이었다."(309쪽)고 하여 어느 정도 해명을 하고 있기는 하다. 하지만 이 해명에서 밝히고 있는 내용이 정작 뉴라이트 교과서에서는 잘 보이지 않는다.

경제 성장률 언급의 문제

뉴라이트 교과서를 쓴 필자들은 오래전부터 식민지 시기에 조선이 상당한 경제 성장을 이루었다는 점을 강조해왔는데, 그러한 내용을 이 책에 그대로 옮겨 쓰고 있다. 예를 들면 "전체적으로 식민지 한국의 연평균 총생산은 인구 성장률 1.3%를 능가하는 3.6%으 성장을 보였다."(99쪽)고 쓰고 있다. 이러한 서술은 식민지 조선의 역사상을 왜곡할 가능성이 높다. 당시 식민지 조선에 투자된 자본은 대부분 일본 자본이었으며, 조선에서의 경제 성장에 따른 수익은 대부분 일본 자본과 재조선 일본인의 몫으로 돌아갔다.

〈그림 2〉와 〈그림 3〉은 민족별 회사 수의 추이와 민족별 회사 불입자본의 추이를 보여준다. 1920년대 초 이래 회사 수에서 일본인 회사와 조선인 회사 사이에는 큰 격차가 벌어졌고, 불입자본의 규모는 이미 1910년대 후반부터 커다란 격차가 있었다. 조선 경제는 사실상 일본인들에게 장악되었던 것이다. 이런 상황에서 한반도의 경제 성장률이라는 것이 무슨 의미가 있을까.

또 1930년대 이후 조선에 들어선 공장들은 일본 본토의 대규모 자본 투자에 의한 것이 많았다. 일본의 대자본은 만주까지 넓어진 시장을 위

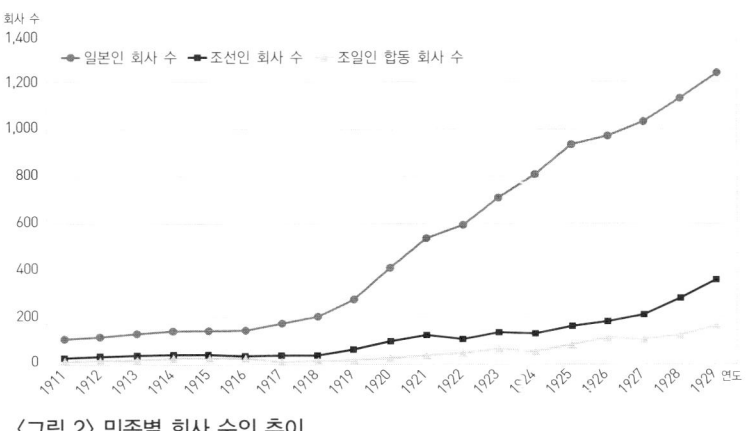

〈그림 2〉 민족별 회사 수의 추이

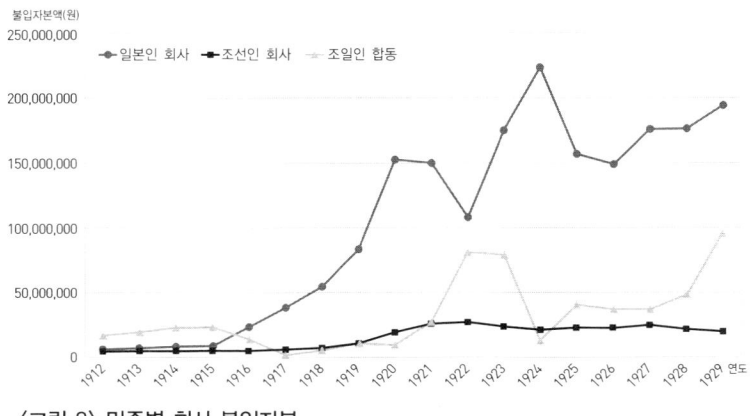

불입자본액(원)

일본인 회사 ● 조선인 회사 ■ 조일인 합동 △

〈그림 3〉 민족별 회사 불입자본

해 만주와 한반도를 포괄하는 '대일본 자본주의 경제권'을 설정하고, 만주와 한반도의 시장을 목표로 조선에 공장을 짓기 시작하였다. 특히 북한 지역에 많은 공장을 지었다. 따라서 이 시기 조선 경제는 '일본 자본주의권' 안에서만 의미가 있었다. 당시 한반도 경제라는 것은 독자적인 경제권이 아니었다. 따라서 한반도만의 경제 성장률을 말하는 것은 아무런 의미가 없다.

이와 같은 지적에 대해 뉴라이트 교과서 필자들은 〈반박문〉을 통해 "일본 자본이 경제 성장에 주도적인 역할을 하고, 성장의 주요 과실이 일본인에 돌아간 것은 당연한 사실이다. 그 사실과 경제 성장이 있었다는 사실은 모순되지 않는다. (⋯) 성장의 과실이 모조리 일본인으로 돌아갔다는 주장도 억측에 불과하다. 비평자는 오로지 수탈을 당하여 점점 피폐해지는 한국인의 모습을 상정하고 있지만, 식민지 시기 한국인은 그렇게 무기력한 존재는 아니었다."고 말하고 있다. 앞에서도 이미 썼지만, 평자도 조선에서의 경제 성장 수익이 모조리 일본인에게 돌아갔다고 보는 것은 아니다. 평자는 '대부분' 일본 자본과 재조선 일본인의 몫으로 돌아갔다고 지적하였다. 평자도 식민지 시기의 조선인이 무기력한 존재였다고 생각하지 않는다. 조선인도 나름대로 회사를 만들고 공장을 세웠다. 하지만 이 책에도 쓰여 있듯이, 조선인의 자본 비중은 10% 정도밖에 안 된다. 따라서 식민지 조선에서의 경제 성장 수익은 대부분 일본 자본에 돌아갈 수밖에 없었다. 이러한 상황에서 "식민지 한국의 연평균 총생산은 연평균 인구 성장률 1.3%를 능가하는 3.6%의 성장률을 보였다."고 쓰는 것이 무슨 의미가 있는가 하는 점을 지적한 것이다.

쌀의 수탈과 지주제 문제

뉴라이트 교과서는 식민지 시대 한국인의 생활수준과 관련한 서술을 박스로 다루고 있는데, 이른바 '수탈론'을 비판하면서, "쌀은 일본에 수탈된 것이 아니라 경제 논리에 따라 일본에 수출되었으며, 그에 따라 일본인을 포함한 한반도 전체의 소득은 증가하였다. 쌀을 대신해서 만주에서 조와 콩이 대용식품으로 수입되었다. 쌀의 1인당 소비가 감소한 것은 사실이지만, 잡곡 등 대응식품과 기타 가공식품을 종합적으로 고려할 때, 1인당 열량 섭취가 줄어들었다고는 단언할 수 없다."(98쪽)고 쓰고 있다.

  '쌀의 수탈'은 단순히 일본으로 많은 쌀이 실려 갔다는 것만을 말하는 것이 아니다. 일본인 지주와 조선인 지주가 총독부 당국의 지원을 받으면서 소작인들로부터 고율의 소작료를 거두어들이는 것부터가 사실은 '수탈'에 해당한다. 1920년대 중반 암태도 소작쟁의를 기점으로 조선의 소작농민들은 소작료를 4할로 낮추는 운동을 전개했다. 하지만 총독부 경찰 당국은 이를 극력 저지하고 탄압하였다. 따라서 소작료는 5할 혹은 그 이상이 되는 경우가 일반적이었다. 이른바 수탈론에서 말하는 쌀의 수탈이란 유통 과정에서의 수탈보다는 생산 과정에서의 수탈에 더 중점을 둔 것이었다.

이와 같은 지적에 대해 〈반박문〉은 "지금까지의 여러 교과서에서 쌀의 수탈을 말할 때는 총독부가 농민으로부터 쌀을 강제로 빼앗아 일본으로 실어간 것을 지칭하였다."(〈반박문〉, 316쪽)고 주장하였다. 과거의 국사 교과서들을 찾아보니, 1996년판 국정 고교 국사 교과서는 "미곡 수탈만은 목표한 대로 수행함으로써 우리나라 농촌 경제를 파탄에 빠뜨리게 하였다. 증산량을 훨씬 초과한 양의 미곡을 수탈당함으로써 우리 농민은 식량 사정이 극도로 악화되어 기아선상에 허덕이게 되었다."(국정 고교 국사 교과서, 139~140쪽)라고 썼다. 또 2002년도판 국정 고교 국사 교과서는 "일제가 강제로 수탈해간 미곡이 증산량보다 많아 식량 부족이 심화되었다."라고 썼다. 여기서 말하는 일제는 일본 제국주의나 일본 자본주의를 가리키는 포괄적인 개념이지 '총독부'를 지칭하는 것은 아니다. 또 이는 농민들이 고율 소작료에 의해 수탈당하고 있다는 내용 뒤에 이어서 나온 표현이었다. 따라서 이는 당연히 지주-소작 관계 수탈의 연장선상에서 쌀이 일본으로 실려 간 것을 의미한다.

2006년도판 국정 고교 국사 교과서는 "1920년부터 시작된 산미증식계획은 더 많은 쌀을 일본으로 가져가기 위해 추진되었다. (…) 늘어난 생산량보다 더 많은 양의 쌀이 일본으로 실려 나갔다."(국정 고교 국사 교과서, 181쪽)라고 썼다. 역시 총독부가 농민으로부터 쌀을 강제로 빼앗아갔다는 표현은 없었다. 2002년판 국정 중학 국사 교과서도 "일제는 쌀이 목표대로 증산되지 않았음에도 불구하고 증산량보다 훨씬 많은 양을 일본으로 가져갔다."(국정 중학 국사 교과서, 260쪽)고 썼다. 여기서 말하는 일제라는 표현 또한 총독부를 지칭하는 것이라기보다는 일본 제국주의, 일본 자본주의 체제를 의미하는 것으로 보아야 할 것이다.

앞에서 말한 것처럼 〈반박문〉은 그동안 교과서들이 "총독부가 농민으로부터 쌀을 강제로 빼앗아 일본으로 실어갔다."고 썼다고 했는데, 과문한 탓인지는 모르나 그러한 서술은 찾아보기 어려웠다. 공출제가 없었던 시절에 총독부가 강제로 농민들로부터 쌀을 빼앗아갔다고 쓴 교과서가 과연 있었을까? 상상이 되지 않는다.

〈반박문〉에서는 "비평자는 맑스주의적 시각에서 고율의 소작료 그 자체를 수탈이라 강변하고 있지만, 관점을 달리하던 다르게 해석된다. 근대 사회에서 지주-소작 관계는 경지 임대차를 둘러싼 계약 관계이고, 소작료의 크기는 계약 당사자들의 교섭력 정도를 반영하는 것이기도 하다. 그것이 세계 학계의 통설이다."(〈반박문〉, 316쪽)라고 주장하였다. 물론 근대 사회에서도 경지 임대차를 둘러싼 계약 관계는 존재한다. 요즈음도 농촌에 가면 더러 그런 경우가 있다. 하지단 소작료율이 50%가 넘었던 식민지 시대의 지주-소작 관계를 근대 사회의 정상적인 임대차 관계, 또는 계약 당사자들의 교섭력 정도를 반영하는 계약 관계라고 해석할 수 있을까.

식민지 시대의 지주-소작 관계는 신분제와 결합된 경우도 많았고, 계약서를 쓰지 않고 전통적인 관행에 의해 관계를 맺고 있는 일도 많았다. 소작인들이 소작료 외에 별도의 노동이나 갖가지 뇌물을 지주에게 바쳐야 하는 경우도 있었다. 그리고 무엇보다 지주제와 고율 소작료 관행은 총독부 권력에 의해 강력히 뒷받침되고 있었다. 맑스주의적 시각이 아니라 해도, 이런 상황에서의 고율 소작료는 '수탈'이라고 보는 것이 정상 아닐까.

식민지 조선의 교육 현실에 관한 서술에 대하여

식민지 시기의 교육과 관련한 서술들은 다른 부분보다 문제가 심각하다. 이를 차례로 보기로 하자.

취학률의 문제

우선 총독부의 교육 정책과 관련하여 1918년 이후의 3면 1교 정책, 1928년 이후의 1면 1교 정책을 설명하고, 1930년대 후반 이후에 대해서는 "1936년부터 1946년까지 취학률 60%를 목표로 하는 제2차 확충 계획을 세웠다. 그 결과 식민지 말기의 취학률은 40%를 넘었다."(89쪽)고 쓰고 있다. 식민지 말기 취학률이 40%를 넘어선 것은 사실이다(〈그림 5〉 참조). 하지만 왜 이 시기에 총독부가 취학률을 높이려 했는지에 대해 뉴라이트 교과서는 설명하지 않고 있다.

〈그림 4〉와 〈그림 5〉에서 보듯이 초등학교에 취학하는 학생들의 수가 급격히 늘어난 것은 1934년경이었다. 1936년 미나미 지로 총독이 부임하여 내선일체와 황국신민화를 강조하면서 '황국신민화'를 목표로 하는 보통교육이 확장되었다. 1937년 중일전쟁이 발발한 이후에는 보통교육의 확장이 더욱 요구되었다. 그것은 징병제를 실시하여 조선의

청년들을 전장에 동원하기 위해서는 일본어를 가르칠 필요가 있었기 때문이다. 이러한 내용을 쓰지 않은 채 취학률이 40%를 넘었다는 점만 쓰게 되면, 총독부가 조선인 교육을 위해 크게 노력하였다는 식으로 해석될 가능성이 높다. 이 책에서는 이런 식으로 수치만 제시하고 그에 대한 설명을 생략한 부분이 많은데, 이는 독자들을 잘못된 해석으로 이끌 가능성이 높다.

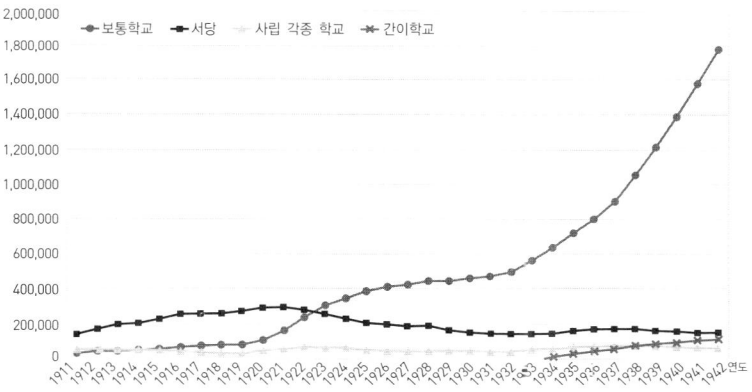

〈그림 4〉 초등학교 수준 학교별 학생 수

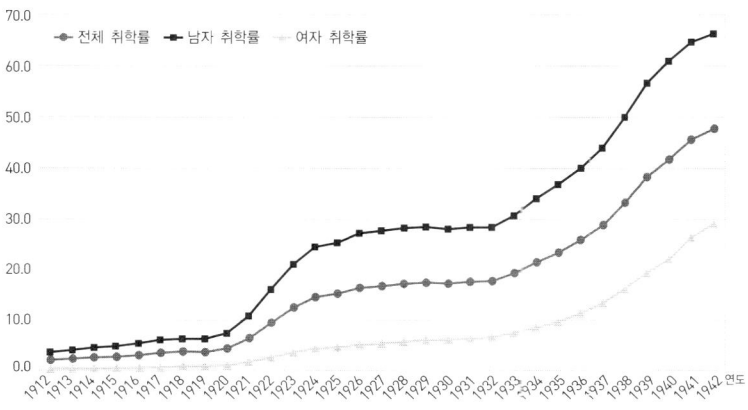

〈그림 5〉 일제하 보통학교 취학률의 추이

뉴라이트 교과서는 1920년대 교육 수요의 폭발과 관련하여 1910년대에 보통학교 학생 수가 3만 2,000명에서 8만 명으로 증가했지만, 1929년에는 44만 3,000명으로 늘어났다고 쓰고 있다(105쪽). 이 부분도 이 수치만을 보면 비약적인 증가로 해석되기 쉽다. 하지만 1929년의 조선인 취학률은 17.4%에 지나지 않았다(오성철, 2000).

1945년 해방 당시 취학률은 약 50% 정도였다(남자 70%, 여자 30%). 1910년을 기준으로 볼 때 취학률이 크게 늘어난 것이라고 볼 수 있다. 하지만 해방된 지 15년 만인 1960년 한국인의 취학률이 거의 100%에 육박하였던 것을 생각해보면, 일제의 식민 지배 35년 만인 1945년에 취학률이 50%가 된 것은 결코 비약적인 상승이 아니다. 만약 한국이 식민지화되지 않았다면, 한국인들의 취학률은 훨씬 더 이른 시기에 50%에 도달했을 것이다. 〈반박문〉은 평자가 한국인의 열성적인 교육열에 애써 눈을 감고 있다고 했는데, 사실은 그 반대이다. 평자는 한국인들의 열성적인 교육열을 총독부가 억누르지 않았다면 훨씬 일찍, 훨씬 더 많은 이들이 학교에 갈 수 있었을 것이라고 생각한다. 평자는 그렇게 될 수 없었던 식민지의 현실을 언급해야 한다고 지적한 것이다.

중등학교 진학의 문제

1930년대에는 중등학교 입학난이 심화되자 중등학교 설립 운동이 활발히 일어났다고 쓰고 있다(105쪽). 하지만 대부분의 중등학교 설립 운동이 총독부에 의해 좌절되었고, 총독부 또한 중등학교를 거의 설립하지 않았다는 사실은 쓰고 있지 않다. 그리고 그것이 총독부의 교육 정책이 우민화 교육 정책, 즉 보통교육 위주였기 때문이었다는 언급도 없다.

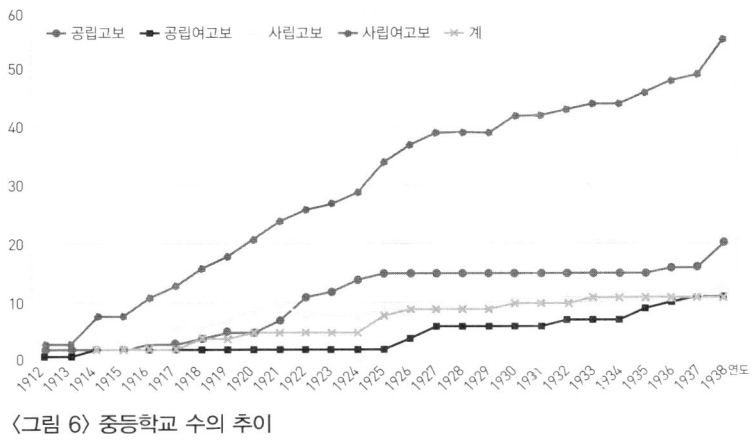

〈그림 6〉 중등학교 수의 추이

　〈그림 6〉은 중등학교 수준인 고등보통학교의 개수를 표시한 것인데, 특히 공립고보(남학교)의 수는 1925년부터 1935년까지 15개로 하나도 늘지 않았으며, 1938년에 와서야 20개가 되었다. 1938년 당시에는 공립여고보도 11개에 지나지 않았다. 사립고보와 사립여고보는 합쳐서 24개였다. 이와 같이 중등학교에 해당하는 고보와 여고보는 1938년 당시 겨우 55개에 지나지 않았다. 그 밖에 실업학교를 보면, 공립실업학교(일본인과 조선인 공학)가 1938년에 62개, 같은 해 공립실업보습학교(조선인 위주)가 123개였다(송규진 외, 2004: 361~370). 이를 보면 조선인을 위한 인문계 중등교육은 최대한 억제하고, 실업계 중등교육만 다소 숨통을 틔워놓은 것을 알 수 있다.

　〈반박문〉은 위와 같은 지적에 대해 1933~1942년 사이 중등 교육기관은 79개교에서 142개교로 늘어났고, 한국인 학생 수는 1만 9,614명에서 4만 309명으로 늘어났다고 하였다. 〈반박문〉의 지적대로 중일전쟁이 일어난 다음 해인 1938년부터 중등학교는 약간 늘어났다. 조선인들이 다니던 공립고보와 일본인들이 다니던 공립중학교의 학제가 통합되어 공립중학교로 이름이 바뀌었는데, 1942년 당시 그 수는 52개였다. 공립여고보도 공립고등여학교로 이름이 바뀌었는데, 1942년 그 수는 59개였다. 사립고보는 1942년에 19개로, 사립여고보는 1942년에 12개로 늘어났다. 이로써 인문계 중등학교는 모두 142개교가 되었다. 하지만 142개교 안에는 이전에 주로 일본인들이 다니던 학교 38개가 포함되어 있었다. 따라서 정확히 말하면, 1938년 55개에서 1942년 104개로 늘어난 셈이다. 학생 수도 25,781명에서 40,309명으로 늘었다.

중일전쟁이 발발한 이후에야 이와 같이 중등학교 학생 수가 크게 늘어난 것은 무엇을 의미할까. 일본인들이 다수 전쟁에 동원되면서 그들의 자리를 충원할 인적자원이 필요했던 것이 아닐까.

유학생의 문제

뉴라이트 교과서는 국내에서 고등교육(대학교육)의 기회가 제한적이었기 때문에 많은 학생들이 일본과 미국으로 유학을 떠났다고 쓰고 있다. 특히 일본 유학생 수가 1925년 2,600명, 1937년 9,900명이었는데, 1940년대에는 2만 9,000명까지 늘어났다고 쓰고 있다(106쪽). 그런데 1930년대 후반 이후 크게 늘어난 유학생은 고등교육보다는 중등학교에 진학하기 위해 일본에 간 경우가 훨씬 많았다.

〈표 9〉에서 표에서 보듯이 1930년대에 보통학교의 수가 크게 늘어났다. 이에 따라 보통학교 졸업자도 크게 늘었다. 하지만 이들이 갈 수 있는 고보와 여고보의 수는 극히 적었다. 〈표 9〉를 보면 1930년대 후반 보통학교 졸업자 가운데 고보, 여고보 진학자는 5%대를 벗어나지 못했음을 알 수 있다. 이는 그 이전보다도 줄어든 수치였다. 이처럼 보통학

〈표 9〉 식민지기 보통학교 졸업생과 고등보통학교 입학생의 비율

연도	공립보통학교		사립보통학교		공립고등보통학교		사립고등보통학교		사립여자고등보통학교		공립여자고등보통학교		C+D+E+D+F/A+B
	학교 수	졸업생 수 (A)	학교 수	졸업생 수 (B)	학교 수	입학생 수 (C)	학교 수	입학생 수 (D)	학교 수	입학생 수 (E)	학교 수	입학생 수 (F)	(%)
1914	382	7,038	20	223	2	352	2	171	2	98	2	89	9.8
1915	410	8,218	17	170	2	367	2	182	2	71	2	121	8.8
1916	426	9,249	19	167	3	462	4	500	2	73	2	121	12.3
1917	435	10,003	24	222	3	458	6	1,522	2	52	2	133	21.2
1918	469	11,463	36	340	4	708	6	1,034	4	297	2	116	21.0
1919	535	11,897	33	365	5	619	7	609	4	37	2	89	11.5
1920	641	8,792	38	481	7	659	9	1,421	5	399	2	171	28.6
1921	755	9,521	36	395	11	842	10	1,428	5	439	2	202	29.3
1922	900	13,295	44	470	12	1,402	8	2,064	5	553	2	209	29.3
1923	1,040	21,112	56	916	14	1,632	8	1,858	5	590	2	208	18.6
1924	1,152	31,693	63	1,153	15	1,710	8	1,714	5	434	2	210	12.4
1925	1,242	39,894	73	1,832	15	2,068	8	1,645	8	676	2	217	11.0
1926	1,309	48,160	81	2,126	15	1,893	9	1,755	9	915	4	441	10.0
1927	1,395	59,261	81	2,263	15	1,922	9	1,747	9	921	6	573	8.4
1928	1,463	61,500	81	2,953	15	1,973	9	1,901	9	945	6	527	8.3
1929	1,620	60,947	78	3,008	15	1,942	9	1,664	9	935	6	530	7.9
1930	1,750	61,220	79	2,970	15	1,949	9	1,730	10	1,041	6	505	8.1
1931	1,860	63,248	80	2,912	15	1,922	11	2,060	10	1,070	6	521	8.4
1932	1,980	66,954	82	3,202	15	1,871	11	2,183	10	1,010	7	608	8.1
1933	2,020	73,713	83	3,670	15	1,838	11	1,939	10	1,151	7	607	7.2
1934	2,133	82,462	86	4,183	15	1,888	11	1,804	10	1,254	7	609	6.4
1935	2,274	93,595	87	4,632	15	2,063	11	1,679	10	1,279	9	724	5.8
1936	2,417	105,778	85	5,182	15	2,141	11	1,450	10	1,206	10	855	5.1
1937	2,503	116,823	92	6,331	16	2,199	11	1,748	10	1,298	11	975	5.1
1938	2,599	127,733	100	7,019	20	2,803	13	2,030	10	1,258	11	1,194	5.4
1939	2,727	139,182	117	10,058	40	3,030	13	2,049	10	1,249	47	1,742	5.4
1940	2,851	151,601	134	10,513	44	3,408	13	2,064	13	1,604	51	2,164	5.7

자료: 《조선총독부통계연보》, 각년판.

비고: 1) 1938년 공립고등보통학교는 공립중학교로 바뀌었다. 따라서 1939년 이후의 학교 수는 일본인과 공학하는 학교로서 크게 늘어난 것이다. 다만 입학생 수는 조선인만을 계산한 것이다. 공립여자고등보통학교도 1939년 이후의 통계는 일본인들과 공학하는 학교 수로서 크게 늘어난 것이다.

2) 위 통계에 실업학교, 각종 학교 등은 포함되지 않았다.

교는 늘어났지만, 중등학교는 거의 늘어나지 않아 상급학교로 진학할 수 없었다. 그래서 진학을 원하는 많은 학생들이 일본으로 유학을 간 것이다. 1939년 당시 일본에 재류한 조선인 유학생은 16,304명이었는데, 그 가운데 중등학교 재학자는 10,774명이었다(《독립운동사자료집》, 13집: 1178).

뉴라이트 교과서는, 유학생들은 대개 지주와 상공업자 같은 부유층의 자제였지만 고학생의 수도 적지 않았다고 쓰고 있다. 사실은 어떠했을까. 1925년 일본 내무성 경보국 조사에 따르면, 동경 재류 조선인 유학생 1,322명 중 625명이 고학생이었으며, 1926년에는 고학생이 700명을 넘었다고 한다. 반수가 고학생이었던 것이다(《독립운동사자료집》, 13집: 1123). 그런가 하면 1939년 당시에는 "부형으로부터 학비의 지급을 받아 전심 공부하는 자는 비교적 적고, 그 대부분은 신문 배달, 잡업 등에 종사·고학하는 자들"이었다(《독립운동사자료집》, 13집: 1178). 따라서 1910년대와 1920년대 초 즈음에는 부유층의 자제들이 주를 이루었지만, 1920년대 후반부터는 고학생들이 더 많아지는 추세였다고 볼 수 있다. 유학생들의 계층도 변하고 있었던 것이다.

민족운동에 관한 서술에 대하여

뉴라이트 교과서는 '민족' 대신 '개인'을 주체로 한 역사를 쓰겠다고 책머리에서 선언하였다. 그래서인지 '민족운동'에 관한 서술은 전반적으로 소략하다. 그리고 대한민국 임시정부의 역사를 대한민국의 역사적 정통성의 기원이라는 차원에서 크게 부각시키고 있다. 반면에 다른 계열의 운동은 상대적으로 소략하게 다루고 있다.

민족운동 관련 서술에서 특히 어색하게 여겨지는 부분은 조선공산당, 신간회, 노동·농민운동을 하나의 절로 묶어 '민족주의 계급운동'이라고 제목을 붙인 부분이다. '계급운동'이나 '사회운동', '대중운동'이라는 말은 많이 쓰였지만, '민족주의 계급운동'이라는 말은 상당히 낯설다. 그리고 신간회 운동은 당연히 '민족주의 운동'의 범주 안에 넣어 서술해야 하는데, 이를 계급운동의 범주 안에 넣어 서술한 것은 잘못이라고 생각한다. 신간회의 3대 강령은 신간회의 성격을 드러내주는 것인데, 이에 대해서는 언급조차 하지 않았다. 그리고 신간회 간부들이 광주학생운동 당시 민중대회 사건으로 검거된 일이 있었는데, 이를 "공산주의 계열의 주요 간부들이 대거 구속되었다."(123쪽)고 서술하였다. 이는 사실과 거리가 먼 것이다. 당시 이 사건으로 구속되어 재판에 회부된 신간회 간부는 중앙집행위원장 허헌과 이관용, 조병옥, 홍명희, 이원혁, 김무삼 등 6명이었는데, 이들은 당시 민족주의 계열의 인사로 분류될 수 있는 인물들이었다.

뉴라이트 교과서는 민족운동 관련 서술 부분에서, '미국에서 독립운동가들의 갈등'이라는 제목 아래 박스를 만들어 박용만계, 안창호계와 이승만계의 갈등 문제를 다루었다(131쪽). 명색이 '대안 교과서'에서 이러한 부분을 박스로 다룰 필요가 있는지 우선 의심스럽다. 임정 외에 독립운동과 관련한 어떤 내용도 박스 글로 다루지 않았으면서, 독립운동가들 내부의 파쟁을 특별히 박스 글로 다룬 의도가 무엇인지 묻고 싶다. 짐작컨대 이는 이승만을 옹호하기 위한 것으로 보인다. 이 박스 글에 따르면 안창호와 이승만의 갈등이 이승만의 임정 대통령 면직 사태로까지 발전했다고 하는데, 이는 사실과 거리가 멀다. 임정의 임시 의정원은 1925년 3월 이승만이 임시 대통령이면서도 그동안 미주에 머물면서 전혀 임정을 돌아보지 않았고, 임시 의정원이 박은식을 대통령 대리로 임명했으나 이를 인정하지 않았으며, 미주 동포들로부터 거두는 인구세를 임정에 보내지 않고 임의로 사용하였다는 등의 이유를 들어 그를 '탄핵'한 것이다(국회도서관, 1976: 550~551). 〈반박문〉에서는 안창호 계열이 이승만 탄핵 발의에 협조하였기 때문에 이승만 탄핵에는 이승만과 안창호 사이의 복잡한 갈등이 있었음을 부정할 수 없다고 하였다. 하지만 이는 지엽적인 것으로, 이승만 탄핵의 주된 이유가 될 수는 없다. 결국 이 박스 글은 이승만 탄핵의 책임을 안창호 계열에 떠넘기기 위해 만든 것으로밖에 볼 수 없다.

이승만을 부각시키려는 시도는 다른 곳에서도 엉뚱하게 나타난다. 1931년 일제의 만주 침략과 관련한 서술의 제목이 '만주사변과 이승만의 외교 활동'이라고 되어 있고, 이승만이 1933년 《만주의 한국인》이라는 책을 집필하여 국제연맹에 제출하였다는 부분을 크게 부각시켜 쓰고 있다. 뉴라이트 교과서에서는 독립운동과 관련하여 한 개인의 활동을 이처럼 부각시킨 경우가 없었다. 이승만에 대한 서술이 그 유일한 예라고 할 수 있다. 이 책 곳곳에서 이승만은 자주 언급되었고, 영웅시되고 있다.

위와 같은 지적에 대해 〈반박문〉은 "이승만은 대한민국의 초대 대통령이 된 인물이다. 식민지기의 그의 활동에 관해서 다른 어떤 인물보다 비중 있게 다루어야 함은 당연한 것이 아닌가"라고 묻고 있다. 이 부분은 뉴라이트 교과서 필자들이 역사 서술과 역사 교육을 어떤 특정한 목적과 관련시키려 하고 있음을 단적으로 보여준다. 평자는 뉴라이트 교과서의 필자들에게 되묻고 싶다. 역사는 승자를 위한 서술이 되어야 한다고 생각하는가? 혹시 역사를 '용비어천가'와 같은 것으로 생각하는 것은 아닌가?

한편 뉴라이트 교과서는 김구에 대해서는 상대적으로 매우 소략하게 쓰고 있으며, 심지어 "한인애국단을 조직하여 항일 테러 활동을 시작하였다."고 쓰고 있다. 그렇다면 이봉창과 윤봉길의 의거는 '테러 활동'이며, 그들은 '테러리스트'란 말인가. 참고로 말하면, 역사학계에서는 이들의 활동을 '의열투쟁'이라 부르고 있다.

또한 이 책은 김구의 남북협상과 관련해서 "1948년 남한만의 단독 총선거를 실시한다는 국제연합의 결의를 반대하고, 북한에 들어가 통일정부 수립을 위한 교섭을 벌였으나 실패하였다. 이후에도 대한민국의 건국에 참여하지 않았다."고 쓰고 있다. 김구에 대한 서술이 인색한 것은 아마도 김구가 대한민국의 건국에 참여하지 않았다는 이유에서인 듯하다. 하지만 김구는 대한민국 임시정부가 곤경에 처하고 주요 인물들이 모두 임정을 떠났을 때, 임정을 굳게 지킨 인물이다. 그럼에도 이 책은 김구의 이러한 공적에 대해서 거의 언급하지 않는다. 1948년 남북한에 각각 다른 정부가 들어설 상황에 처했을 때, 김구는 이를 막고 통일된 정부를 세우기 위해 남북협상의 길로 나아갔다. 평생을 독립운동에 종사한 김구로서는 차마 분단정부에 참여할 수 없었고, 때문에 대한민국 정부에도 참여하지 않았을 것이다. 김구의 이러한 입장을 이해하지 못하고, 이른바 '대안 교과서'라는 책에 '대한민국의 건국에 참여하지 않았다'는 점을 부각시켜 쓰는 것은 적절치 못하다고 여겨진다.

위와 같은 지적에 대해 〈반박문〉은 '테러' 용어에 대한 비판은 단어 수준을 둘러싼 비방에 불과하며, 일부 한국사 학자들도 그런 표현을 써왔고, 좋은 뜻을 담아 좋게 쓰면 그것으로 족한 것이라고 주장하였다. 하지만 적어도 '대안 교과서'라 할 때에는 단어 하나하나에 신경을 쓰지 않으면 안 된다. '테러'라는 단어는 과거에도 "정치적 목적을 위하여 폭력 수단을 써서 적이나 상대방을 위협하는 행위 또는 공포에 빠뜨리는 행위"라는 의미로서 부정적 이미지를 갖고 있었는데, 최근에는 그러한 이미지가 더욱 강화되고 있는 단어이다. 즉 2001년 9·11사태 이후 테러는 공격 목표가 요인(要人)으로부터 일반 시민, 비전투요원으로 바뀌어 더욱더 부정적인 의미의 단어로 받아들여지고 있다. 〈반박문〉의 서술대로 좋은 의미를 담으려면 좋은 의미를 담고 있는 다른 단어로 바꾸어 쓰면 간단히 해결될 문제라고 생각한다.

또 뉴라이트 교과서는 일제 말기에 "해외 독립운동은 여러 분파로 나뉘어 서로 갈등하였다."(131쪽)고 쓰고 있다. 하지만 주지하듯이 해외 독립운동 계열이 여러 분파로 나뉘어 갈등을 겪은 시기는 주로 1930년대이고, 태평양 전쟁 이후에는 오히려 연대와 통합이 모색되었다. 1940년 이후 임정에는 여러 세력이 모여들어 모처럼 통합된 임정이 만들어지고 있었고, 임정 계열과 화북조선독립동맹 사이에서도 연대가 모색되고 있었다. 또 국내의 건국동맹도 역시 국외 독립운동 세력과 연대를 모색하고 있었다. 이에 대해 〈반박문〉은 1937년의 한국광복운동단체연합회 등의 소개를 통해 독립운동 세력의 연대를 설명하였다고 반박하였다.

하지만 교과서포럼의 뉴라이트 교과서는 국외 독립운동의 마지막 시기를 설명하면서 "중국에서는 임시정부에 대항하는 민족혁명당이 활동했고, 미국에서도 이승만의 독립운동을 비판하는 한길수와 같은 한국인들의 활동이 있었다. 미국 정부는 한국을 대표하는 독립운동단체를 알 수 없기에 임시정부나 다른 단체도 인정하지 않았다. (…) 그러나 당시 해외 독립운동은 여러 분파로 나뉘어 서로 갈등하였다."(131쪽)라고 쓰고 있다. 태평양 전쟁 발발 이후 중국 관내 독립운동 세력, 즉 김구 세력과 김원봉 세력이 임시정부를 중심으로 결합했음은 매우 중요한 역사적 사실이다.

김원봉 세력은 1942년 임시정부의 임시 의정원에 참여했으며, 1944년에는 임시정부의 국무위원으로까지 참여함으로서 임정은 마침내 좌우를 망라하는 정부 형태를 갖출 수 있었다. 이는 1920년대 초 임정 수립 이후 처음 있는 일이었으며, 해방을 앞두고 임정이 이루어낸 값진 성취였다. 즉 태평양 전쟁이 끝나갈 무렵 국외 독립운동 세력은 점차 연대와 통합의 길을 걷고 있었던 것이다. 따라서 평자는 이 시기 독립운동을 설명하는 마지막 문장에서 "여러 분파로 나뉘어 서로 갈등하였다."라고 쓴 것은 적절치 못하다고 지적한 것이다.

그 밖에 명백한 오류 몇 가지를 지적하고자 한다. 먼저 1921년에 발간된 《아성》의 발행자를 한국청년단이라고 했는데(121쪽), 이는 '조선청년연합회'가 맞다. 또 1936년 "임시정부의 김구 주석은 조소앙과 함께 한국국민당을 결성하였다."(129쪽)고 하였는데, 1936년 당시 김구는 국무위원이었지 주석은 아니었다. 더욱이 조소앙은 한국국민당에 참여하지 않았다. 조소앙은 당시 재건 한국독립당을 이끌고 있었다. 한국국민당과 재건 한국독립당은 1940년에 이르러 새로운 한국독립당으로 통합된다. 또 정약용의 《與猶堂全書》는 《興猶堂全書》로 잘못 표기되어 있다(108쪽). 1911년 토함산의 석굴암을 '발견'했다고 썼는데(88쪽), 이는 부적절한 표현이다. 석굴암은 존재는 그 전에 이미 알려져 있었기 때문이다. 또 3·1운동과 관련된 사진으로 '동대문을 가득 메운 만세 시위

군중'과 '종로에서 만세 시위에 참가한 여인들'이라는 제목의 사진이 실렸는데(112쪽), 이들 사진은 모두 3·1운동 관련 사진이 아니다. 앞의 것은 1919년 2월 28일 서울에서 열린 고종의 인산(장례) 예행연습 사진이며, 뒤의 것은 아직 그 내용을 정확히 알 수 없는 사진이다.

일제 말기 강제 동원에 관한 서술에 대하여

뉴라이트 교과서는 '여자정신근로령' 부분은 박스 안에 자세히 쓰고 위안부 문제는 사진 설명으로 작게 기술하였다. 정신대 문제를 자세하게 쓴 것은 이 문제가 위안부 문제와 다름을 강조하고 싶어서인 것으로 보인다. 군 위안부 문제에 대해서는 업자들이 여성들에게 큰 돈벌이가 있다고 하자 여성들이 이러한 꾐에 빠져서 갔다는 식으로 서술하였다(93쪽). 군 위안부 문제와 관련해서 피해자들이 말하고 있는 강제 연행, 인신매매, 유괴 등을 이 책은 전혀 언급하지 않고 있다.

뉴라이트 교과서는 일제 말기 많은 한국인들이 점차 독립의 희망을 잃어가면서 "일제의 침략 전쟁에 협력하면 이제까지의 차별에서 벗어날 것으로 기대했다."(132쪽)고 쓰고 있다. 이는 이광수 등 이른바 친일파들이 해방 이후 늘어놓은 변명을 그대로 옮겨놓은 것이다. 당시 '차별'에서 벗어날 것을 기대하면서 일제의 침략 전쟁에 협력한 이들이 과연 얼마나 될지 의심스럽다.

전쟁 말기의 사회상과 관련해서도 "보통의 한국인들은 강제적 또는 자발적으로 전시체제에 참여하였다. 황민화 교육이 한창이던 전시기에 수많은 한국인 학생이 각급 학교에 다투어 진학하였다."(132쪽)고 쓰고 있다. 이 책에서 말하는 것처럼 전시체제에 자발적으로 참여한 조선인이 얼마나 될지 역시 의심스럽다. 또 수많은 한국인 학생이 각급 학교에 앞다투어 진학하였다고 하는데, 앞에서도 말힜듯 초등학교는 늘었지만, 중등학교 이상의 학교 수는 여전히 적었다. 일제 말기 학교 현실을 말하려면, 학생들이 수업 대신 공장 노동이나 비행장 건설 노동에 동원되었던 사실을 언급하는 것이 더 적절하지 않을까 여겨진다.

맺는말

글을 마치면서 한마디만 덧붙이고자 한다. 단재 신채호는 《조선상고사》〈총론〉에서 "역사는 역사를 위하여 지으란 것이요, 역사 이외에 무슨 딴 목적을 위하여 지으라는 것이 아니요, 詳言하자면 객관적으로 사회의 유동 상태와 거기서 발생한 사실을 그대로 적은 것이 역사요, 저작자의 목적을 따라 그 사실을 좌우하거나 첨부 혹은 변개하라는 것이 아니니"라고 하였다. 단재의 말처럼 역사는 역사 그 자체를 위하여 써야 하는 것이지, 후대인의 특정한 목적을 위하여 서술되는 것이 되어서는 안 된다. 더욱이 역사 교육을 위한 책을 쓰는 경우는 더욱 그러할 것이다.

참고문헌

국회도서관, 1976, 《한국민족운동사료(중국편)》.

김백영, 2005, 〈일제하 서술에서의 식민권력의 지배전략과 도시공간의 정치학〉, 서울대 사회학과 박사논문.

독립운동사편찬위원회 편, 1984, 《독립운동사자료집》, 13호.

東畑精一·大川一司, 1935, 《朝鮮米穀經濟論》, 日本學術振興會.

────────, 1939, 《米穀經濟の硏究》, (1), 有斐閣.

박섭, 2005, 〈식민지기 한국 농업의 신추계 및 기존 추계와의 비교·검토, 1910~1944〉, 《경제사학》, 39호.

善生永助, 1927, 《朝鮮の人口現象》, 조선총독부.

송규진 외, 2004, 《통계로 본 한국 근현대사》, 아연출판부.

안병직 편, 2001, 《한국경제 성장사 - 예비적 고찰》, 서울대학교출판부.

오성철, 2000, 《식민지 초등교육의 형성》, 교육과학사.

이대근 외, 2005, 《새로운 한국경제발전사》, 나남출판.

이애숙, 1985, 〈日帝下 水利組合의 設立과 運營〉, 《한국사연구》, 50·51합집.

이여성·김세용, 1931~1935, 《數字朝鮮硏究》, 1~5집, 세광사.

이영훈, 1997, 〈양안상의 主 규정과 主名 기재방식의 추이〉, 《조선토지조사사업의 연구》, 민음사.

정재정, 1999, 《일제침략과 한국철도》, 서울대 출판부.

조선총독부, 《朝鮮の人口統計》, 각년판.

허수열, 2005, 《개발 없는 개발 - 일제하, 조선경제개발의 현상과 본질》, 은행나무.

6장

'대안 교과서'의 난감한 역설

: 교과서포럼 저,《대안 교과서 한국 근·현대사》의 현대사 서술[1]

홍석률

차별적인 근대화, 선진화 교과서

교과서포럼이 최근 발행한《대안 교과서 한국 근·현대사》(이하, 뉴라이트 교과서)는 일단 현행 검정 근현대사 교과서들(6종)과 비교할 때 새롭고 차별적이다. 형식과 내용 모든 면에서 그러하다.

뉴라이트 교과서는 A4 크기의 책으로 만들어졌고, 각종 도면과 많은 사진을 수록하였다. 편집 방식도 사진 설명과 별도의 박스를 활용하며 다양한 내용을 효과적으로 세련되게 담았다. 기술적인 측면에서는 책

---

1 《역사비평》 2008년 여름호에 실었던 것을 일부 수정한 글이다.

자체로 필자들이 강조하는 한국 경제 성장의 성과를 반영함과 동시에 '선진화'에 부합하는 교과서이다.

현행 교과서들에 대체로 5~6명의 필자들이 참여한 반면, 뉴라이트 교과서에는 무려 12명의 저명한 학자들이 집필에 참여했다. 목차 및 체제 구성 면에서 현행 교과서와 달리 검정 기준의 제약을 받지 않았다. 그런 만큼 자유로운 형식에 다양한 내용을 담고 있다. 기존의 교과서와 한국사 개설서들이 정치사 위주로 집필된 반면, 이 책은 특히 경제사 부분에 많은 지면을 할애했다. 물론 이 책의 경제사 서술은 '경제 성장'에 초점을 두었고, 필자들이 갖고 있는 정치적 견해를 강하게 뒷받침하고 있다. 사실 서술 자체는 대단히 효과적으로 되어 있다. 특히 경제 관련 기구와 제도에 대한 설명은 충분히 구체성을 확보하였고 알기 쉽게 쓰여 있다. 사회사나 생활사 부분에 관해서도 훨씬 풍부한 사실과 설명을 담고 있다.

뉴라이트 교과서는 또한 김일성의 보천보전투를 포함하여 1930년대 만주 항일무장운동에 대해서도 서술했고(뉴라이트 교과서, 128쪽, 이하 쪽수만 표기), '인혁당 사건'에 대해서도 "유신체제가 인권을 탄압한 대표적인 사건으로 지목되고 있다."고 소개하며 별도의 박스를 두어 서술하였다(214쪽). 교과서포럼이 2006년 발표한 시안과 비교해볼 때 달라진 점도 많다.

그러나 과연 이 책의 내용이 '대안 교과서'라는 표방에 값하는 것인지에 대해서는 회의적이다. 책의 내용과 거기에 투여된 역사의식이 우리 사회에서 '대안'이 될 수 있을지도 의문이지만(신주백, 2008), 또한 '교과서'로서 필요하고 적합한 수준을 갖추었는지에 대해서도 논쟁의 여지가 많다.

사실 서술의 정확성 문제

뉴라이트 교과서의 필자들은 "철저한 실증주의"를 표방한다(5쪽). 그런데 기초적인 사실 서술에서 오류가 많다. 1951년어 발생한 거창 학살 사건을 1952년에 발생했다고 하고, 조선공산당 북조선분국을 "조선공산당 조선분국"으로 써놓았으며, "여주·순천 사건"이라는 오자(誤字)도 두 번 반복된다. 이는 물론 교정 작업의 문제이다. 그러나 필자들이 부주의했거나 엄밀한 사실 확인을 하지 않아서, 또는 개념의 혼선 때문에 나타난 오류들도 많다.

1960년 '4월혁명'의 도화선이 되었던 대구 2·28학생시위는, 주지하다시피 학생들이 야당 선거 유세에 참가하는 것을 막기 위해 일요일에도 등교를 시킨 것이 발단이 되었다. 그런데 이 책에는 "일요일에 학생들을 선거 유세에 동원하는 것에 항의해" 집단 시위가 발생했다고 쓰여 있다(173쪽). 1972년 2월 닉슨이 북경을 방문하여 미·중 관계가 크게 개선되었지만, 정식 외교 관계를 수립한 것은 카터 행정부 때의 일이다. 이 책에는 1972년에 미국과 중국이 "국교"를 수립하였다고 쓰여 있다(205쪽). 김대중은 1961년 5·16쿠데타 직전 인제군 보궐 선거에서 처음 민의원에 당선되었는데, 이 책은 1960년에 당선되었다고 하며(243쪽), 만주에 있었던 일본의 '관동군'과 '만주군'은 구별되는 것인데 박정희는 만주 "관동군 장교"로 되어 있다(186쪽).

또한 이 책은 "성매매특별금지법이 제정되어 공창제가 사실상 폐지되었다."(268쪽)고 한다. 이는 아마도 '공창(公娼)'과 '집창(集娼)'을 혼동한 것으로 보인다. 공창제는 일제 식민지 시대에는 있었지만 해방 직후 미군정기에 한국여성단체의 항의운동으로 폐지되었다(이승희, 1994: 154~155).

　사실 서술의 부주의함과 엄밀성의 부족 때문인지, 아니면 사실 자체를 잘 몰라서인지, 그 이유조차 알기 어려운 당황스런 오류도 있다. '1973년 이후 북한과의 관계'라는 제목의 박스에는 "1973년 남북 대화가 단절된 후 1992년까지 남북 간에 공식적인 접촉은 없었다."(228쪽)는 구절이 나온다. 이는 사실 서술의 엄밀성을 떠나 필자들의 기억력 자체를 의심하게 한다. 뉴라이트 교과서의 서술이 사실이라면 1985년의 이산가족 상봉과 예술단 교환은 어떻게 이루어졌을까? 같은 시기 진행된 남북경제회담은 차관급이기는 하지만 남북한 대표가 처음으로 공식 직함을 사용했던 회담이었다(김학준, 1985). 이것이 남북 간의 공식적 접촉이 아니라면 1973년 이전의 남북적십자회담, 남북조절위원회 회담은 더구나 공식적 접촉이 아니다. 그리고 1992년은 무슨 의미인가? 남북기본합의서 체결을 낳았던 남북고위급회담은 1990년에 시작된 것이 아닌가?

　모든 저술에는 교정 또는 부주의에 의한 사실 서술 오류가 나타나기 마련이다. 100% 완벽한 저작은 기대하기 어렵다. 때문에 이러한 사실 오류에 대해, 큰 맥락에서 이해하면 문제될 것이 없고 사소한 실수일 따름이라고 강변할 수도 있을 것이다. 그러나《대안 교과서 한국 근·현대사》는 '교과서'를 표방하고 있다. 교과서가 다른 책에 비해 사실 서술에서 더욱 명확하고 정확해야 한다는 것은 논쟁의 여지가 없다. 이러한 오류들은 이 책이 갖는 '교과서'로서의 신뢰성에 의문을 제기하도록 만든다.

사실 서술의 균형 문제

사실 서술을 할 때 너무 편향되게 사실을 선택하거나 해석하면 이는 교과서에서 당연히 문제가 된다. 물론 보수와 진보 같은 이데올로기 문제에 대해 균형 잡힌 역사 서술을 한다는 것은 쉽지 않다. 그런데 뉴라이트 교과서에서는 같은 보수 정당으로서 대한민국의 주류 정치 질서를 이끌어온 보수 여당과 보수 야당에 대해서도 편파적인 서술이 보인다.

예컨대 1971년 대통령 선거를 설명하면서 야당 후보 김대중의 '4대국 안전보장론', '대중경제론' 등의 공약을 비중 있게 설명하고, 이러한 정책은 당시 실현 가능성이 없었다고 한다. 따라서 이 선거에서 김대중이 대중적 호응과 많은 표를 얻은 것에 대해 "한국 정치에서 처음으로 포퓰리즘(populism)이 위력을 떨친 선거"(200쪽)였다고 서술한다.[2]

당시 김대중이 주장하여 또한 많은 관심을 끌었던 공약 중 하나가 서신 교류 등 '남북 교류 및 접촉'에 관한 것이다. 남북 대화 문제는 4대국 안전보장론 및 대중경제론 못지않게 유권자의 관심을 끌었고, 선거의 쟁점을 형성하였다. 그런데 이 공약이 소개조차 안 된 이유는 무엇일까? 선거 수개월 후 닉슨의 북경 방문 선언이 발표되고, 같은 해 8월부터 남북 대화가 시작되어 실현되었기 때문인가? 이 책은 또한 중요 정치적 국면을 다루면서 상당히 무리한 논리를 동원하여 야당 정치

---

2 역사는 이미 결정된 길을 가기보다는 그때그때 결정되면서 형성되는 과정에 가깝고, 따라서 '실현 가능성'을 너무 단순하게 예단하는 것은 그 자체가 비역사적 사고일 수 있다(정창렬, 2001: 43~44). 그리고 저자의 대중경제론에 대한 단순 해석에 대해서도 논란의 여지가 많다. 그러나 이러한 문제는 일단 차치하고 여기서는 당시 김대중의 공약과 정치적 입장이 공평하게 제대로 소개되었는지에 대해서만 이야기하기로 하자.

세력을 미국에 훨씬 의존적인 세력으로 묘사하기 위해 노력한다.[3]

이 책의 또 하나의 특색은, 사회적 쟁점을 형성했던 역사적으로 의미가 있는 책을 많이 소개한 것이다. 이러한 시도는 참신할 뿐 아니라, 다른 역사책들도 참조할 만하다. 이 책은 민주화 운동 과정에서 많은 지식인들의 관심을 끌었던 《해방 전후사의 인식》과 거기에 담긴 역사관을 비판하기 위해 발간된 《해방 전후사의 재인식》을 모두 소개하고 있다. 그런데 교과서포럼의 저자들이 다수 참가하여 출간한 《해방 전후사의 재인식》을 소개하며, "여러 논문의 문제의식은 한마디로 요약할 수 없을 정도로 복잡하지만, 한국 근현대사에 대한 이해가 더 이상 민족주의만으로는 곤란하다는 점에서 서로 일치한다."(271쪽)라고 서술했다. 학자들도 물론 이념적, 정치적 경향성을 갖고 있지만, 그들의 연구 작업을 이러한 성향에 의해 일방적으로 규정하거나 단순화하지는 않는다. 학문은 그 자체로 나름의 자율성을 가지며, 같은 이념적, 정치적 입장을 가진 학자라도 그 안에 많은 차이가 있다. 여러 논문들을 묶어 책으로 출간할 경우, 기본적으로 그 다양성을 인정해주되 공통분모를 추출하여 언급하는 것이 모범적이다.

그러면 《해방 전후사의 인식》은 어떻게 소개되었을까? "이 책에 실린 주요 논문은 마오쩌둥의 신민주주의혁명론에 입각하여 해방 후 한국 사회를 미국의 지배 하에 있는 식민지적 상태로 규정하고, 그 전제 위에서 6·25전쟁을 민족의 해방과 혁명을 위한 전쟁으로 규정하였다."

---

3 《대안 교과서 한국·근현대사》에는 1952년 정치파동에 대해 "야당의 지도자들은 미국의 협조를 얻어 정부 형태를 내각 책임제로 바꾸기 위한 헌법 개정을 추진하였다."(163쪽)라고 서술되어 있다. 당시 미국 정부가 개헌 문제에까지 관여하였다는 뜻으로 읽히는 이 서술은 정말 놀랍다. 이를 확증할 자료가 있으면 공개하기 바란다. 미국이 한국 정치에 가장 무지막지하게 개입한 사례가 될 것이다.

(237쪽)고 소개했다. 《해방 전후사의 인식》에 수록된 대부분의 논문을 이와 같은 방식으로 재단할 수 있을까? 이 점에 대해 저자들은 얼마나 동의할 것인가? 이러한 방식의 책 소개는 독재정권기 금서의 내용을 분석하여 배포한 공안기관의 팸플릿을 연상시킨다. 또한 한국사학계의 조선 후기 사회 변동에 관한 다양한 차원의 연구를 '자본주의 맹아론' 으로 단순화시켜 서술하는 것(238쪽)도 문제가 있다(김인걸, 1997).

사실 선택 및 해석에서 균형이 문제되는 부분, 나아가 사실 관계를 너무 단순화하거나 과장한 것과 관련된 문제점은 이 밖에도 지적할 것이 많지만 생략한다.

보편적 가치와 탈민족주의

뉴라이트 교과서는 탈민족주의를 표방하며 민족보다는 자유, 인권 등 보편적 가치를 토대로 역사를 인식해야 한다고 주장한다. 때문에 책머리에 '우리 민족' 대신에 '한국인'을 역사적 행위의 주체로 설정한다고 명시하였다(5쪽). 이는 역사 인식 측면에서 이 책의 가장 특징적인 측면이라고 할 수 있다. 그러나 보편적 가치는 이 책의 서술 내용에서도 보편적이지 않다.

이 책은 6·25전쟁 때 북한군이 남한 국민 8만여 명을 납치한 것과 송환되지 못한 국군 포로의 문제를 제기한다. 한국 정부가 미송환 국군 포로 문제에 대해 북한 정부에 어떠한 요구도 한 적 없다는 것을 들면서, "이 역시 인권이란 기초적인 가치가 한국 사회에서 얼마나 낯선 것이었던가를 뼈아프게 증언한다."(161쪽)고 통탄한다. 이러한 문제 제기는 국민을 보호해야 하는 국가의 책임 차원에서, 또 인권의 차원에서 충분히 이야기될 수 있다. 그런데 인권은 보편적 가치이다.

한국전쟁을 전후한 시기에 적군에 의한 민간인 학살도 있었지만, 대한민국의 군과 경찰이 대한민국의 민간인을 학살한 사건도 다수 발생하였다. 이 책에서는 비록 연도가 틀리기는 했지만 거창 사건에 대해 언급했으며, 짧막하지만 보도연맹 사건에 대해서도 언급했다. 민간인 학살 문제는 1960년 4월혁명 직후 국회의 조사와 피학살유족회 등의 활동으로 우리 사회에서 이미 쟁점화된 바 있다. 그러나 군사독재정권이 장기화되면서 한국 사회에서는 최근에 이르기까지 민간인 학살 문제에 대해 거론조차 하기 어려웠다. 이 문제는 국가의 책임이라는 차원에서 더 큰 문제가 될 수밖에 없다. 그런데 여기에 대해서는 왜 인권 차원의 문제 제기가 없을까?

제주 '4·3사건'도 마찬가지이다. 이 사건을 과연 좌익 세력에 의한 무장 반란으로만 이야기할 수 있을까? 4·3사건 과정에서 수많은 민간인들이 대한민국의 군과 경찰에게 희생되었다는 것은 부정하기 힘들다. 그런데 이 책은 4·3사건을 남로당의 무장 반란이라 규정하고, 진압 과정에서 발생한 수많은 민간인 희생에 대해서는 전혀 설명하지 않은 채 "대량의 인명 피해가 발생하였다."(144쪽)고만 서술하면서, 인권에 대한 문제 제기를 하지 않는다. 이 책은 보편적 가치인 인권을 보편적으로 적용하지 않았고, 결코 냉전·반공이데올로기의 벽을 넘지 못했다. 과거에는 익숙한 것이었지만 현재 상황에서는 참으로 낯설다.

뉴라이트 교과서는 탈민족주의를 표방한다. 그러나 역사 서술은 건국, 부국, 민주국가, 선진국으로 이어지며 국가 중심적으로 쓰여 있다.

144

물론 개인과 국가가 이분법적으로 구별될 수 있는 것은 아니며, 국가의 발전을 중심으로 역사를 쓰는 것이 곧 개인의 자유를 무시하는 것은 아니다. 이 책의 마무리 장을 보면 개인과, 개인이 자연스럽게 또는 자발적으로 결성하는 각종 공동체(가족, 촌락, 학교, 교회, 우애단체)의 매개를 바탕으로, 하나의 정치적 질서로 통합되는 "국가의 역사"를 이야기하고 있다(277쪽). 그러나 바로 위의 문단에서는 민족 통일의 필요성을 이야기하며 통일을 둘러싸고 "정치 세력 간에, 나아가 국민 상호 간에 적지 않은 대립이 생기는 것은 개항 이후의 한국 근·현대사에 대한 이해가 분열되어 있기 때문이다."라고 한다. 그리고 "이 점은 하루 빨리 올바른 역사 교육으로 극복되지 않으면 안 된다."고 한다.

각 개인이 파편화, 원자화되어 국가의 부속물로 존재하는 것이 아니라 자연스럽게 또는 자발적으로 형성되는 다양한 공동체를 매개로 국가에 통합된다면, 그러한 국가에는 다양한 이해관계와 가치를 지닌 정치·사회 집단이 존재할 수밖에 없다. 따라서 각 집단에 따라 다양한 정치적 견해와 이념이 존재하고, 당연히 역사를 보는 관점도 다양해진다.

다양한 역사적 견해를 '분열'이라 이야기하는 사고방식으로 개인의 자유와 사회적 다양성을 인정할 수 있을까? 그리고 이러한 다양성을 인정하는 통합이 아니라, 특정 이데올로기와 역사의식으로 단일화되는 방식으로 국가적 통합 또는 '민족 통일'이 이루어진다면 그것을 민주적이라 할 수 있을까? 단일화된 역사의식은 그것이 아무리 '올바른' 것일지라도 개인의 자유 및 사회의 다양성과 양립하기 어렵다. 이러한 측면에서 뉴라이트 교과서가 주장하는 개인의 자유와 탈민족주의는 결코 분단형 국가주의의 발상을 넘어서지 못하고 있다.

지도자에 대한 강조와 정통론 사관

뉴라이트 교과서는 건국의 지도자 이승만 대통령과 근대화 혁명의 지도자 박정희 대통령의 역사적 역할을 강조한다. 역사를 설명할 때 구조와 행위자(주체)를 어떻게 결합시켜 서술할 것인지에 대해서는 논자에 따라 차이가 있을 수 있다. 이 책은 전반적으로 엘리트 집단, 그리고 그 정점이 되는 지도자의 역할을 강조한다. 그러나 여기에도 일관성이 흔들린다. 이승만, 박정희 대통령 집권기에 달성된 긍정적인 업적을 이야기할 때에는 지도자의 역할이 부각된다. 반면 유신체제의 수립 원인 등 비민주적 정치 행태가 언급될 때에는 중공업화, 안보 위기, 당시 정치 구조의 한계 등 환경적·구조적 문제가 강조된다. 이승만 대통령의 뛰어난 능력과 업적은 구한말부터 해방 이후까지 본문 서술과 별도의 박스 등을 통해 여러 번 자세히 소개된다. 그렇지만 1960년 3·15부정선거를 언급하는 대목은 "자유당 강경파는"으로 시작된다(173쪽).

뉴라이트 교과서는 정통성을 강조한다. 3·1운동 → 한성 임시정부 → 상하이 통합 대한민국 임시정부 → 대한민국 정부로 이어지는 대한민국 정통성의 계보가 도표로 명확하게 제시된다(117쪽). 정통론적 역사 이해의 압권은 이 책 말미에 붙은 '보론 북한 현대사'이다.

교과서포럼은 뉴라이트 교과서를 출간하며 자신들의 입장을 설명하는 글에서, 현행 교과서가 북한 현대사를 대한민국의 역사와 같은 체계 내에서 쓰고 있는 것을 비판한다. 대한민국의 건국사를 북한 수령 체제의 역사와 "한 지평에서 병렬적으로 서술해서는 곤란하다."는 것이다. 그러한 이유로 북한의 역사는 '보론'의 형식으로 체제를 달리하여 책

말미에 붙였다(교과서포럼, 2008b). 이러한 방식은 조선 후기 정통론적 역사의식과 서술을 연상시킨다. 유교적 관점에서 정통론에 충실했던 사서들은 정통 국가와 비정통 국가에 대해 완전히 다른 체제를 사용하고 글자 크기도 달리해서 서술하였다.

구한말 개화파 지식인들은 역사 서술에서 나름대로 근대 사학의 형식과 방법론을 수용하면서 외형상으로 새로운 모습을 보여주었다. 그러나 정작 내용 면에서는 유교 사서의 정통론적 역사 서술을 그대로 답습한 것이 대부분이었다(조동걸, 1998: 133~135). 새롭게 근대적 역사 서술을 시도하기는 했지만, 과거와는 완전히 다른 차원의 사고방식과 방법론을 충분히 체화시키지 못했기 때문에, 정통론적 역사 서술이 여전히 강하게 남아 있었던 것이다. 21세기에 편찬된 뉴라이트 교과서에 정통론적 역사의식의 잔영이 남아 있는 것은 놀라운 일이다.

이 책이 지도자의 역할을 강조하는 것도 중세 사학의 전통을 연상시키는 바가 있다. 전통적인 기전체(紀傳體) 사서에서 가장 중요하게 취급된 것은 인물의 전기를 다루는 열전(列傳)이었다. 중세 유교 사학의 전통에서 인물에 대한 평가는 언제나 주된 관심사였다. 《해방 전후사의 재인식》의 현대사 부분에도 두드러지게 나타나 있지만, 교과서포럼의 저자들은 한국 현대사 서술에서 이승만, 박정희 대통령에 대한 평가 문제를 대단히 중시하고 이에 집착하며, 지도자 평가론을 중심으로 역사를 설명하는 경향을 보이고 있다. 근대화, 선진화를 거듭 강조하지만, 이렇듯 다른 책과 비교해볼 때 전근대적 역사 서술의 잔재가 더 많이 남아 있는 것이다.

분단의 덫

뉴라이트 교과서는 북한에 대해 확실하고도 선명한 태도를 보여준다. 이 책의 내용은 북한의 역사 서술과 완전히 다르다. 또한 역사적 평가에서 그 기준이 되고 있는 가치도 정반대라 할 수 있다. 그런데 역사를 기본적으로 사고하는 방식, 서술하는 방식은 어떠할까?

　냉전 시기 남북의 체제 경쟁, 정통성 경쟁이 치열할 때 양쪽의 교과서들은 정도의 차이는 있었지만 모두 이로부터 자유로울 수 없었다. 각자의 정통성을 강조하기 위하여 자신들의 국가를 주도했던 세력과 관련된 역사는 배타적으로 부각시키고, 상대방 국가의 건국 주도 세력과 관련된 역사는 철저히 배척하였다. 북은 임시정부를 비롯한 우익 민족주의자의 역사를 삭제하였다. 특히 유일 체제가 강화되면서 같은 공산주의자의 활동이라 해도 만주 빨치산 세력이 아닌 국내파 공산주의자와 관련된 역사는 소략하게 취급하거나 비난할 때만 언급하였다. 또한 수령 중심 사관 하에서 지도자의 역할은 당연히 크게 부각되고, 그 과오나 허물은 물론 조금도 언급되지 않았다.

　냉전과 독재정권 시기의 남한 역사 서술에서도, 대한민국 임시정부의 정통성이 강조되고 좌파 항일운동이 역사 서술에서 배제되는 반면, 집권 세력의 업적과 역할이 편파적으로 부각되었다. 그러나 남한 사회에서는 민주화가 진척됨에 따라 상당한 변화가 있었다. 교과서포럼이 비난하는 현행 교과서들은 —아직도 문제가 없지는 않지만— 북의 지배 집단과 관련된 역사적 사실 등도 언급하고, 여전히 임시정부를 중심으로 독립운동사를 서술하면서도 일제 식민지 시대 좌파 세력의 항일운동도 서술하는 등 좀 더 포용성을 갖는 방향으로 나아갔다. 또한 과거 집권 세력의 과오에 대해서도 더 많이 서술하였다. 이에 역사 서술의 방식 면에서는 북한과의 차별성을 더욱 크게 넓혀갔다.

그런데 뉴라이트 교과서는 일부 진전된 바가 없지는 않지만 다시 과거로 회귀한 듯한 인상을 준다. 강한 정통론적 역사 인식이 나타나며, 집권한 지도자의 역할이 다른 교과서에 비해 훨씬 더 강조된다. 이른바 '건국 60주년'에 발행된 책이라 그런지, 특히 이승만 대통령의 업적이 곳곳에서 강조된다. 독재정권기를 포함하여도 이토록 이승만 대통령의 활동과 업적을 부각시킨 교과서는 찾아보기 어려울 것이다. 반면에 집권한 지도자의 공적은 강조되지만 그 허물은 감추어지거나 소극적으로 언급된다. 또한 대한민국의 주류 집단과 기본적으로 같은 이념을 공유했던 보수 야당 세력에 대해서도 편파적인 서술을 한다. 다시 냉전 시대로 회귀함과 동시에 기본적인 역사에 대한 사고방식이나 서술 면에서는 오히려 북한의 역사 서술을 닮아가고 있다. 적대적이면서도 닮아가는, 이러한 난감한 현상을 어떻게 설명할 것인가?

뉴라이트 교과서는 해방 직후사 서술에서 북쪽이 먼저 분단정부 수립에 착수했다고 하면서, 여기에 맞서 남쪽도 단독정부를 수립하는 것이 불가피했다고 쓰고 있다. 이 점에 대해서는 사실 자체를 놓고 논란의 소지가 있을 수 있다. 그러나 혹시 이것을 사실이라고 인정한다 하더라도, 과연 이러한 방식의 역사 인식이 바람직한 것인지에 대해서는 한번 생각해볼 필요가 있다. 만약 소련과 북의 지배 집단이 먼저 분단정부를 수립하는 방향으로 나아갔다면, 여기에 맞서 남쪽도 분단정부를 추진하는 것이 가장 합리적인 대처 방법이었을까? 각기 다른 분단정부를 수립해서 맞대응하면, 이는 서로 상승 작용을 일으켜 분단이 불가피해지는 상황으로 치달을 수밖에 없다. 오히려 민족의 통합과, 미국과 소련의 타협을 강조하는 방향으로 가는 것이 분단을 저지하는 길이었을 것이다.

누가 먼저 잘못했느냐를 들어 잘못된 것 자체를 정당화하고 최악을 들어 차악을 정당화하는 논리에 함몰되다 보면, 무엇이 잘못되었는지에 대한 성찰과 극복은 이루어지지 않는다. 그야말로 악순환의 덫에 빠지게 되고, 양자는 잘못된 것을 공유하며 닮아가는 모습을 보이게 된다. 냉전 시기 남북한이 체제 경쟁, 정통성 경쟁 논리에 함몰되어 있을 때 자주 나타났던 현상이다.

박정희 대통령은 남북 대화 과정에서 더욱 치열해진 남북한 체제 경쟁에 효과적으로 대처한다는 명분으로 유신체제를 선포하였다. 그러나 유신체제 때의 체육관 대통령 선거는 "단수 후보", "99% 이상 찬성" 등 오히려 북한의 선거와 닮은 양상을 보였다.[4] 이것이 바로 분단의 덫이다. 탈냉전과 민주화 이후 대부분의 현행 교과서들은 이러한 덫에서 나름대로 벗어나는 모습을 보여주었다. 그러나 뉴라이트 교과서는 여전히 북한과의 체제 경쟁, 정통성 경쟁에 집착하면서 이 덫에서 헤어나지 못하고 있다. 뉴라이트 교과서는 '분단 시대론'과 '분단 체제론'에 입각해서 한국 현대사를 바라보는 것을 거듭 비판한다. 그러나 뉴라이트 교과서의 내용은 역설적으로 분단의 완고한 규정력을 잘 보여주고 있다.

---

4 유신체제 때 한 인권 단체는 '통일주체국민회의'에서 실시된 대통령 선거를 보도한 신문 기사와 반공 교과서에 있는 북한의 선거 방식에 대한 비판적 서술을 대비시켜 당시 한국 정치 현실을 풍자하는 전단을 배포했다(조갑제, 1987: 66).

참고문헌

교과서포럼, 2008a, 《대안 교과서 한국 근·현대사》, 기파랑.

_____, 2008b, 〈총서4 – 한국 근현대사 대안 교과서〉, http://www.textforum.net, 자료실.

김인걸, 1997, 〈1960, 70년대 '내재적 발전론'과 한국사학〉, 《한국사 인식과 역사이론 – 김용섭 교수 정년 기념 한국사학논총》, 지식산업사.

김학준, 1985, 〈1984년 남북경제회담에 대한 연구〉, 《한국과 국제정치》, 1권 1호.

신주백, 2008, 〈대안 없는 '대안 교과서'〉, 창비 주간논평, 4월 30일, http://www.changbi.com.

이승희, 1994, 《한국현대여성운동사》, 백산서당.

정창렬, 2001, 〈역사 인식의 주제와 역사 인식〉, 《내일을 여는 역사》, 봄·여름호.

조갑제, 1987, 《有故!》 1, 한길사.

조동걸, 1998, 《현대한국사학사》, 나남출판.

7장

뉴라이트 교과서의
친일문제 인식과 문제점

박한용

식민지 시기와 친일문제를 바라보는 눈

뉴라이트 교과서포럼의 《대안 교과서 한국 근·현대사》(이하, 뉴라이트 교과서)는 일제의 한국 지배는 "한국인의 정치적 권리를 부정한 폭력적 억압 체제"에 입각해 있었다는 것을 인정한다. 그리고 "국내외의 한국인들의 불굴의 투쟁으로 독립을 쟁취"(뉴라이트 교과서, 78쪽, 이하 쪽수만 표기)했다고 전제하고 있다. 이러한 전제 자체는 타당하다. 그러나 이 표현은 자신들의 뉴라이트 교과서를 한국 검인정 교과서로 통과시키기 위한 상투적인 수사에 지나지 않는다. 실제 이들의 식민지 역사 인식은 다음과 같기 때문이다.

뉴라이트 교과서 관계자들은 현행 검인정 국사 교과서가 지나치게 민족주의 관점에 서 있어서 역사를 객관적으로 보지 못하고 편견에 입각해 서술하고 있다고 맹비난한다. 그 결과 민족 감정에 치우쳐 일제 식민지 시기 항일운동을 실제보다 과장해서 서술하고 있다며, 있는 그대로의 사실을 서술해야 한다고 주장한다.

그러나 이 주장은 대단히 잘못된 것이다. 항일운동은 과장되기는커녕 실제 사실보다 훨씬 덜 밝혀져 있다는 것을 먼저 알아야 한다. 또 교과서포럼의 주장대로 "민족적 편견에서 벗어나 사실 그대로" 서술하자면─한국인이기 때문에 한국인을 미화할 필요가 없다면─극렬 친일파들이 일제에 빌붙어 항일운동을 악랄하게 탄압한 사실과 해방 이후, 특히 대한민국에서 이들이 어떻게 기득권을 계속 이어왔는지 마땅히 서술해야 한다. 그러나 그들은 항일운동을 악랄하게 탄압한 행위에 가담한 자들의 죄행을 제대로 기술하지 않고 있으며, 오히려 이들을 은폐 또는 미화하고 있다.

사실 항일운동사는 그들의 관심사가 아니며, 항일운동사에 대해 잘 알지도 못한다. 뉴라이트 교과서의 항일운동사 관련 서술을 보면 사실들을 이리저리 나열하고 있으나, 기초적인 사실 오류는 물론 서술 방식이나 서술 체계, 그리고 각각의 항일운동의 성격과 의의에 대한 평가 등이 차마 '교과서의 대안'이라고 하기 민망한 수준이다. 미안한 말이지만, 항일운동사에 관한 한 고치느니 새로 쓰는 게 낫다고 해도 지나친 말이 아니다.[1]

교과서포럼은 현행 교과서는 일제가 식민지 민중에게 억압과 수탈을 자행했다고 서술하고 있으며, 이 또한 민족적 편견에 입각해 사실을 왜곡하거나 과장한 것이라고 강력하게 비판하고 있다. 이들은 일제 식민 통치 시기가 '억압과 투쟁의 역사'만은 아니었으며, 일제 식민 통치의 '의도하지 않은 효과'와 한국인 자신들의 노력에 의해 "근대문명을 학습하고 실천함으로써 근대국민국가를 세울 수 있는 사회적 능력이 두텁게 축적되는 시기"(78쪽)였다고 새롭게 규정한다. 본문 또한 이 부분에 초점을 맞추고 매우 많은 비중을 두어 서술하고 있다.

예를 들면 뉴라이트 교과서의 필자들은 일제가 '민사령(民事令)'을 통해 개인의 인격적 존엄과 자유로운 행위, 그리고 자본주의에 입각한 경제활동을 조선인에게도 전면적으로 보장했다고 주장한다(84쪽). 일제 식민 통치 당국의 공권력에 기초한 폭력적 수탈은 존재하지 않았으며, 순수하게 자본주의 경제 교환 관계, 즉 시장 논리에 입각한 교환을 통해 부의 이동이 있었을 뿐이라고 역설한다. 뿐만 아니라 일제는 식민지에 막대한 투자(개발 또는 근대화)를 했지만, 식민 통치 기간이 짧았기 때문에 오히려 일제가 이익 대신 손해를 보았다는 놀라운 의견을 내놓고 있다.[2]

한편 조선인들은 이러한 일제의 근대화 시책에 힘입어 생활수준이 향상되었으며, 일제의 정책에 잘 적응해 훗날 대한민국 발전의 역사적 기초―근대화 역량 축적―를 이 시기에 이루었다고 주장한다(98쪽). 한마디로 식민지 시기를 대한민국이라는 우량아가 일제 식민지라는 뱃속에서 영양 공급을 잘 받으며 무럭무럭 자라나던 '대한민국의 임신 기

---

1 뉴라이트 교과서는 일제 식민지 시기 경제사에 대해서는 현행 고등학교 교과서 수준을 능가하는, 나름의 체계성을 갖춘―비록 동의할 수 없는 내용이지만―서술 형태와 내용을 취하고 있다. 그러나 독립운동사(항일운동사) 부분은 체계가 없고 사실과 다르며 빈약하기 짝이 없다. 교과서 서술은 균형과 통일성이 중요하다. 그런데 뉴라이트 교과서에서는 경제사 서술과 운동사 서술이 가치관에서 서로 충돌하고 있고, 내용 또한 불균형적이다. 왜 그들이 역사 교과서를 쓸 수 없는지는 스스로 알아야 한다.

2 뉴라이트 교과서에 차마 이렇게까지 쓰지는 못했지만, 교과서포럼의 핵심을 이루는 서울대 경제학과 교수 안병직의 제자들이 주축이 된 낙성대경제연구소가 공공연하게 이런 입장을 취하고 있음은 이미 잘 알려져 있다.

간'으로 보고 있는 셈이다.

결국 뉴라이트 교과서는 일제의 민족 차별과 폭력적 억압의 실상 대신 일제 식민 통치의 근대적 효과와 그 성과에 주목하면서, 사실상 '식민지 근대화론'이나 '제국주의 시혜론'에 입각해 식민지 시기를 서술하고 있는 것이다. 일제 식민 통치마저 미화하는 마당에 일제의 하수인인 친일파에 대해 이 책이 비판적 시각에서 타당한 서술을 하기란 난망하다 하겠다. 오히려 이 책은 친일파들을 일제의 식민 통치와 식민지 근대화 과정에 잘 적응해 근대적 능력을 배양하고, 대한민국 발전의 초석을 놓은 '근대화 선구자'로 둔갑시키고 있다.

예를 들면 식민지 근대화론에 입각해, 친일 행의를 "근대문명을 학습하고 실천함으로써 근대국민국가를 세울 수 있는 사회적 능력이 두텁게 축적되는 시기"의 실천 활동으로 해석할 길을 만들어주고 있다(78쪽). 특히 지식인, 관료, 자본가 계층의 친일 행위를 근대화 역량의 축적과 건국 후 대한민국 발전의 초석을 마련한 행위로 정당화하고, 심지어 이들이 대한민국의 눈부신 성장에 견인차 역할을 했다는 식으로 묘사하고 있다. 대한민국이라는 우량아의 DNA 핵심이 바로 이들이라는 양 말이다.

이들의 논리대로라면 식민지 시기에 '항일은 독립 쟁취, 친일은 건국 역량 준비'라는 기괴한 도식이 성립한다. 서로 적대 개념인 항일과 친일이 둘 다 국가 건설을 위한 '애국 활동'이 되는 것이다. 아니, 사실 이들은 근본적으로 '근대화·경제 성장=문명화'라는 시각에서 역사적 사실들을 해석하기 때문에 항일보다는 친일에 보다 높은 가치를 부여하고 있다는 생각을 도저히 지울 수 없다.

일제 식민지 시기를 경제가 성장하고 조선인의 생활이 향상된 시기라고 보는 한, 이들의 입장에서 항일운동은 근대화의 걸림돌이 아니라고 말할 수 있을까? 일제가 '문명화'에 쓸 비용을 '항일 세력'이 괘씸하게도 소모했으니, 마땅히 이들은 항일운동을 비난해야 자신들의 입장에 충실한 것이 아닐까?

참고로 '뉴라이트의 대부'라는 안병직 전 서울대 경제학과 교수가 몇 년 전 국내 유력 극우 일간지에 "한국 현대사에서 민주화 운동은 (경제상 비용 손실만 초래하여) 산업화·경제 성장의 걸림돌"이었다고 언급한 사실을 기억할 필요가 있다. 이런 논법을 일제 식민지 시기에 적용하지 말라는 법이 없는 것이다.

물론 뉴라이트 교과서가 친일을 노골적으로 정당화하고 있지는 않다. 친일문제를 언급하지 않는 것도 아니다. 최남선, 이광수, 홍난파 등의 친일 활동과 일제 말기, 이른바 '전시총동원체제기'에 각계각층의 조선인들이 전쟁 협력 행위에 가담한 사실을 제법 비중 있게 서술하고 있기 때문이다.

예를 들면 최남선을 소개하면서 "1927년 조선사편찬위원회의 촉탁이 되었고('1928년 조선사편수회의 촉탁이 되었고'라고 해야 맞다-인용자), 1939년 만주국 건국대학의 교수로 부임하였다(1938년에 건국대학 교수가 되었다-인용자). 귀국 후 1943년 학도병 지원을 권유하는 강연 활동을 하였다. 해방 후 반민특위의 재판에 회부되었다."(110쪽)고 객관적인 사실을 기술한다. 홍난파가 수양동우회 사건 이후 "총독부의 정책에 동조"(110쪽)한 친일 행적 관련 사실도 밝히고 있다.

이광수에 대해서도 본문에서 "그리하여 과거 민족주의 활동으로 이름 높던 많은 지도적 인사가 일제의 침략 전쟁을 지지하는 협력자가 되었다. 대표적으로 이광수(李光洙)는 한국인이 일본인이 되어 전쟁에 적극 협력하는 길만이 살길이라는 신념에서 신문과 잡지에 글을 쓰고, 국 방헌금과 학도출병을 권유하였다."고 기술하고 있다. 또 본문 옆에 이 광수를 독자적으로 설명하는 박스에 "1905년 일진회의 추천으로 일본 으로 유학(…) 1937년 동우회 사건으로 투옥되었다가 반년 만에 병보 석으로 출감. 이때부터 본격적인 친일 활동을 전개하여 1939년에 친일 어용단체인 조선문인협회 회장이 되었다. 해방 후 반민특위의 재판에 회부되었다."(132쪽)고 서술하고 있다.

전시총동원체제를 설명하면서 일제에 대한 조선인 지도층과 일반 민중, 그리고 각 분야의 일제에 대한 협력 행위를 다루고 있기도 하다. 현행 검인정 교과서보다 어떤 면에서는 더 상세하게 설명하고 있는 부 분도 있다(132쪽).

그러나 이러한 인물들의 친일 행위를 서술하고 있다고 해서 이 책이 친일문제를 역사적으로 제대로 해명하고 있느냐는 별개의 사안이다. 특정한 몇몇 사람들의 친일 행적만 언급했을 뿐 일제 강점기 전반에 걸 쳐 친일문제를 구조적 또는 역사적인 관점에서 접근하고 있지 않기 때 문이다. 뉴라이트 교과서의 필자는 해방 후 이광수가 "나는 민족을 위 해 친일"했다는 변명을 소개하면서, 이를 '친일 내셔널리즘의 역설'이 라고 설명하고 있다(145쪽). '친일'과 '내셔널리즘'이라는 정반대의 용 어를 자의로 결합시켜서 친일문제의 본질마저 흐리고 있는 것이다.

특히 기업인들의 친일 행위에 대해서는 아예 외견하거나 심지어 미 화하고 있다는 점에서, 친일문제에 대한 뉴라이트 교과서 필자들의 인 식이 대단히 편향되어 있거나 심각한 문제가 있다는 것을 알 수 있다.

전시총동원체제 아래 있던 조선인들의 각종 전쟁 협력 행위에 대한 기술도 자세히 살펴보면, 친일파에게 면죄부를 주려는 의도가 역력히 드러난다. 일제 말 조선인 지도자나 민중 대다수가 일제에 협력할 수밖에 없었다는 상황론에 입각해 '친일 불가피론'을 내세우고 있기 때문이다.

또 일제에 적극 협력하고 전쟁 동원에 앞장선 친일파들과, 일제의 물자 수탈과 인력 수탈의 대상이 된 일반 조선인들 모두 일제의 침략 전쟁에 자발적이든 강제적이든 '협력'했다는 식으로 서술해, 과거 친일파들의 단골 변명인 '전민족 친일공범론'을 답습하고 있다. 이는 가해자인 친일파와 피해자인 조선 민중을 모두 일제에 협력했다는 식으로 한데 묶음으로써 사실상 친일파에게 면죄부를 주고 있다.

더구나 일제 식민 통치와 침략 전쟁에 앞장선 이들을 대한민국 발전의 주역이라 보고 있기 때문에 '친일미화론=친일파 건국기 여론'마저 그 속에 품고 있다. 이러한 입장은 최근 이들이 주창하고 있는 '건국절 제정' 주장에서도 뚜렷하게 드러나고 있다. 그러면 뉴라이트 교과서의 친일문제 인식에 대해 구체적으로 살펴보기로 하자.

기업인의 친일 행위를 어떻게 서술하고 있는가

뉴라이트 교과서는 기업인의 친일 행위에 대해서는 아예 외면하고 있다. 오히려 이들의 친일 행위조차 "조선인 기업의 성장" 또는 "한국 경제 성장의 동력"으로 미화하고 있다. 이는 일제 강점기 대표적인 조선인 기업이었던 경성방직과 화신(和信)에 대한 다음 서술에서 더욱 두드러진다. (밑줄은 인용자)

식민지의 경제 발전은 일본인과 일본 자본이 주도하였지만, 한국인과 한국인 자본이 배제된 것은 아니었다. 한국인 상인과 기업가 중에는 경제 환경의 변화에 잘 대응한 자도 많았다.

한국인 공장은 대체로 종업원 50명 미만의 영세한 규모였다. 법인으로 등록된 회사 자본 가운데 한국인 자본 비중은 10% 정도에 불과하였다. 일본인 공장과 기업은 그 규모가 월등하였다. 그러나 불리한 여건에도 한국인 상공업자들은 공장을 건설하고 시장을 개척하는 수완을 발휘하였다. 경성방직과 화신은 면방직업과 백화점 부문에서 일본인 기업과 치열한 경쟁에서 살아남아 대기업으로 성장하였다. 평양 일대에서는 한국인 자본이 주도하는 양말·메리야스 공업과 고무신·신발 공업이 발달하였다(99∼100쪽).

경성방직주식회사

전시기에는 원료의 조달에서 제품의 판매에 이르기까지 통제가 심해졌으나, 공정가격이 업체에 유리하게 책정되어 고수익을 올렸다. 전시통제로 사업 확장의 기회가 막히자 이전부터 제품의 중요 수출시장이던 만주로 진출하였다. 1939년 말 남만주방적주식회사를 100% 지분의 자회사로 설립하였다. 이는 한국 최초의 본격적인 자본 수출이었다. 경성방직은 한국 최초의 근대적 대공업이자, 지주자본이 산업자본으로 성공적으로 전환한 대표적 사례를 이루었다. 그를 통해 양성된 인력은 해방 후 한국 면방직 공업 발전에 중심적인 역할을 담당하였다(99쪽).

뉴라이트 교과서의 주장대로 경성방직의 사장 김연수는 정말 "경제 환경의 변화에 잘 대응한 자"로서 "불리한 여건에도 공장을 개척하는 수완"을 발휘해 조선인 경제 성장의 신화를 이루었을까? 또 김연수의 형이자 경성방직의 창립자인 김성수를 "1919년 경성방직회사를 창설하여 민족자본을 육성"한 인물로만 자리매김할 수 있을까? 1939년 말 경성방직이 남만주방적주식회사를 100% 지분의 자회사로 설립한 사실을 두고, "한국 최초의 본격적인 자본 수출"이며, 경성방직은 "한국 최초의 근대적 대공업이자, 지주자본이 산업자본으로 성공적으로 전환한 대표적 사례"로만 평가해도 괜찮은 것일까? 경성방직을 통해 양성된 인력은 해방 후 "한국 면방직공업 발전에 중심적인 역할을 담당"하였다고 그 '역사적 의미'를 정리하는 것이 과연 역사 교과서 서술로 충분한 것인가?

역사학이란 다양한 사실들을 인과적으로, 시간적으로 종합 서술하는 학문이다. 그리고 여기에는 인문과학적 가치 개념이 반드시 필요하다. 사회란 서로 다른 가치관과 욕망과 이익 추구가 충돌하는 공간이다. 누군가의 사소한 이익이 다른 사람에게는 치명적 피해가 될 수 있다. 때문에 역사가는 이러한 사회 현상을 자신의 역사관—인간과 사회에 대한 가치관—의 기초 위에서 재구성한다. 그것은 당시 역사적 상황과 엄밀한 사실의 기초 위에서, 그리고 인과의 사슬 위에서 인간이 추구할 길을 모색하는 것이기도 하다.

경성방직이 경제 성장에 일조하고 그 인력이 해방 후 대한민국 면방직공업에 크게 기여한 것은 사실이다. 그러나 경성방직이 어떻게 해서 일제 강점기에 "눈부신 성장"을 했는지, 그리고 "그 눈부신 성장"의 성격은 어떤 것인지를 제대로 밝혀야 할 것이다. 식민지 시대를 경제 성장사란 시각으로만 보아서는 매우 부분적이며, 그 역사적 평가도 매우 위험할 수 있기 때문이다.

사실 1920년대를 지나 1930년대 중반, 특히 중일전쟁으로 나아가면서 경성방직의 성장은 '민족기업으로서의 고난 어린 발전'이라기보다는 그 사주(社主)인 김성수와 김연수 형제의 열성적인 친일 행위에 크게 힘입었다.

뉴라이트 교과서가 "한국 최초의 본격적인 자본 수출"로 높이 평가하는 경성방직의 자회사 남만주방적주식회사는 1939년에 설립되었다. 만주를 무대로 경성방직이 비약적인 발전을 한 것이다. 그러나 남만주방적회사의 설립과 비약적인 발전은, 이 시기 김연수의 다음과 같은 엄청난 친일 행적과 이력을 같이 대비하면서 평가해야 할 것이다.

김연수의 친일 행적[3]

- 1937년 – 국방헌금 1만 5천 원 및 북중국 주둔 일본군에 위문금 5천 원 헌납(1937. 7). 경기도 애국기 헌납 발기인(1937).
- 1938년 – 조선총독부 물가위원회 위원(1938. 8). 조선총독부 시국대책조사회 위원(1938. 8). 조선방공협회 경기도연합지부 평의원(1938. 9). 육해군 국방헌금 10만 원 헌납(1938. 10). 경성군사후원연맹에 후원금 3천 원 헌납(1938. 11).
- 1939년 – 경성부 지원병후원회 이사(1939. 2). 조선총독부 조선중앙방공위원회 임시위원(1939. 4). 조선산금협의회 위원(1939. 4).

---

3 다음 자료를 참고해 정리했다. 《朝鮮人事興信錄》; 宇津木初三郎, 《全羅北道發展史》(1928. 2); 萩森茂, 《京城과 仁川》(1929. 12); 朝鮮紳士錄刊行委員會, 《朝鮮紳士錄》(1931); 民衆時論社, 《朝鮮都邑大觀》(1937); 田上征夫 著, 《咸南都市大觀》(1938. 6); 《京都帝國大學一覽(1914~1942)》(京都帝國大學, 1914. 12~1943. 3); 梁村奇智城 編, 《躍進之西鮮－平安南道大觀》(1940. 1); 《朝鮮年鑑》(1940, 1941, 1942, 1943, 1944, 1945); 《每日申報·每日新報》(1941. 9. 12, 1942. 5. 30, 1943. 7. 22); 《京鄕新聞》(1949. 1. 22); 《秀堂 金秊洙》(秀堂紀念事業會, 1971. 11); 《秀堂 金秊洙》(주식회사 삼양사, 1985. 10); 《한국근대기업의 선구자 수당 김연수 선생 일대기》(수당 김연수 선생 전기편찬위원회, 1996. 8); 《일제협력단체사전》(2004)

국민정신총동원조선연맹 이사(1939. 5). **경성 주재 만주국 명예총영사**(1939. 6). 한성은행 취체역(1939. 7, 1940. 8). 배영동지회 상담역(1939. 7). 조선총독부 조선중앙임금위원회 위원(1939. 11). **남만방적주식회사 사장**(1939. 12).

- 1940년 – 조선총독부 국토계획위원회 위원(1940. 10). 일본 도쿄에서 열린 기원 2600년 기념축전에 참석(1940. 11. 10). 조선방적 이사장(1940). 기원2600년축전기념장(1940. 10).

- 1941년 – 국민총력운동금 3만 원 헌납(1941. 1). 동아경제간담회조선위원회 위원(1941. 3). 중추원 참의(칙임관대우, 1941. 5. 12~1944. 5. 11). 국민총력조선연맹 이사(1941. 5, 1943. 9, 1944. 6). 흥아보국단 준비위원(1941. 8) 및 상임위원 겸 경기도위원(1941. 8). 임전대책협의회 채권가두유격대 참여(1941. 9). 민규식(閔奎植)·박흥식(朴興植) 등과 함께 임전보국단비 20만 원 공동 헌납(1941. 9. 11). 임전보국단 발기인(경성) 겸 상무이사(1941. 10). 경성상의(京城商議) 의원(1941. 11). 조선방송협회 상무이사(1941. 12). 조선사회사업협회 이사(1941).

- 1942년 – 일본군용기 구입비 10만 원 헌납(1942. 1). 매일신보사 상임취체역(1942. 3). 경성부사회사업협회 이사(1942. 4). 미나미(南次郎) 총독이 이임하자 〈좀 더 모시고 싶었다〉라는 제목의 담화를 매일신보에 발표(1942. 5. 30). 국민총력조선연맹 후생부장(1942. 11). 동경 명치대학에서 학병 권고 강연(1942). 동광생사주식회사 취체역(1942). 조선방적공업조합 조합장(1942).

- 1943년 – 민규식·박흥식 등과 함께 반도청년의 연성(鍊成)을 위한 기관 설치비를 위해 청소년 연성비로 각각 5만 원씩 국민총력조선

연맹에 헌납(1943. 7. 21).

- 1944년-**조선비행기공업주식회사 설립 참여**(1944. 8). 조선항공공업주
식회사 발기인 및 대표(1944. 9). 경기 도상공경제회설립위원
회 위원(1944. 9). 선배격려단 간부(1944. 11).
- 1945년-조선국민의용대 참여(1945). 매일신보이 〈감격의 징용제 실시〉
발표(1943. 8).

요컨대 경성방직 또는 남만주방적회사의 눈부신 성장은 전시체제기 특급 친일파의 하나로 꼽기에 주저할 필요가 없는 김연수의 친일·반민족 행위와 밀접한 관계가 있었다. 그 사장인 김연수가 남만주방적회사 설립 전후에 만주국명예총영사라는 직위를 가지고 있었고, 1941년 친일파의 '전국구 대표 조직'이라 할 중추원의 참의가 된 것도 결코 우연의 일치가 아니었다.

일제의 침략 전쟁과 조선인 강제 동원에 적극 협력한 대가로 경성방직은 성장했고, 남만주방적회사를 만주에 설립할 수 있었다. 경성방직의 입장에서 일제의 침략 전쟁과 영토 확장은 시장 확대였고, 일제의 패망은 시장 상실을 뜻했다. 만주를 시장으로 한 남만주방적회사의 운명 또한 일제와 공동 운명에 있었다. 일제와 공동운명체, 그것이 남만주방적회사의 본질이었다.

이것이 뉴라이트가 말하는, 사주 김연수가 "불리한 여건에도 공장을 개척하는 수완"이었고, "민족자본"으로 불리던 경성방직의 실상이었다.

뉴라이트 교과서가 경성방직과 함께 자랑하고 있는 화신기업의 사주 박흥식(朴興植)의 친일 행적도 살펴보기로 하자. 이 책은 화신이 "일본인 기업과의 치열한 경쟁"으로 살아남았다고 했다. 그 '치열한 경쟁'

의 실상은 무엇이었을까? 박흥식의 행적을 살펴보면 자연 드러난다.

박흥식의 친일 행적[4]

- 1937년 – 경성보호관찰소 촉탁보호사(1937. 7. 12~1939). 국방헌금 5천
  원을 종로경찰서에 헌납(1937. 7. 27). 조선 신궁을 중심으로
  일본 정신을 발양하여 국운의 융창을 도모하는 한편, 국가안
  태무운장구(國家安泰武運長久)의 기원제를 거행하고자 조선
  인 유지 26명이 발기하여 조직한 기원제거행준비회 발기인
  (1937. 8. 23). 경기도애국기헌납발기회 참석(1937. 9). 애국경
  기호 헌납기성회 집행위원(1937. 9).
- 1938년 – 국민정신총동원조선연맹 발기인(1938. 7) 겸 이사(1938. 7.
  1939. 5). 조선총독부 물가위원회 위원(1938. 8. 19). 조선총독
  부 시국대책조사회 위원(1938. 8. 27). 조선방공협회 경기도연
  합지부 평의원(1938. 9).

---

4 참고자료는 다음과 같다. 《朝鮮總督府官報》; 《朝鮮功勞者名鑑》; 《朝鮮靑年成功錄》(朝鮮總督部學務局, 朝鮮敎
育會, 1927. 12); 萩森茂, 《京城과 仁川》(1929. 12); 民衆時論社, 《朝鮮都邑大觀》(1937); 田上征夫 著, 《咸南都
市大觀》(1938. 6); 梁村奇智城 編, 《躍進之西鮮－平安南道大觀》(1940. 10) 朝鮮新聞社, 《光榮錄》(1941); 《皇紀
2600年 記念誌 興亞日本建國史(朝鮮銃後奉公錄)(日本同盟通信社, 1941. 9); 《朝鮮年鑑》(1940, 1942, 1943,
1944, 1945); 《大衆人事錄(朝鮮)》(帝國秘密探偵社, 1943. 11); 《三千里》, 제4권 제2호(1932. 2), 제4권 제8호
(1932. 8), 제5권 제10호(1933. 10), 제7권 제3호(1935. 3), 제7권 제10호(1935. 11), 제8권 제1호(1936. 1), 제9
권 제4호(1937. 5), 제9권 제5호(1937. 10), 제10권 제8호(1938. 8), 제10권 제10호(1938. 10), 제12권 제8호
(1940. 9), 제12권 제10호(1940. 12), 제13권 제3호(1941. 3), 제13권 제11호(1941. 11); 《朝光》, 제4권 제3호
(1938. 3), 제7권 제1호(1941. 1), 제8권 제2호(1942. 2), 제8권 제12호(1942. 12); 《新時代》, 제7집(1941. 7); 《朝
鮮實業俱樂部會報》, 제165호(1938. 7); 《朝鮮實業》, 제20권 제5호(1942. 5); 해방 전 《동아일보》, 《조선중앙일
보》, 《조선일보》, 《부산일보》, 《매일신보》의 관련 기사; 《서울신문》(1946. 2. 28, 4. 27, 1949. 1. 11, 9. 27); 《平
和新聞》(1949. 4. 23); 《聯合新聞》(1949. 4. 23); 《民族正氣의 審判》; 《親日派群像》; 《反民者罪狀記》; 《反民者
大公判記》; 《反民特委裁判記錄(朴興植篇)》; 《大韓民國人事錄》; 《大韓民國建國十年誌》; 《大韓民國人物年鑑》;
《1962年版 現代朝鮮人名辭典》(世界ジャナル社, 1962. 8); 《和信四十年史》(화신40년사편찬위원회, 1966. 12);
《現代韓國人名辭典(合同年鑑 67年版)》(合同通信社, 1967. 1); 《平安道人名鑑》(平安南道民名鑑編纂事業會,
1973. 11); 《財界回顧2(朴興植篇)》(한국일보사 출판국, 1981. 10); 《일제협력단체사전》(2004)

- 1939년 – 경성부지원병후원회 이사(1939. 2). 배영동지희 상담역(1939. 7) 및 배영동지회연맹 상담역(1939. 8). 조선중앙임금위원회 위원(1939. 11. 2~1943). 종로경찰서신축기성회비 5만 원 기부(1939).
- 1940년 – 경성경제통제협력회 상임이사(1940. 6). 기계화국방협회 조선지부 이사(1940. 7). 일본 도쿄에서 열린 기원 2600년 기념축전에 참석(1940. 11. 10). 충남 부여에 신궁을 건설하자 신궁조영근로봉사단으로 참여한 후(1941. 1. 9). 〈부여성지(扶餘聖地) 근로봉사기(勤勞奉仕記)-부소산성지(扶蘇山城趾)와 내선사실(內鮮史實)〉을 기고(삼천리, 1941. 3). 국민총력조선연맹 이사(1941. 5, 1943. 9, 1944. 6). 흥아보국단 (설립)준비위원회 준비위원 및 상임위원(1941. 8. 24). 흥아보국단 경기도위원(1941. 8. 24). 임전대책협의회 위원(1941. 8. 25). 삼천리사 주최 임전대책협의회 대좌담회에 참석(1941. 8. 25). 임전대책협의회 채권가두유격대 참여(1941. 9. 7) 민규식·김연수 등과 함께 임전보국단비 20만 원 공동 헌납(1941. 9. 11). 매일신보에 〈사명 완수에 매진〉이라는 담화 발표(1941. 9. 26). 임전보국단 준비위원으로 임전보국단 결성에 앞서 각지 순회강연대의 연사로 고원훈(高元勳)과 함께 평양에서 임전보국단의 사명을 역설(1941. 10. 13). 임전보국단 발기인(경성) 및 상무이사(1941. 10). 일본의 태평양 전쟁 개건에 맞추어 '실업계는 오로지 일본 정부의 정책에 전적 신뢰를 가지고 적극적으로 협력하며 필승불패의 신념 하에 모든 것을 국가제일주의로 매진할 일대 각오를 공고히 해야 한다'는 내용의 담화 발표

(1941. 12. 8). 화신주식회사·화신상사주식회사 및 동사 종원업 등이 갹출한 국방헌금 3만 원을 박흥식이 대표로 종로경찰서에 헌납(1941. 12. 23). 조선사법보호위원회 산하 경성사법보호위원회 위원(1942. 3). 미나미 총독이 이임하자 〈영원히 못 잊을 자부(慈父)〉라는 제목의 담화를 매일신보에 발표(1942. 5. 30). 매일신보에 〈민심의 동향은 어떤가〉라는 제목으로 조선인들의 민심에 관한 담화 발표(1942. 7. 1). 신시대사 주최 '징병제 실시의 의의와 반도의 책무를 말한다'라는 좌담회 참석(1942. 7). 도죠(東條英機) 일본 수상의 초청으로 동경에서 개최된 전일본산업경제감담회에 조선인 대표로 참석 및 일본 천황 알현(1942. 12. 15). 일본 천황 알현 후, 매일신보에 〈배알의 광영의 감읍〉이라는 제목의 담화 발표(1942. 12. 16). 매일신보 감사역(1943. 1~). 민규식·김연수 등과 함께 반도 청년의 연성을 위한 기관 설치비를 위해 청소년 연성비로 각각 5만 원씩 국민총력조선연맹에 헌납(1943. 7. 21). 국민총력조선연맹 연성부 연성위원회 위원(1943. 9). 매일신보에 〈배알 일주년(拜謁 一週年)-지성(至誠)으로 봉공(奉公)〉이라는 담화 발표(1943. 12. 17). 국민총력경기도연맹 참여(1943). 국민총력경성부연맹 이사(1943). 경성 종로 관내 유지들이 조직한 종로총궐기위원회 위원(1944. 3. 6). 매일신보에 〈새총독에게 기대-생산 증강의 적극화〉라는 제하의 담화 발표(1944. 8. 4). 조선비행기공업주식회사 설립위원장 및 사장(1944. 8. 17, 설립 인가; 1944. 10. 2, 설립). 국민동원총진회 감사(1944. 9. 24). 경성사법보호위원회 참여(1944). 식량협회 조선지부 이

사(1944). 재단법인 기계화국방협회 조선본부 이사(1944). 대화동맹 심의원(1945. 2. 11). 매일신보에 〈대조를 받자옵고 — 광영을 빛내오리, 발분정려 성은에 봉부〉라는 저하의 담화 발표 (1945. 4. 5). 조선비행기공업학교(광산 상업학교의 개편) 설립 (1945. 4). 대의당 위원(1945. 6. 24). 〈흔포상〉 기원 2600년 축전기념장(1940. 10).

화신은 사주인 박흥식이 총독부 지배 권력에 철저하게 영합하고 그 시책에 앞장섬으로써 자본 축적과 기업 성장을 이룰 수 있었다. 도를 넘은 친일 행위 때문에, 대한민국 정부 수립 후 그는 반민족행위처벌법 제4조 7항 '비행기·병기·탄약 등 군수공장을 경영한' 죄로 첫 번째로 연행, 구속되기도 했다.

물론 뉴라이트처럼 민족적 관점을 버리고 인간의 합리적 이기심만 따르자면, 박흥식의 행위는 적절하게 시의(時宜)에 부합한 것으로만 쓸 수도 있겠다. 기실 뉴라이트가 민족주의 관점을 비판하는 것도 이 때문이다. 일제 시기를 근대화 또는 경제 성장의 역사라고, 근대화 역량이 축적된 시기라고 주장하기 위해서는 민족이라는 거추장스러운 틀을 버려야 하기 때문이다.

그러나 일제 식민지 시기 정치, 경제, 사회, 문화 등 여러 현상에서의 변화를 식민지라는 특성을 외면하고 '자본주의화=근대화'라는 등식으로만 보아서는 곤란하다. 그 안에는 지배 민족인 일본 민족이 있었고, 피지배 민족인 조선 민족이 있었기 때문이다. 특히 조선총독부의 민족차별정책은 최후에는 민족 말살로까지 나아갔다. 적어도 식민지에서 민족차별문제는 제국주의 식민지 지배의 본질을 알 수 있는 핵심 요소이다.

자기 국가가 없다는 것은 자본가에게도 불행한 일이다. 백산상회의 사주인 안희제는 평생 독립운동을 전개하다 기업은 망하고 그 자신도 투옥되어 고문을 당하다 순국했다. 반면, 일제에 협력한 김연수나 박흥식은 출세하고 그 기업은 성장했다. 이것이 식민지의 조선인 자본가가 대면한 현실이었다.

뉴라이트는 일제 식민지 지배 아래서도 조선총독부는 한국인에게 경제 활동의 자유를 배제하지 않았으며, 조선인 자본 비율이 어려운 여건 속에서도 10% 이상 존재했다는 사실을 들어 한국인의 노력을 높이 평가한다. 그러나 이는 일본 제국주의가 조선을 강제로 식민지로 만들지 않았다면, 조선인 자본 비율은 10%가 아니라 그보다 훨씬 높았을 것이라는 상식을 외면하고 있다. 조선이 식민지가 아니었다면 경성방직과 화신은 친일·반민족 행위나 불필요한 국방 헌납을 하지 않고 기업의 자기 성장만 추구할 수 있었을 것이다. 백산상회와 안희제 선생이 겪어야 했던 '식민지 비극'은 일어나지도 않았을 것이다.

정상적인 '대안 교과서'라면 화신이나 경성방직의 성장만을 높이 칭송할 것이 아니라, 마땅히 이러한 경제 성장이 이들 사주(社主)의 도를 넘은 친일 행위와 이로 인한 조선 민중의 희생의 대가였음을 같이 서술해야 할 것이다.

그럼에도 교과서포럼은 이러한 역사의 진실은 외면하고 오로지 자본의 성장 그 자체만을 주목한다. 기업의 성장을 위해서는 어떠한 공공의 책임성도 필요 없는, 오로지 자본의 증식만이 목적인 "영혼 없는 자본가"가 교과서에서 가르쳐야 할 기업인의 상이라면 문제가 아닐 수 없다. 경성방직이나 화신은 민족자본이라기보다 정경 유착―그것도 제

국주의 권력과―과 모럴 해저드를 기축으로 한 한국 자본주의의 천민
성의 출발을 보여주고 있다. 오늘날 정경 유착과 불법 운영으로 물의를
빚는 한국의 재벌들이 왜 뉴라이트 교과서를 적극 응원하는지 헤아리
고도 남음이 있다.

일제 말 친일문제에 대한 인식

뉴라이트 교과서는 '국내의 전쟁 협력과 저항'이라는 항목을 통해 일제
말(전시총동원체제기)의 친일('친일' 대신 '전쟁 협력'이란 용어를 사용하고
있음) 양상을 서술하고 있다. 집필진도 친일문제를 의식하고 서술하려
고 했음은 분명하다. 그러나 여기에도 문제가 있다. 다음 글을 살펴보
자. (밑줄은 인용자)

> 국내에서 총독부의 폭압적인 전시동원정책에 대해 한국인이 정면으로 대
> 항하기는 어려웠다. 1937년 총독부는 안창호 계열의 온건한 민족인사
> 180여 명을 검거하여 혹독한 고문을 가하고 재판에 회부하였다(동우회 사
> 건). 총독부는 약간의 민족적 색채를 띤 단체나 활동도 여지없이 탄압했
> 으며, 이에 한국인들은 어쩔 수 없이 일제의 폭력에 굴종하였다. 다른 한
> 편, 만주사변 이래 일제가 계속 전쟁에 승리하자 많은 한국인은 점차 독
> 립의 희망을 잃어갔다. 나아가 그들은 일제의 침략 전쟁에 협력하면 이제
> 까지의 차별을 벗어날 것으로 기대했다.
> 그리하여 과거 민족주의 활동으로 이름 높던 많은 지도적 인사가 일제의

침략 전쟁을 지지하는 협력자가 되었다. 대표적으로 이광수(李光洙)는 한국인이 일본인이 되어 전쟁에 적극 협력하는 길만이 살길이라는 신념에서 신문과 잡지에 글을 쓰고, 국방헌금과 학도출병을 권유하였다. 그 뒤를 이어 대부분의 유명한 교육자, 기업가, 문학가, 음악가, 미술가, 무용가들이 같은 활동을 하였다. 종교계도 일제에 협력하였다. 신사참배를 거부하면 폐교하겠다는 총독부의 협박에 대부분 기독교계 학교는 신사참배를 수용했지만, 주기철, 손양원 목사 등과 같은 소수의 기독교인들은 신사참배를 끝까지 거부하였다.

보통의 한국인들도 강제적으로 또는 자발적으로 전시체제에 참여하였다. 황민화 교육이 한창이던 전시기에 수많은 한국인 학생이 각급 학교에 다투어 진학하였다. 졸업생들은 전시공업화 정책으로 늘어난 국내외 일자리에 취업하였다. 하급직의 관료와 회사원은 징집된 일본인들이 떠나면서 남긴 자리를 이어받았다.

상공업자들은 1943년 전반까지 계속된 전시 경제의 호황으로 사업을 확장하였다. 일제의 광기 어린 전시체제에 저항하기는 어려웠다. 공공연히 협력자로 나서지 않은 애국지사들도 식민지 말기 수년간은 숨죽여 지낼 수밖에 없었다(132쪽).

위 글은 일제 말의 친일 양상보다는 일제에 협력할 수밖에 없는 상황 설명이 더 큰 비중을 차지하고 있다.[5] 먼저 뉴라이트 교과서는 일제의 폭력 앞에서 모든 한국인들은 굴복할 수밖에 없는 수동적 존재로 파

---

5 위 인용글에서 '친일' 대신 '전쟁 협력'이라는 용어를 사용하고 있는 것은 '친일'이라는 개념을 수용하기 곤란하다는 입장을 우회적으로 표현한 것으로 보인다. 협력 행위와 친일 행위는 얼핏 비슷한 것 같으나 다른 개념이라 하겠다. 개념 문제는 보다 복잡한 설명이 필요하므로 여기서는 검토하지 않기로 한다.

악하고 있다. 한국인은 일제의 폭압과 지속되는 전쟁 승리에 "점차 독립의 희망을 잃어갔다."고 서술해, 어차피 항일운동(독립운동)은 불가능하다고 주장하고 있다. 독립이 불가능하다고 인식하는 한 남은 것은 체제에 대한 순응과 협력뿐일 것이다.

이 책은 이러한 '독립불가능론'을 기초로 "과거 민족주의 활동으로 이름 높던 많은 지도적 인사"를 시작으로 "대부분의 유명한 교육자, 기업가, 문학가, 음악가, 미술가, 무용가, 종교계"는 물론 보통의 한국인들까지 모두 일제에 협력하거나 전시체제에 참여할 수밖에 없었다고 강조하고 있다. '친일' 또는 '협력'을 필연적인 것으로 묘사하고 있다.

한국인들이 일제에 협력한 동기에 대해서도 "일제의 침략 전쟁에 협력하면 이제까지의 차별에서 벗어날 것으로 기대"했기 때문이라고 주장한다. 즉 일제에 협력하는 대가로 차별에서 벗어날 것이라고 기대한 결과는 (상급 학교로의) 진학과 "전시공업화 정책으로 늘어난 국내외 일자리에 취업"하는 것이며, "하급직의 관료와 회사원은 징집된 일본인들이 떠나면서 남긴 자리를 이어받은─승진했다는 뜻을 살짝 고쳐 표현한 것임(인용자)─것"이라고 서술하였다. 상공업자들은 "1943년 전반까지 계속된 전시 경제의 호황으로 사업을 확장"했다고 하였다.[6] 한국인들이 일제에 협력하자 사실상 일제는 그 기대에 보답해주었다는 것이다.

이 서술대로라면 전시체제기야말로 조선인에게는 독립의 의지만 버

---

6 교과서포럼이 뉴라이트 교과서를 펴내기 전에 집필한 《교과서 시안》은 "황국신민화와 전시동원책은 조선인이 거역할 수 없는 것이었고, 지도자는 물론 많은 평범한 조선인들이 자발적으로 수용하고 협력하기도 했다."고 해 조선인의 자발적 협력을 강조하였다. 또 지식인들이 친일화한 동기를 전쟁에 협력하면 차별에서 벗어나리라는 기대감으로 친일을 했다고 설명했다. 다른 한편 교육받은 많은 조선인들은 징집된 이들을 대체해 관청과 회사에 남긴 높은 자리로 상승하고 보다 높은 임금을 받았다고 했다(《교과서 시안》, 2006, 107~108쪽).

리면 행복이 보장되는 '절호의 기회'였다. 이런 서술을 하면서 뉴라이트 교과서 필자들은 이 시기를 왜 "일제의 폭압적인 전시동원체제기"로 규정하는지 납득하기 어렵다.

결국 이들이 강조하는 것은 '일제 강점기 가운데 가장 비참하고, 수많은 조선인들이 희생된 때가 전시총동원체제기'라는 사실을 '형식적으로' 인정하면서도, 그러한 역사의 진실보다는 조선인들에게 '신분 상승의 기회가 온 절호의 시기'라고 보고 있는 것이다.[7] 친일은 그러한 절호의 기회를 잡는 수단이었다. 자신의 행복을 실현하기 위한 적극적 행위—뉴라이트가 주장하는 인간의 이기심의 발휘—가 곧 친일인 것이다. 그리고 이들 엘리트 세력들이 친일을 통해 근대문명의 제반 능력을 습득해 해방 후 대한민국 발전에 기여했다는 논법으로 이어가기 위한 교묘한 장치이기도 하다.

일제에 저항하기 어려운 조건 아래 지도자는 물론이요 대중들까지 굴종하는 "숨죽여 지내는 시기"라는 상황론과 독립불가능론은 당연히 우리가 받아들이기 어려운 인식이다. 이미 1937년부터 1945년 일제 패망기까지 언론에 보도 통제되었을 뿐, 일제의 기밀문서에 따르면 수많은 항일비밀결사가 국내 곳곳에서 조직되고 있었다. 또 공장의 태업과 징용·징병 거부, 입산 활동, 유언비어의 유포 등 다양한 형식으로 저항운동이 전개되고 있었다. 1945년 7월에는 서울 한복판인 부민관에서 친일파 박춘금을 폭사하려는 의열투쟁마저 있었다.[8] 좌익의 경성콤그룹이나 좌우를 아우른 건국동맹과 같은 전국적 지하운동체가 활동하고 있었

---

7 경제사 측면에서도 이들은 이 시기 일제는 국가총동원체제에 입각한 산업합리화를 이루었다고 높이 평가한다.
8 변은진, 〈일제 말 비밀결사운동의 전개와 성격, 1937~1945〉, 《한국 근현대 민족운동의 재인식》(한국 민족운동사 연구, 제28집) 참조.

다. 감옥에는 독립운동가들이 이런저런 이유로 넘쳐나고 있었다. 해외에서는 일제의 패망을 예견하고 있었고, 국내에서도 여운형이 조직한 '건국'동맹의 명칭에서 드러나듯이 다가올 해방을 준비하고 있었다.

전시체제라는 어려운 조건 아래서도 독립을 준비하며 투쟁을 전개한 수많은 항일조직 사건과 개인들의 투쟁은 전혀 언급하지 않은 채 순응과 타협만이 당대의 유일한 살길이라고 가르치는 것이 현행 교과서의 대안이 될 수 있을까? 이 시기에 활동한 애국지사들에게 참으로 모욕이 아닐 수 없다. 자라나는 세대들에게는 대세에 순응하고 힘에 굴복하는 것과 그 속에서 자신의 성공 기회를 잡으라는 처세를 교과서를 통해 가르치는 것이라고 해도 지나치지 않다.

뉴라이트 교과서의 독립불가능론은 상황론에 기대어 '친일불가피론'을 정당화한다. 결국 모든 친일 행위는 사실상 시대 상황의 산물일 뿐이며 구체적 친일 행위자의 역사적 책임은 사라져버린다. 그렇게 보자면 1910년 합병 또한 상황론상 불가피하다고 말할 수 있고, 이완용의 매국 행위도 그러한 시대에 대응한 불가피한 선택에 지나지 않는다. 이완용은 자신이 친미파에서 친러파로, 그리고 친일파로 변신한 것에 대해 다음과 같이 말했다.

이는 때에 따라 적당함(宜)을 따르는 것(制)일 뿐 다른 길이 없다. 무릇 천도(天道)에 춘하추동이 있으니 이를 변역(變易)이라 한다. 인사(人事)에 동서남북이 있으니 이를 또한 변역이라 한다. 친도 인사가 때에 따라 변역하지 않으면 이는 실리를 잃고 끝내 성취하는 바가 없게 될 것이다.[9]

---

9 《일당기사(一堂紀事)》, 803~804쪽.

이완용의 '수시변역(隋時變易, 시대 상황에 맞춰 적응하는 것)'은 모든 친일파들의 대표적인 변명이었다. 친일파들이 언제나 "시대의 대세에 순응했을 뿐이며, 친일이 이 시대 민중들을 위한 길"이라고 주장했던 내용을 뉴라이트 교과서도 그대로 이어받고 있다. 특히 국제 정세에 대한 한국인의 능동적 대응에 관한 인식에서 잘 드러난다.

교과서포럼 관계자들은 한국인들이 국제 정세를 잘 이용한 것을 대한민국 성공 신화의 비결로 거듭 강조하고 있다. 전근대 시대에는 중국을 중심으로, 20세기 전반에는 일본이 주도하는 국제 질서를 통해, 그 이후에는 미국이 주도하는 동아시아 국제 질서에 능동적으로 대응함으로써 성공의 기회를 잡을 수 있었다는 것이다(6쪽). 그렇다면 이완용을 비롯한 친일파들이야말로 일본 주도의 질서 속에 잘 적응하면서 성공 신화의 기초를 일군 자들일 것이다.

한국인들이 일제에 협력한 동기에 대해서도 "일제의 침략 전쟁에 협력하면 이제까지의 차별을 벗어날 것으로 기대"했기 때문이라고 주장했는데, 이 또한 사실과 다르다. 이 주장은 이광수 등 많은 악질 친일파들이 자신의 친일 행위를 변호하기 위한 것이었다. 대부분의 한국인들은 그런 논리에 입각한 일제와 친일파의 전쟁 동원 정책의 희생자였다.

전시체제기 대다수 조선 민중들은 일제의 전쟁 동원 대상이었지 친일 주체가 아니었다. 친일은 적극적, 능동적 행위이며 행위에 대한 책임이 뒤따른다. 일제의 전쟁을 성전이라고 떠들면서 조선인들을 전쟁으로 내몬 사람들과 징병, 징용, 정신대 명목으로 끌려간 사람들을 다같이 일제 협력자로 몰아붙여 동일하게 취급할 수 있을까? 일제 침략 전쟁의 소모품으로 끌려가는 대다수 조선인이 징병, 징용에 지원하면 차별을 벗어날 것이라고 믿었단 말인가?

뉴라이트 교과서 필자들은 교묘하게도 '일제에 대한 (전쟁) 협력'과 '전시체제에 참여'이라는 용어를 통해 지도자급 인사를 포함한 지식인, 종교인, 문화예술인, 기업인 등의 적극 친일 행위를 일반 민중들의 '제국주의 전쟁 희생'과 섞어버렸다.

결국 모든 한국인이 일제에 협력을 했다고 서술해 전 조선 민중을 일제 협력자로 몰아 모두가 죄인이거나 모두가 무죄라는 식으로 유도하고 있다. 결국 친일파를 정당화하고 있다.[10] 그러니 만큼 뉴라이트 교과서 내용 중 '국내의 전쟁 협력과 저항'이라는 제목은 '친일파를 위한 변명'이라고 바꾸어도 되지 않을까?

이런 친일파 옹호는 그들이 식민지 시대를 바라보는 근본 인식, 즉 식민지 근대화론의 광신과 역사에 대한 몰이해에서 비롯한다. 그리고 그 밑바닥에는 자본주의의 동력이라고 높이 평가하는 '개인의 이기심' (욕망이라고 해도 무방하다)에 대한 몰가치한 인식이 있다.

물론 인간의 이기심은 개인은 물론 역사 발전에서 매우 중요한 속성이다. 특히 자본주의 인간형은 그런 측면을 적극 인정한다. 그러나 이이기심은 공공의 가치와 긴장 관계 속에서 제한되어야 할 성질이다. 그렇지 않으면 인간 사회는 '만인에 대한 만인의 투쟁' 속에 붕괴되고 말것이다. 학교에서 도덕이나 사회윤리 또는 공공의식을 가르치는 것도 그 때문이다. 그런데 뉴라이트 교과서는 친일마저 인간의 이기심 또는 욕망의 실현으로 파악하는 것은 아닌지 의심스럽다. 특히 박정희 전 대통령이 일제 시기 만주국 장교가 된 것을 설명하는 부분에서는 더욱 그

---

10 현재 친일파 청산을 극구 반대하는 이들의 단골 주장 중 하나가 당시 대다수 조선인들은 창씨개명을 했고, 징병, 징용에 나갔으니 이들도 결국 일제의 침략 전쟁에 협력했다는 것이다. 뉴라이트 교과서는 이런 억지를 대변하고 있다.

런 생각이 든다.

뉴라이트 교과서는 교사를 하던 박정희가 단지 "군인이 되고픈 평소의 꿈을 실현하기 위해 1940년 만주국 군관학교에 입학했으며, 1942년 일본 육군사관학교에 편입하여 졸업"했다고 쓰고 있다.[11]

중일전쟁이 한창 고조될 무렵 당시로는 조선인에게 선망의 대상이었던 교사직도 스스로 팽개치고 만주국 군관학교에 입교하고, 나중에 일본 육사를 졸업해 만주국 직업장교로 복무한 것을 단지 '군인이 되고 싶은 평소의 꿈을 이루기 위한 것'으로 청소년들에게 가르칠 수 있을까?[12] 이 시기 일본 제국주의의 군인이 된다는 것이 어떤 의미인지를 설명하는 것이 역사 교과서답지 않을까? 더구나 이런 행적을 가진 사람이 어떻게 훗날 대한민국 대통령이 될 수 있었는지 설명할 필요가 있지 않을까?

장교로 복무한다는 것은 직업군인으로 출세하겠다는 것이다. 교사직마저 내던지고 일본 관동군이 만든 만주국의 장교로 복무한다는 것은 곧 만주 지역 항일 세력을 '토벌'함으로써 전공을 세워 출세하겠다는 뜻이다. 일제에 대한 가장 자발적인 충성의 전형이라 하겠다. 이 사실마저 "군인이 되고픈 평소의 꿈을 실현"하는 것으로 쓴다는 것 자체가 이들의 도덕적 불감증을 보여준다. 친일이라는 역사적 죄과를 개인의 출세를 향한 순수한 동기로 설명하는 책은 결코 역사 교과서가 될 수 없다.[13]

---

11 뉴라이트 교과서는 일제 식민지기 박정희를 관동군 장교라고 했으나 이는 사실과 다르다. 그 당시 박정희는 만주국 중위이자 일본군 예비역 소위였다. 역사학자라면 이런 기초 사실을 틀릴 리가 없다(186쪽).
12 만주국 시기 박정희의 경력에 대해서는 《조선총독부급소속관서직원록》, 《만주국군지》, 《한국전비사》(병학사, 1977), 이기동의 《비극의 군인들》(1982) 참조.

대한민국 건국과 친일파: 대한민국은 민족주의 세력이 주도해 세웠는가?

해방 후 대한민국 '건국'에 이르는 과정, 그리고 이후 대한민국사에서 마땅히 청산되어야 할 친일 세력이 오히려 건국 과정을 주도하고 대한 민국의 각 분야를 장악해 일제 시기 친일로 얻은 기득권을 대한민국 정부 수립 후에도 그대로 이어왔음은 역사학계의 상식이다. 반민특위의 해체가 이를 상징적으로 보여준다. 친일로부터 자유롭지 못한 세력들이 권력을 잡았던 시기에 교과서는 이 사실을 언급할 수 없었을 뿐이다.

'일제로부터 독립한' 나라라면 마땅히 친일파를 청산했어야 할 텐데, 왜 친일파를 청산하지 못하고 오히려 친일파가 권력을 장악했는가는 매우 중요한 문제가 아닐 수 없다. 역사의 상식 차원에서라도 마땅히 제기되어야 할 문제이다.

사실 해방 후 또는 대한민국 정부 수립 후 친일파 청산 좌절이 미군정의 한반도 분할 전략과 이승만의 권력욕, 그리고 반공주의를 매개로 이루어진 친일파의 생존 전략과 깊은 연관이 있다는 것에는 이의가 없다. 그런데도 뉴라이트 교과서는 대한민국이 민족주의 세력에 의해 건국되었다고 강변한다. 그 증거로 드는 것이 제헌의회 의원 당선자를 분석한 다음의 글이다. (밑줄은 인용자)

---

13 뉴라이트 교과서 필자들은 박정희 시대에 일제 잔재가 어떻게 부활했는지 전혀 검토하고 있지 않다. 유신체제는 1930년대 일본 파시즘의 지배 원리와 '근대화론'을 접합시킨 '일본 파시즘의 한국적 변형'이었다. 유신 (維新)이란 용어 자체가 일본의 메이지 유신, 소화유신에서 따온 것이며, 유신체제를 뒷받침하는 정신적 구조와 통치체제의 국가주의 원리, 그리고 수많은 정책들이 일본 파시즘의 그것에 역사적 뿌리를 두고 있다.

제헌의회 위원들의 출신을 통해 본 대한민국 건국 세력의 역사적 배경

(1948년) 5·10선거로 선출된 국회위원은 총 209명이었다(정원 200명, 보궐·재선거 9명). **이들의 경력은 대한민국의 건국에 참여한 중심 세력이 역사적으로 어떻게 형성되었는지를 상징적으로 보여준다.** (…)

전체 209명 가운데 민족운동에 참여한 경험이 있는 사람은 68명이었다. 3·1운동이 35명으로 가장 많았고, 신간회가 14명, 만주독립군과 동북항일연군이 10명, 학생운동·청년운동·노동운동이 20명이었다. 조선공산당 5명 등과 같이 좌익운동에 참여한 사람도 있으나 그 수가 많지는 않았다.

이처럼 대한민국의 건국에 참여했던 정치 세력은 식민지 시기에 고등교육을 받고 상공업자, 지주, 하급관료, 교원, 의사, 변호사와 같은 전문직업인으로 성장해온 사람이 대부분이며, 그들의 정신세계는 민족운동 참여 경력이 이야기하듯이 민족주의적 성향을 띠었다.

건국 과정에서 일제에 적극적으로 협력했던 친일파는 모두 배제되었다. 5·10선거에서 만 25세 이상의 모든 국민은 피선거권을 가졌지만, 일본 정부로부터 작위를 받은 자, 제국의회 의원, 관리로서 판임관(判任官) 이상 직위자, 경찰관·헌병·헌병보로서 고등관 이상 직인 자(잘못 기술한 내용이다-인용자), 훈(勳) 7등 이상을 받은 자, 중추원의 부의장·고문·참의 등에게는 피선거권이 인정되지 않았다.

요컨대 대한민국의 건국 세력은 크게 보아 개화기 이래 구래의 중간 신분으로서 개화사상을 체득하고 근대적 문물을 수용하면서 전문적 직업 능력을 키워온 민족주의자들이었다(143쪽).

뉴라이트 교과서는 제헌의회 당선자들을 분석한 것을 기초로 건국 과정에서 일제에 적극적으로 협력했던 친일파는 모두 배제되었다고 주장한다. 정말 그럴까?

먼저, 미군정 시기 남조선과도입법의원이 제정한 친일파 민족반역자의 선거권 제한 조항과 제헌국회의 국회의원 '선거권' 제한 규정에는 커다란 차이가 있었다. 남조선과도입법의원이 제정한 선거권 제한 조항에 따르면 "민족반역자, 부일협력자 또는 간상배(奸商輩)로 규정된 자"에게는 선거권이 인정되지 않았다. 피선거권은 "1. 중추원 부의장, 고문, 참의 2. 부(府), 도(道)의 자문(諮問)이나 의결기관의 의원 3. 고등관으로 3급 이상, 훈 4등급 이상(기술관, 교육자는 제외) 4. 판임관 이상의 경찰관, 헌병·헌병보, 고등경찰 또는 밀정행위 한 자" 등이었다.

제헌의회의 국회의원 피선거권은 입법의원과 동일했다. 그러나 과도입법의원과 제헌의회의 피선거권 규정 자체가 '(친일)민족반역자를 선거에서 배제하는 것이 지극히 제한된 범위에서 이루어졌"다는 점을 먼저 명시해야 할 것이다.[14] 또 제헌의회의 선거권 제한 규정이 입법의원의 그것보다도 크게 후퇴했음을 지적할 필요가 있다. 제헌의회의 국회의원 선거권은 "1. 일본 정부로부터 작(爵)을 받은 자 2. 일본제국의회 의원이었던 자"에만 인정하지 않는 것으로, 과도입법의원보다 그 적용 범위가 축소되었기 때문이다.[15]

한편, 제헌의회 선거는 해방 후 3년밖에 지나지 않았고 친일파에 대한 대중의 적개심이 매우 높은 시기였다. 피선거권이 있는 친일파라고 해도 친일 행위가 노골적으로 드러난 경우에는 출가하기 어려웠다. 게

---

14 김득중, 〈1948년 제헌국회 선거과정〉, 《성대사림》, 제1집, 11~12쪽. 실제 친일인명사전에서 규정한 친일인명사전 수록 대상자 기준과 비교해도 제헌의회의 국회의원 피선거권 제한 규정은 친일파 가운데 극히 일부에 지나지 않는다.

15 김득중, 앞의 글, 같은 쪽수.

다가 미군정의 친일파 중용 정책에 의해 피선거권이 제한된 경찰관, 헌병·헌병보, 고등경찰 등은 이미 경찰 또는 군의 요직, 고위직을 차지하고 있었다. 이들은 굳이 민중의 지탄을 받으면서 선거에 출마해 자신의 친일 이력을 알릴 필요가 없었다. 오히려 일제 때부터 이어온 기득권을 해방 후에도 유지하면서 환호작약하였다.

교과서포럼이 제헌의회 당선자의 직업과 경력을 분석하면서 "대한민국의 건국 세력"을 "크게 보아 개화기 이래 구래의 중간 신분으로서 개화사상을 체득하고 근대적 문물을 수용하면서 전문적 직업 능력을 키워온 민족주의자들이었다."고 주장하는 것도 수긍하기 어렵다.

그들이 예로 든 대부분의 인사들은 민족주의자라기보다 자본주의 근대화론에 입각한 중·상류 엘리트층을 일컫는다. 반공주의자라고 말할 수는 있어도 민족주의라고 규정할 논리 근거는 없다. 실제로 좌익만이 아니라 민족주의 주류는 분단정부 수립을 반대하고 제헌의회 선거에 대부분 불참했다. 그러나 뉴라이트 교과서는 항일의 상징이자 정통성이 가장 강했던 김구를 비롯한 임정 계열이나 안재홍, 김규식과 같은 중도우파는 물론 여운형 등의 중도좌파와 박헌영 등의 좌익 지도자 대부분이 제헌의회에 참여하지 않았다는 사실을 거론하지 않고 있다. 독립운동가의 절대 다수가 분단정부 수립을 반대하고, 이른바 건국 과정에 참가하지 않았던 사실과 그 이유를 설명하는 것이 더 역사 교과서다울 것이다.

전체 제헌의원 당선자 209명 가운데 한 번이라도 민족운동에 참여한 경험이 있는 사람이 고작 68명에 지나지 않는다는 사실이야말로 서글픈 것 아니겠는가! 제헌의원 당선자 가운데 지속적으로 항일을 한 사람은 그보다 훨씬 적었다.

더구나 제헌의회 의원의 성향과 일제 시기 행적 분석을 하자면 친일에서 결코 자유로울 수 없는 이들도 있다. 제헌의원 가운데 한국민주당의 핵심 간부인 윤치영이나 2공화국 총리를 지낸 장면, 천도교 지도자인 이종린, 사회주의 전향자 이항발, 제헌의회 초대 부의장 김동원, 국회 부의장을 지낸 이재학, 친일 승려 허영호 등은 친일인명사전 수록 대상자에 포함되어 있다.[16] 민족주의자들이 중심이 되어 제헌의회를 구성했으므로 대한민국 정통성을 뒷받침한다는 주장은 논리나 사실 면에서 틀리다.

뉴라이트 교과서는 대한민국의 민족주의 정통성을 얘기하면서 '건국' 이후 대한민국 행정부, 입법부, 사법부의 고급 간부들 가운데 상당수가 친일파 출신이라는 점을 의도적으로 감추고 있다. 대한민국 제1공화국에서 제3공화국 시기 역대 대통령, 주요 장관, 국회의장, 대법원장, 검찰총장, 군과 경찰 수뇌부를 점한 친일파들의 비중은 대한민국이 과연 일제로부터 독립한 나라라고 말하기 민망할 정도이다.

2006년 민족문제연구소와 세계일보사가 공동 기획, 조사한 특집 기사 〈1~3공 파워엘리트 해방 전 이력 대해부〉는 대한민국 수립 후 제3공화국에 이르기까지 친일파 또는 이에 상당하는 부일협력자가 대한민국 권력의 요소요소를 얼마나 장악했는지 잘 보여주고 있다.[17]

조사표에 따르면, 대한민국 제1공화국에서 제3공화국 시기 법무부 장관 12명 가운데 9명이 일제 시기 판검사 출신이었다. 대법원장 4명 가운데 3명이, 검찰총장 8명 가운데 7명이 조선총독부 판검사 출신이

16 이들의 친일 행적의 간단한 이력은 〈친일인명사전 수록 대상자 명단 발표 기자회견〉, 2008. 4. 29, 62~191쪽 참조.
17 〈1~3공 파워엘리트 해방 전 이력 대해부〉, 《세계일보》, 2006. 8. 7~8. 10 참조.

었다. 경찰 총수(치안국장) 4명 가운데 3명이 조선총독부 검사나 경찰 간부 출신이었다. 국방부 장관은 10명 가운데 8명이 일본군 혹은 만주군 장교 출신이거나 조선총독부 고위 관료였다. 육군참모총장 9명과 합참의장 6명 전원이 일본군 또는 만주국 장교 출신이었다. 교육부 장관의 경우 7명 가운데 6명이 고급 친일 협력자 출신이었다.

이 부분을 슬쩍 빼고 제헌의회만을 논하는 것은 대단히 자의적이며 그 동기가 의심스럽다. 이승만 대통령의 경우 자신의 권력 기반을 강화하기 위해 친일파와 손을 잡았고, 군·경찰 계통 친일파들은 이승만 대통령에게 충성을 맹세하며 독재 권력의 앞잡이로 변신했다.

미군정 시기 친일파 청산은 실패했지만, 제헌의회가 반민특별법을 제정해 친일반민족행위자를 처벌하기 위한 반민특위가 출범했다. 그러나 이승만 대통령은 친일파 청산을 시종 반대하였고, 결국 1949년 6월 6일 경찰을 동원해 반민특위사무소를 포위하고 특위 소속 특경대를 강제 해산시켰다. 이에 반민특위 조사위원들이 1949년 7월 7일 총사직하는 등 진통을 겪다가 8월 13일 공소 기간이 만료됨에 따라 반민족행위자 처벌은 무산되고 말았다.

뉴라이트 교과서는 반민특위가 경찰의 습격을 받고 이후 해체되었다고만 했지, 왜 경찰 습격을 받았는지와 누가 지시했는지 등을 전혀 언급하고 있지 않다. 또 반민특위 해체 결과 친일파 청산이 좌절된 것도, 친일파들이 친일파 청산을 주장하는 사람들을 '빨갱이'로 몰아서 제거하려고 한 사실도 언급하고 있지 않다. 그 결과 이 책은 친일 세력들이 얼마나, 어떻게 대한민국 권부(權府)를 장악했는지에 대한 설명을 건너뛰고 있다(145쪽).

이런 점을 지적하지 않고 대한민국을 민족주의자들이 중심이 되어 건국한 나라라고 말할 수 있는가? 또 이런 사실에 대한 문제 제기를 빨갱이의 음해로 몰고 갈 작정인가?

건국절 논란과 친일문제

최근 뉴라이트 교과서포럼 관련자들은 8·15를 광복절 대신 건국절로 기념하자고 대대적으로 선전하고 있다. 2006년 7월 31일자《동아일보》에 실은 〈우리도 건국절을 만들자〉라는 글은 그러한 논리가 어떤 역사관에서 출발했는지 잘 보여주고 있다.

> 광복은 우리의 힘으로 이루어지지 않았다. 광복은 일제가 무리하게 제국의 영토를 확장하다가 미국과 충돌하여 미국에 의해 제국이 깨어지는 통에 이루어진 것이다. 또한 광복을 맞았다고 하나 어떠한 모양새의 근대국가를 세울지, 그에 관한 준비가 되어 있지 않았다 (…) 그러니까 진정한 의미의 빛은 1948년 8월 15일의 건국 그날에 찾아왔다. 우리도 그날에 국민 모두가 춤추고 노래하는 건국절을 만들자.[18]

이 논리에 따르면 대한민국의 '건국'은 일제에 맞서 싸운 항일운동의 역사와 관계가 없고, 당연히 임시정부의 역사나 기타 항일운동의 의미도 사라질 수밖에 없다. '놀랍게도' 이 글은 일본 극우 인사, 《산케이

---

18 이영훈, 〈우리도 건국절을 만들자〉, 《동아일보》, 2006. 7. 31.

신문》서울지국장 구로다의 다음 발언과 일맥상통한다.

> 한국 정부의 역사관은 '잘 싸웠다 역사관'이다. '잘 싸웠다 역사관'이란
> 한국 정부가 국정 교과서의 기본으로 채택하는 사관으로서, 한민족이 독
> 립운동을 전개하였으며, 그 결과 독립을 쟁취하였다고 주장하는 사관을
> 일컫는데 사실, 이는 사실이 아니다. 왜냐하면 대동아 전쟁에서 한국은
> 일본과 전쟁을 한 상대가 아니었으며, 따라서 1945년의 독립은 일본의 연
> 합국에 대한 패배로 저절로 주어진 것이지 한국이 스스로 쟁취한 것은 아
> 니다.

결국 뉴라이트의 주장대로라면 우리의 독립은 외부로부터 주어진
것이며, 2차 세계대전 후의 아시아-태평양 지역의 전후 청산(샌프란시
스코 강화회의 등)에서 우리가 아무런 발언권을 가질 수 없음을 스스로
정당화하고 있다. 교과서포럼 관계자들은 현행 검인정 교과서가 대한
민국을 폄하하는 자학사관에 빠져 있다고 비판하지만, 자신들이야말로
일본과 미국에 자지러지는 '자학사관'과 '패배주의 사관'의 극치를 달
리고 있다 하겠다.

한편 이들은 1948년 8월 15일 성립한 대한민국 건국에서 건국절을
주장하는 근거를 찾고 있다. 이들은 대한민국은 20세기 세계사에서 "원
식민지 국가 중에서 비견할 예를 찾기 힘들 정도로 큰 성공", 즉 세계사
에서 유례없는 고도성장(산업화)과 민주화를 동시에 성취한 '모범국
가'이며, 북한은 실패한 불법국가라는 점을 근거로 삼고 있다. 대한민
국의 60년 건국사는 지난 3세기 동안 한반도에서 전개된 인류 보편의
문명 요소를 계승하고 발전시킨 역사이며, 바로 이 점에서 모든 국민은

대한민국의 역사적 정통성을 자각하고 수호해야 한다는 것이다. 한민족의 저력을 확인하고 대한민국의 눈부신 발전과 그 정통성을 수호하기 위한 국민적 자각을 일깨우기 위해서, 1945년 8월 15일 '광복절' 보다는 1948년 8월 15일 '건국절'을 더욱 중요하게 기념해야 한다고 이들은 주장한다.

이들은 대한민국을 항일투쟁을 통해 성립한 자주독립국가로 상정하기보다, 1945년 8월 15일 이후 3년간의 좌우투쟁 속에서 한반도의 반쪽이라도 지켜낸 반공국가이자 자본주의 국가의 탄생이라는 점에 대한민국 건국의 근본 의의를 두고 있다. 반공과 시장경제에 입각한 자유민주주의 체제야말로―사실 이승만 정권 등 1980년대까지 역대 정권이 자유민주주의를 수호했다는 것은 어불성설이지만―대한민국의 정통성이라는 것이다. 건국절은 이러한 대한민국의 역사를 자랑하고 정통성 수호 의지를 공식적으로 천명하기 위한 것이다.

1948년 8월 15일을 대한민국 건국일로 부를 것이냐 정부 수립일로 부를 것이냐는 논리에 따라 다를 수 있으나, 이들이 건국절을 기념하는 논리는 '색깔론에 입각한 국시 제기'와 '친일파 미화'라는 매우 위험한 요소를 안고 있다.

교과서포럼의 건국절 제기는 한국의 극우 세력에게 커다란 힘을 주고 있다. 건국절 제정에 대한 어느 우익 인사의 칼럼이 이를 잘 드러내주고 있다.

60주년 건국절, 이명박 정부 도약기로 승화시켜야! 건국절, 반(反)대한민국 요소를 척결하는 애국심 함양과 국정 쇄신의 계기로 삼자!

대한민국은 1948년 8월 15일 건국되었고 초대 대통령은 이승만 박사였다. 따라서 금년인 2008년 8월 15일은 대한민국의 탄생 60주년이다. 60주년 건국절을 맞이하여 친북좌파들은 그들의 존재가 멸망하게 될 위기에 처하자 대한민국 건국절을 없애기 위하여 갖은 위선과 선동선전술 및 역사 왜곡으로 대한민국을 파괴하기 위한 반(反)대한민국 총공세를 펴고 있다.

소련의 꼭두각시이자 침략자인 김일성을 종주로 삼고 있는 친북좌파들에게는 역사적인 8·15건국절을 파괴하지 않고서는 그들이 설 땅이 없기 때문에, 좌익들의 특성이자 주 무기인 역사 왜곡, 선동, 허위 사실을 유포함으로써 대한민국의 정통성을 부인하려고 포퓰리즘을 극대화시켜 최후 발악을 하고 있다. (…)

이들이 그들 스스로 생존 전략의 방편으로 대한민국 건국절에 대해서 갖은 시비를 걸고 있는 것은, (…) 대한민국은 민족 분단을 위해 미국의 사주를 받은 친일파들이 세운 국가'라는 반역사적인 흉측한 공산좌파식 선동선전술로 허위 사실을 유포하여 대한민국을 파괴시키기에 혈안이 되기 시작했고, 건국 60주년 기념일을 맞이하여 친북좌익들의 광기는 아마도 최고조에 달할 것이라는 말 그대로 최후 발악을 기획하고 있는 것이다. (…)

친북좌익들이 미국의 앞잡이로 왜곡 매도하고 있는 '이승만 건국 대통령'은 오히려 미국에 의하여 정치 공작과 강한 견제 속에서도 대한민국을 꿋꿋하게 지켜온 건국 영웅임은 역사가 이를 이미 증명하고 있는 것이다. 오는 8월 15일 건국 60주년 '건국절'을 대대적인 국정 쇄신의 계기로 삼아 새로운 각오로 대한민국을 혼란지경으로 내몰고 있는 친북좌익들을 철저하게 척결하고 그들과 연계되어 있는 부패 세력 및 반국가 인사들을 대한민국 국법에 따라 엄중히 처리하기를 이명박 정부에 권고하고 싶다.

오는 8월 15일 건국절을 계기로 우리의 대한민국이 강력한 민주 법치국가로 다시 태어나지 않으면 안 된다. 60주년 건국절을, 반(反)대한민국 요소를 척결하는 애국심 함양의 지렛대로 삼아야 할 것이다. 60주년 건국절을 이명박 정부의 도약기로 승화시켜야 한다.[19]

요컨대 건국절 제정을 통해 반공과 자본주의 시장경제 옹호를 '국시'로 하는 대한민국의 정체성 또는 정통성을 국민들에게 각인시키고, 이를 수호하는 날로 삼자는 것이다. 나아가 대한민국 건국 세력을 친일파로 매도하는 친북좌익들을 척결하는 애국심 함양의 지렛대로 삼아야 한다는 것이다. 거칠게 말하자면, 대한민국 건국절이란 한마디로 '빨갱이 토벌일'을 만드는 것이다.

반공과 자본주의가 대한민국 정통성의 요체인 한, 대한민국은 항일투쟁의 역사 속에서 정통성을 구할 수 없다. 과거 극렬하게 친일을 했더라도 해방 후 '빨갱이'만 때려잡으면 반공애국투사이자 건국 공로자가 되는 것이다. 대한민국의 정체성과 정통성을 항일운동에서 구하지 않고 반공건국투쟁에서 찾는 한, 친일파는 여전히 애국자 또는 건국 공로자로 대한민국에서 길이 영광을 누릴 수 있다. 따라서 친일파에게 반공은 이데올로기 이전에 절실한 생존 수단이었다. 오늘날 친일 세력과 그 후계들이 친일 청산을 주장하는 세력을 빨갱이로 몰고, 극단적 반공주의와 냉전 구도를 유지하려는 것도 이와 같은 맥락 하에 있다.

뉴라이트 특유의 식민지 근대화론은 대한민국을 일제 식민 통치의

---

19 양영태, 〈60주년 건국절, 대한민국 정부 도약기로 승화시켜야〉, 2008. 7. 28, http://www.chogabje.com에서 인용.

근대화 성과를 계승―조선총독부의 법통성을 승계―한 것으로 만들어버린다. 이들의 대한민국 정통성론에 입각한 건국절 제기는 친일 세력과 그 후계들에게 '친일의 면죄부'를 줄 뿐 아니라 애국자이자 건국 공로자로 만들어주고 있으니, 뉴라이트 교과서야말로 친일 세력과 그 후계들에게는 가뭄 끝에 단비가 아닐 수 없다.

이와는 달리 우파 항일운동의 지도자이자 임시정부의 수반이었던 김구조차 대한민국 건국―분단정부 수립―에 참여하지 않았기 때문에 건국 공로자가 될 수 없으며, 오히려 반국가사범이 되고 만다.

결국 뉴라이트 교과서포럼의 건국절 주장은 친일파들에게 면죄부를 줄 뿐 아니라 이들을 대한민국 역사 발전의 주체로 선양함으로써 "쥐구멍에 홍살문을 세우는" 격이 아닐 수 없다. 더구나 조선총독부로부터 대한민국이 법통성을 이어받았다는 위험한 논리를 제공할 수 있으며, 반공과 자본주의 수호라는 명목으로 우리 사회의 민주화를 또다시 낡은 시대의 색깔론과 국시론(國是論)으로 후퇴시키는 역할을 하고 있다. 이 정도면 '대안 교과서'가 아니라 대안 없는 '위험한 교과서'라고 불러야 할 것이다.

8장

뉴라이트 교과서의
북한 현대사 인식

이
신
철

조선민주주의인민공화국의 역사를 대한민국의 교과서에서 어떻게 기
술할 것인가는 쉬운 문제가 아니다. 이념적 대립 관계를 벗어나지 못한
상황에서 남북을 삼국시대처럼 '역사'로, 객관적이고 병렬적으로 서술
하기는 어렵기 때문이다. 또한 북측에 대한 제한된 정보도 객관적인 서
술을 어렵게 한다. 이러저러한 이유 때문에 기존 교과서에서는 적대적
인 이념 대립을 중심으로 한 서술이 주를 이루었다. 남북정상회담이 이
루어지고, 교과서 검정제도가 도입된 이후 만들어진 한국 근현대사 교
과서에 와서야 '북한'에 대한 서술의 변화가 생기기 시작했다.

'북한'이 대화의 상대나 통일의 대상으로 인식되기 시작했음을 보여
주는 것이 이 시기 교과서의 가장 큰 변화였다. 이들 교과서들은 '북한
의 변화'를 개혁·개방 정책의 수용이라는 측면에서 바라보기 시작했

다. 물론 개혁·개방은 자본주의화를 의미하는 것이고, 곧 '햇볕정책'의 가능성을 암묵적으로 시사하는 것이었다. 또한 대부분의 새 교과서에는 김일성의 항일무장투쟁 중 가장 대표적 전과인 '보천보 전투'가 실렸다. 비록 김일성의 실명은 등장하지 않았지만, 그것은 변화의 상징으로 충분했다.

물론 당시에 일부 언론이 "굳이 이렇게까지" 할 필요가 있느냐며 문제 제기를 했다. 《조선일보》는 사설에서 "고등학생을 위한 교과서에 실려도 괜찮은 것인지에 대한 교육적 고려도 하지 않고" 민감한 사실을 수록할 필요가 있는가라고 문제를 제기하기도 했다. 나아가 정치적 의도를 의심하기까지 했다.[1] 1937년 6월 5일 호외를 통해 보천보 전투를 처음 소개한 《동아일보》는 2002년 8월 7일자 가판 신문에 관련 기사를 실었다가, 배달판에서는 삭제하는 모습을 보였다.[2] 반면에 《문화일보》, 《경향신문》 등은 냉전이데올로기 극복의 시각이라며 긍정적으로 평가했다.

당시 보천보 전투에 대한 문제 제기는 큰 영향력을 행사하지 못했고 내용도 수정되지 않았다. 오히려 문제가 되었던 것은 소위 '김대중 정부 미화'였다. '국사' 교과서가 당대의 정권을 우호적으로 서술하는 것이 관행처럼 되어 있던 시대였지만, 당시 야당이었던 한나라당의 정치 공세에 검정위원들이 사퇴를 하는 초유의 사태까지 벌어졌다. 교과서의 해당 부분 서술도 좀 더 '객관적'으로 수정되었다.[3]

2002년의 고등학교 한국 근현대사 교과서 검정제도 채택과 그로 인

---

1 《조선일보》, 2002. 8. 8; 당시의 논란에 대해서는 8월 7일, 8일의 신문 참조.
2 《미디어 오늘》, 2002. 8. 15.

한 논란은 결국 사회주의운동이나 북한에 대한 객관적인 서술에 한발 더 다가서는 계기가 되었고, 교과서의 정치 도구화라는 불명예를 약화 시키는 기회가 되었다. 그런데 2008년에 이르러 그러한 성과들을 무화 시키려는 시도가 '대안 교과서'를 표방하는 교과서포럼의 《대안 교과서 한국 근·현대사》(이하, 뉴라이트 교과서) 출간과 함께 전방위적으로 나타나고 있다.

교과서포럼은 스스로를 뉴라이트로 규정지은 이들이다. 이들이 쓴 책은 교과서라고 하기에는 여러 가지 문제가 있지만, 자신들의 주장을 따라 '뉴라이트 교과서'라고 명명할 수 있겠다. 이들의 정치적 활동이 나 정치권의 도를 넘어선 지원, 그리고 그들의 교과서 제도 및 교과서 개악 시도에 대해서는 여러 사람들이 많은 글에서 다루기도 했거니와, 이 글의 핵심 주제가 아니므로 여기서는 더 이상 언급하지 않는다. 이 글의 목적은 뉴라이트 교과서의 북한 현대사 인식과 그들이 제시한 역 사적 '사실'들을 검토하고 그 문제점을 짚어보는 데 있다.

북한과 북한사에 대한 기본 시각의 문제

교과서포럼 측의 기본 시각

뉴라이트 교과서의 북한사 인식에는 누구나 느낄 수 있는 몇 가지 특징

---

3 당시의 비판은 교과서들이 김영삼 정권은 비판한 반면, 김대중 정권은 미화했다는 것이었지만, 사실은 김영삼 정권에 대한 공과가 함께 기술되어 있었다. 과잉 정치 공세의 혐의가 다분했던 것이다.

이 있다.

그 첫 번째는 북한을 실패한 국가로, 보편적인 근대문명에서 벗어난 '문명의 막다른 길'로 규정한 데 있다. 그 상대편에는 성공한 국가 대한민국이 있음은 물론이다. 뉴라이트 교과서는 북한이 오직 "국제 사회로부터 닫힌 가운데 억압, 차별, 빈곤, 기아, 질병의 늪에서 허덕이는" 사회라는 사실만 소개하고 강조한다.

'뉴라이트 사상의 요람'을 자처하는 《시대정신》은 2008년 가을호에서 자신들의 뉴라이트 교과서에 대한 홍보와 뉴라이트 교과서 비판에 대한 반비판을 여러 글을 통해 제기하는 한편, 거의 3분의 1 분량을 북한 붕괴에 관한 좌담과 논문들로 채우고 있다. 거기에 등장하는 논리들에서 북한이 실패국가라는 명제는 기본적인 전제이다.

이 같은 시각은 다른 한편으로 자본주의 체제 보편성론과 경제 제일주의에 입각해 있다. "한국의 근현대사가 동아시아의 역사에서, 나아가 세계사에서 보편적으로 실천되어온 근대문명의 한 가닥으로 자리 잡게"(뉴라이트 교과서, 5쪽. 이하 쪽수만 표기)된 반면, 해방 후 38선 이북에서 사회주의를 선택한 것에 대해서는 '근대문명의 막다른 길'로 들어선 것으로 평가하고, 그것을 보편적인 근대문명이 아닌 '특수한 근대문명'으로 바라보고 있다. 이는 식민지 시기를 "근대문명을 학습하고 실천함으로써 근대국민국가를 세울 수 있는 사회적 능력이 두텁게 축적되는 시기"(78쪽)로 파악하는 관점과 맞닿아 있다. 뉴라이트 교과서의 초고본(시민공청회용)에서는 "북한이 1946년 2월 일제가 제정한 모든 법률과 기구를 폐기해버림으로써 곧바로 문명의 막다른 골목으로 들어가고 말았던 것과 큰 대조를 이루었다."라며 친일 잔재 청산마저 노골적으로 비판하고 있다.[4]

뉴라이트 교과서의 두 번째 특징은 냉전적 이념 대립에 기반한 서술을 거칠게 드러내는 데 주저하지 않는다는 점이다. 뉴라이트 교과서는 대한민국이 실패국가 북한이 걸어간 길을 따라갈 위험성에 대한 경각심을 높이고, 그것에 반대하는 것을 또 하나의 목적으로 삼고 있다고 해도 과언이 아니다. 이 책의 필자들은 "서로 다른 이념의 국가와 체제가 충돌할 수밖에 없을 때, 그 승패의 귀추는 어느 쪽이 인류 보편의 기준에서 우월한 이념을 소지했는가에 따른다."라며 이념 대결을 정당화하고 있다.[5]

그러다 보니 뉴라이트 교과서는 "현재 북한 체제를 떠받치는 유일한 힘은 선군정치의 폭력"이며, "이러한 폭력국가는 장기적으로 존속할 수 없다."라는 폭언을 서슴지 않는다. 하나의 근대 국가를 유지하는 힘을 폭력으로 단순화시킨 것이나, 개혁·개방노선의 성공 가능성에 대한 일축은 차치하더라도, 상대를 대화 상대로 인정하지 않는 표현임에 틀림없다. 도저히 교과서에는 등장할 수 없는, 전시에나 등장할 만한 적대적 표현인 것이다.

세 번째로 뉴라이트 교과서는 '북한 현대사'를 대한민국 근현대사의 보론으로 배치하는 서술 체계를 택하였다. 이들은 '보론 체제'를 선택한 이유를 두 가지로 설명하고 있다. 그 하나는 20세기 후반의 세계사를 미국 중심의 자본주의 발달사로 이해하면서 사회주의적 길을 그것의 보론적 수준으로 이해하는 것이다. 냉전시대의 역사 인식과 세계관에서 크게 벗어나 있지 않은 그들은, 중국과 소련을 비롯한 사회주의

---

4 교과서포럼, 《한국 근현대사—시민공청회용》, 2006, 11쪽.
5 교과서포럼, 〈역사비평의 대안 교과서 비평에 대한 반박〉, 《시대정신》, 2008년 가을 40호, 321쪽.

국가들을 "고립된 후진국 중심의 세계사, 실패한 것으로 판명이 난 허구의 세계혁명론" 등으로 기술하며 '캄캄한 세상'으로 인식한다.

그러한 '어둠의 세계'를 물리치기 위한 냉전이 미화되는 것은 당연하다. 더구나 그 냉전의 한가운데서 "미국의 후견으로 국가를 세우고, 국제공산진영의 공세를 방어했던 대한민국"은 "2차대전을 승리로 이끌고, 구제국주의 체제를 해체하며, 세계를 자유무역주의로 통합하고, 동서냉전을 승리로 이끌며, 자본주의 역사에서 전례가 없는 번영을 이끌어낸 '미국 체제'"를 중심으로 20세기 후반의 역사를 설명하지 않으면 아무것도 설명할 것이 없다고[6] 생각한다. 안타깝게도 이들은 스스로 대한민국사를 '미국 체제'의 보론으로 전락시키고 있음을 자각하지 못한다.

뉴라이트 교과서 필자들은 20세기 후반의 세계사에서 사회주의 국가들의 역사는 '미국 체제' 중심의 자본주의 발달사의 '보론'에 불과하며, 북한사는 대한민국사의 '보론'이 될 수밖에 없다는 인식을 가지고 있다. 나아가 북한을 보론으로 기술하는 것을 "국가 이념의 보편적 정당성에 대한 국민적 신념이자 건전한 애국심의 발로"라고 주장한다.[7]

이들이 북한을 보론으로 다루는 또 하나의 이유는 "역사 서술의 단위는 국가"이기 때문이다. 그래서 건국 과정에서 각각 독자적인 법적 정당성과 완결성을 가진 대한민국과 조선민주주의인민공화국은 별개의 역사로 서술되어야 한다는 것이다. 그럼에도 북한 현대사를 보론으로 다룬 것은 "언젠가 통일되어야 할 같은 민족의 역사"이기 때문이라

---

6 이영훈, 〈우리에게 국사란 무엇인가: 근·현대사를 중심으로〉, 《시대정신》, 2008년 가을 40호, 280쪽.
7 교과서포럼, 앞의 글, 321쪽.

고 주장한다.[8] 이러한 논리를 위해 이들은 전통적인 민족 개념을 벗어 던지고 '한국민족'(17쪽)이라는 새로운 개념을 활용한다.[9]

'한국민족'의 개념에 북녘 동포들이 포함되는지, 안 되는지는 정확히 알 수 없다. 그러나 그들의 논리대로라면, 다른 나라 '조선민주주의인민공화국'의 구성원들은 당연히 '조선민족'이 되어야 할 것이다. 또 그들의 논리대로라면, 독자적인 국가 체계와 역사를 가진 '이웃 나라' 역사를 굳이 보론으로 서술하는 것도 우스운 일이다. 그 '이웃 나라'의 역사를 이념 대립과 흡수통일의 대상으로 기술하는 것은 더더욱 이해하기 힘든 일이다. 오히려 '대한민국사'에서 확실하게 빼버렸더라면 더 설득력이 있었을 것이다.

네 번째로 뉴라이트 교과서의 필자들은 이 책에서 북한의 '실패한 역사'에 대한 기술에 머물지 않고 적극적인 흡수통일을 주장하고 있다. 이들은 대한민국 헌법에서 "대한민국은 통일을 지향하며, 자유민주적 기본 질서에 입각한 평화적 통일 정책을 수립하고 이를 추진한다(제4조)"(17쪽)라는 조항을 부각시키면서, 대한민국의 헌법에 규정된 통일 정책을 지키는 것이 중요하다는 인식을 강조한다.

또한 "남한은 민주주의와 시장경제에 입각하여 자유롭고 평등하고 풍요로운 사회를 건설해왔다. 그에 비해 북한 동포는 국제 사회로부터 닫힌 가운데 억압, 차별, 빈곤, 기아, 질병의 늪에서 허덕이고 있는 실정이다.""바람직한 통일국가의 모습에 대한 국민적 동의의 폭을 넓혀

---

8 교과서포럼, 앞의 글, 320쪽; 이영훈·김영환, 〈뉴라이트 대안 교과서를 말한다〉, 《시대정신》, 2008년 가을 40호, 333쪽.

9 '한국민족'의 이론적 뿌리는 이승만 정권의 출범 이후 북측과의 이념 대립을 처음 교과서에 인입하면서 '대한민족'이라는 용어를 이병도의 역사관과 맞닿아 있다고 할 수 있다. '대한민족'의 창조와 관련해서는 이신철, 〈국사 교과서 정치도구화의 역사 – 이승만·박정희 독재정권을 중심으로〉, 《역사교육》, 제97집, 184쪽 참조.

가는 것이 한국 근현대사를 공부하는 또 하나의 중요 과제이다."(17쪽)
라며 흡수통일론의 정당성을 설파하고 있다. 이러한 주장이 자본주의
체제와 사회주의 체제의 현주소를 비교하고 자본주의 시장경제의 우수
성을 배우고 익혀야 한다는 주장과 맞닿아 있음은 물론이다. 결국 '북
한 현대사'에 대한 역사 교육을 흡수통일의 당위성이라는 정치적, 이념
적 목적 실현을 위한 도구로 전락시키고 있는 것이다.

이 밖에도 뉴라이트 교과서는 냉전적 사고와 관련한 반소·친미적
시각이 두드러진다. 예를 들면 분단 책임은 일방적으로 소련에 전가된
다. 그들에게 "38도선은 단순히 한반도의 분단을 불러온 것이 아니라
자유, 인권, 시장 등 인류 보편의 가치가 미국군을 따라 한반도에 상륙
한 북방한계를 나타내는 선"(137쪽)으로 인식된다. 인류 보편의 가치가
북상하지 못한 것은 당연히 소련의 진주가 그 원인인 것이다.

이 같은 인식과 관련하여 사대주의적 역사관이 나타난다는 점도 이
책의 또 다른 특징이다. 예를 들어 해방 직후의 이북 정치 상황을 소련
중심으로 설명하고, 행위의 주체 또한 대부분 소련으로 설정함으로써
이북인들의 주체성을 인정하지 않는다. 간혹 김일성의 역할을 인정하
기도 하지만, 그것은 독재 체제나 부정적인 설명과 관련된 것에 한하고
있다. 이 같은 시각은 해방의 주역을 연합군에 두고 "해방 당시에 우리
민족이 자주독립국가 수립 능력을 가졌는지도 의문"이었다거나, "최소
한 해방 후 민족의 진로는 우리 스스로 결정할 여건이 아니었다."고[10]
주장하는 대한상공회의소 측의 현행 교과서 검토 의견과 맥을 같이하
고 있다.

---

10 대한상공회의소, 〈초중고 교과서 문제점과 개선 방안 건의−경제·사회·국사·근현대사〉, 2008, 73쪽.

다음으로 뉴라이트 교과서는 대중이나 인민은 거의 등장하지 않는 엘리트 중심의 역사관을 관철하고 있다. 해방 직후의 토지개혁에 대한 설명 부분을 보면, "분배된 것은 토지의 경작권이지 소유권이 아니었다. 그럼에도 토지개혁은 농민의 환영을 받았다."(282쪽)라는 기술에서 보이듯이 민중은 애매한 위치로 서술되고 있을 뿐이다. 농민들이 왜 환영할 수밖에 없었는지, 그들이 얼마나 적극적으로 토지개혁에 참여했는지 등은 알 길이 없다. 일반 대중들의 삶의 모습을 기술하기엔 자료의 한계가 있다고 하지만, 이미 공개된 자료나 연구 성과조차 활용하지 않고 있다. 그저 민중들은 '일상화된 대중 동원'의 대상으로만 기술하고 있다.

엘리트주의적 역사관은 남성 중심의 반여성주의적 시각으로도 나타난다. 이 책에는 해방 직후 38선 이북에서 실시된 '남녀평등법' 등 여성의 지위 향상에 대한 언급이 없다. 뿐만 아니라 김정숙의 활동은 남성주의적 시각에서 평가절하된다. "김정숙은 빨치산 부대에서 취사와 세탁을 담당한 병사에 불과했는데, 김정일은 그녀를 백두산 3대 장군의 한 명으로 치켜세우며 우상화하였다."(293쪽) 김정숙이 장군으로 추대되는 부분이 비판될 수는 있지만, 그것이 항일 빨치산 부대에서 가사일과 같은 '하찮은' 일을 담당했기 때문이라는 시각은 문제가 있다.

제기되는 문제점

뉴라이트 교과서의 주장을 다시 정리해보면, 냉전과 이념 대립의 관점에서 실패한 국가 북한의 역사를 이해하고, 흡수통일에 대비해 보론으로 기술한다는 것으로 정리할 수 있겠다. 그리고 그 중심 논리에는 대한민국의 정통성을 소중하게 가르쳐야 한다는 주장이 담겨 있다. 그들의 주장이 가지고 있는 문제점들을 몇 가지로 나누어 살펴보자.

탈냉전의 역사적 흐름 역행 | 그들의 주장대로 세계의 모든 나라에서 국가의 정통성을 소중하게 가르친다. 그런데 그 정통성이 무엇이냐를 논할 때 '그 나라의 구성원들이 함께 결정하는 것'이라는 점은 간과된다. 뉴라이트 교과서 비판자들이 제기하는 '냉전시대로의 회귀'는 국가의 정통성을 부정하는 언설이 아니다. 냉전적 시각을 활용해 친일민족반역자와 독재자를 미화하고, 그들을 대한민국 정통성의 한 주체로 상정하는 것에 대한 비판인 것이다. 역사적 과오를 '근대문명의 수용'이나 '반공'의 공로로 미화할 수는 없다는 비판인 것이다. 더구나 이념 대결에서 승리하기 위해서는 상대의 체제와 이념에 대한 무조건적인 비난, 즉 맹목적인 반공 교육만이 능사가 아니다. 특히 화해와 평화의 21세기를 지향한다면 그것은 더욱 말이 안 된다.

   냉전의 폐단이나 한계에 대해 눈을 감는 역사 인식에서는 과거의 독재정권이 미화될 수밖에 없다. 대한민국의 정통성은 독재 권력자들에게 있는 것이 아니라, 그들을 반대하고 민주주의 국가를 이룩하기 위해 싸워온 사람들에게 있다. 뉴라이트 교과서는 한편으로 '대한민국의 경제적 성공'을 거론하며 소위 '산업화' 세력과 독재 권력을 연결시키고, 그들을 주역으로 삼으려는 시도를 서슴지 않고 있지만, 그것 역시 설득력이 약하다. 경제 성장의 주역은 착취당하고 억압당하면서도 새로운 삶의 방식을 찾아냈던 식민지 민중들과, 자신들의 생존과 가족들의 삶을 위해 자신을 희생했던 해방 후 민중들이다.

평화통일 방안 부재 | 냉전 논리에 입각한 남북 현대사의 분리, 즉 보론 체제가 흡수통일론에 기반해 있다는 점은 심각한 문제 중의 하나이다. 그들의 논리는 자칫 이념과 체제가 서로 다른 국가 간의 무력 충돌, 특히 남과 북의 전쟁 재발 가능성을 내포하고 있다. 그들의 주장은 식민 지배를 정당화하던 19세기 말 20세기 초 제국주의 국가들의 '사회진화론'을 연상시킨다. 그들의 논리에는 자본주의의 도순을 극복하려는 노력으로서의 사회주의 운동이나, 자본주의의 모순 수정을 가능케 한 '거울'로서의 사회주의의 의의에 대한 고려가 존재하지 않는다. 더욱이 20세기를 '인민의 세기'로 이해하려는 역사관은[11] 그 자체로 그들이 부정해야 할 역사관에 불과하다.

뉴라이트 교과서는 '이어지는 탈북 행렬', '국가 주도의 범죄 활동', '무너지는 수령 체제' 등의 항목으로 책의 말미를 장식함으로써 북한 붕괴에 의한 통일을 지향하고 있음을 명확히 드러내고 있다. "이러한 폭력국가는 장기적으로 존속할 수 없다."(301쪽)라며 붕괴를 예언하기까지 한다. 이러한 관점을 포기하지 않는 한 대화와 화해를 통한 평화통일을 모색하기란 불가능에 가깝다.

한국인=한국민족의 논리에서 배제된 '북한' | 뉴라이트 교과서는 야심차게 '한국인' 중심의 근현대사 서술을 기치로 내걸었다. 그런데 북한사를 보론으로 배치함으로써 그 구성원인 '북한인'들이 한국인의 범주에 들

---

11 20세기를 인민의 시대로 보는 것은 러시아 혁명을 필두로 한 사회주의 혁명뿐 아니라, 우리나라에서도 3·1독립운동과 의병투쟁, 독립운동 등에서 보여준 인민 또는 민중의 저항운동을 역사의 중심적 흐름으로 인식하는 역사관이다. 영국 BBC 방송도 20세기를 정리하는 장편 다큐멘터리 방송 프로그램의 제목을 '인민의 시대'로 한 바 있다(서중석, 《사진과 그림으로 보는 한국 현대사》, 웅진지식하우스, 2005, 64쪽).

어올 수 없음을 선언했다. 조선민주주의인민공화국의 '인민'들은 국가를 달리하기 때문에 사회과학이론의 측면에서 다른 민족이라고 주장할 수는 있다. 그렇다면 왜 통일해야 하는가에 대한 대답은 따로 제시되어야 할 것이다. 북한인들이 한국인이 아니라면 '민족의 일원이기 때문'이라는 고전적인 통일운동의 동기가 사라지는 까닭이다.

북한이 사회주의라는 '문명의 막다른 길'로 들어선 실패국가인 데다 대한민국의 안보를 끊임없이 위협하기 때문에 흡수통일을 해야 한다면, 통일 후 사회주의 중국과는 또 다른 이념 대결을 준비해야 하는 것일까? 뉴라이트의 교과서에는 모순투성이 주장에 대한 해명이 없다. 그들의 주장은 스스로 강조하는 헌법상의 규정과도 배치된다. 대한민국의 영토는 한반도와 그 부속 도서로 한다는 헌법 제3조와의 모순은 또 어떻게 설명할 것인가?

평화주의적 시각 부재 | 이미 지적했듯이, 북한 붕괴에 의한 통일만을 지상 과제로 삼고 있는 인식에서는 평화적 대화나 통일의 과정에서 겪어야 할 상호 이해와 양보, 타협의 실마리를 찾을 수 없다. 뉴라이트 교과서는 2000년 남북정상회담의 성과나 역사적 의의보다는 문제점들을 중시함으로써 평화주의적 시각의 부재를 스스로 드러내고 있다. 이산가족 상봉이나 남북경제 교류 등이 갖는 의미도 축소하고 있다. 다음은 그와 관련된 뉴라이트 교과서의 서술이다.

이 선언은 제2조에서 "남과 북은 나라의 통일을 위한 남측의 연합제 안과 북측의 낮은 단계의 연방제 안이 서로 공통성이 있다고 인정하고, 앞으로 이 방향에서 통일을 지향시켜나가기로 하였다."라고 하였다. 이 조항은 통일국가의 이념적 토대를 명확히 하지 않았기 때문에 남한 내에서 심각한 체제 논쟁을 유발하였다. 남한의 적지 않은 국민은 이 선언이 대한민국헌법 제4조에서 "대한민국은 통일을 지향하며, 자유민주적 기본 질서에 입각한 평화적 통일정책을 수립하고 이를 추진한다."라고 규정한 내용과 어떠한 관계에 있는지 의문을 제기하였다(250쪽).

뉴라이트 교과서는 이처럼 6·15공동선언이 오히려 남남갈등을 불러일으켰고, 헌법과 배치된다는 점을 강조하고 있다. 대한민국의 헌법은 영토 조항에서 이미 국제적 인식이나 남북관계의 현실과 유리된 모순을 안고 있다. 또한 남남 갈등과 관련된 서술은 현실을 있는 그대로 인정하지 못하는 편협성에 근거한 하나의 주장에 불과하다. 이런 주장을 '교과서'에 실을 수 있다고 생각하는 그 자체가 이 책이 '교과서'가 되기에는 부적절하다는 것을 잘 보여주고 있다.

이산가족 상봉이나 경제협력사업에 대한 서술에서도 그러한 편협성이 잘 드러난다. 뉴라이트 교과서는 이산가족 상봉에 대해, "남북정상회담은 그에 대한 정치적 논쟁에도 불구하고 북한과의 교류를 활성화하는 계기가 되었다."면서 "우선 이산가족·친족의 상봉이 활발하게 이루어졌다."라는 서술 이외에는 아무런 설명도 없다. 그 흔한 사진 한 장 실려 있지 않다.[12] 또 경제 협력과 관련하여 금강산 관광과 함께 그 성과를 설명하면서도 "그러나 아직도 '햇볕정책'이 기대한 북한의 개혁·

---

12 이산가족 상봉 사진은 다소 엉뚱하게 책 앞부분에 배치된 '무엇을 공부할 것인가' 항목의 '바람직한 통일의 모색'이라는 소항목에 소개되어 있다. 이 소항목의 내용은 주로 흡수통일의 정당성을 주장하고 있는데, 사진 설명에는 "(…)이만큼 비정한 체제는 인류 역사에서 전례를 찾기 쉽지 않을 것이다."(17쪽)라는 해설이 달려 있다.

개방은 이루어지지 않았다."(250쪽)라는 부정적 설명을 덧붙이고 있다. 다만 이산가족 상봉 문제와는 다르게 금강산 관광 제1진의 출발 사진과 개성공단 착공식 사진을 실음으로써 자신들이 경제 문제를 중시하고 있음을 부각시키고 있다.

인도주의적 시각의 결여 | 뉴라이트 교과서는 북한의 국가적 범죄 사실과 정권의 문제점 등을 불확실한 사실까지 동원하여 기술하는 동시에 탈북 행렬, 정치범 수용소 등의 문제를 집중적으로 부각시키고 있다. 북한 인권 상황의 심각성을 부각시키기 위한 서술이라고 인정하더라도, 식량난에 허덕이는 대중들의 고통에 대한 인도주의적 시각을 찾아보기 어렵다는 점은 이해하기 힘들다. 이 책에는 식량난을 야기한 김정일 정권에 대한 비난만이 가득할 뿐이다.

이상에서 살펴본 문제점들은 뉴라이트 교과서가 미래 없는 남북관계의 서술에 머물러 있음을 잘 보여준다. 자주적인 교류에 의한 통일 노력보다는 이념 대결의 승리에 의한 북한 붕괴와 흡수통일만이 대안으로 제시되고 있는 까닭이다. 이 같은 남북 간의 적대적 관계는 결국 북한이 경제적인 어려움에서 벗어난 후 경제가 성장하고 정치 체제가 안정될수록 더욱 심화되고, 나아가 더욱 치열한 이념적 대립을 해야 한다는 역설을 피할 수 없게 된다.

편향된 해석과 사실의 오류들

뉴라이트 교과서는 북에 대해 부정적인 시각을 곳곳에서 드러내고 있다. 지나치게 관점에 치중하다 보니 사실의 오류는 물론이고, 사실의 왜곡이나 편파적인 해석이 난무하게 되었다. 이러한 편향되고 비상식적인 역사 서술의 또 다른 원인 중 하나는 필자들의 비전문성에서 비롯된 것으로 보인다. 이 책은 정치활동가가 역사 서술에 개입했을 때 발생할 수 있는 한계를 적나라하게 보여주고 있지만, 여기서는 몇 가지 편향된 해석과 사실 오류만을 지적한다.

편향된 해석

뉴라이트의 교과서의 주 저자인 이영훈은 이 책을 소개하며 "실은 대안 교과서에서 가장 볼만한 부분이 북한 현대사"라고 밝힌 바 있다. 그가 칭찬한 부분은 1960년대 이후 북한사에 대한 비판, 특히 "김일성의 시신을 안치한 묘소를 치장하는 데 무려 9억 달러가 들어갔는데, 그 돈이면 당시 굶어 죽었던 북한 동포 대다수를 살릴 수 있었다는 사실"[13] 등과 같은 기술이었다.

그가 '교과서'를 표방한 책과는 어울리지 않는 정치 폭로 수준의 내용들을 칭찬하는 정치적 이유야 짐작이 가지만, 그의 평가와는 별개로 학술적으로 이 책이 내세우는 가장 중요한 부분은 역시 북측에 분단 책

---

13 이영훈 · 김영환, 앞의 글, 339쪽.

임을 지우고자 한 부분이라고 할 수 있다. 이 책은 기존의 교과서들이 이승만에게 분단 책임의 일부를 묻고 있다는 사실에 대한 반론으로, 소련과 북측이 이승만보다 먼저 분단정부를 추진했다는 주장을 내세우고 있다. 그러한 주장의 근거로는 소련 붕괴 이후 공개된 문서와 그것에 대한 일부의 해석을 내세웠는데, 이승만의 분단 노선에 대한 비판을 누그러뜨릴 수 있는 소재로 삼고 있다.

문제는 그들이 내세우고 있는 문서와 그 해석에 결함이 있다는 사실이다. 그들의 주장은 다음과 같다.

> 소련은 이미 1945년 9월 20일경에 북한에 단독정부를 수립할 결심을 굳혔다. 이날 스탈린은 북한에 독자적인 정권을 세우라는 취지의 비밀 지령을 제1극동군 사령관 바실레프스키에게 내렸다(280쪽).

문제의 핵심은 스탈린이 내렸다는 비밀 지령에 대한 해석이다. 구체적으로는 스탈린이 언급하고 있는 '독자적인 정권'이 무엇을 의미하는가 하는 문제이다. 그런데 이들이 단독정부 수립 결정의 근거로 인용한 '독자적인 정권'은 러시아어에 대한 잘못된 번역에 기반한 일방적 해석이다. 참고로 여기서 인용한 지령은 총 7항으로 구성되어 있는데, 문제의 구절은 제2항이다. 1항과 2항의 내용을 소개하면 다음과 같다.

1. 북조선 영토에 소비에트 및 여타의 소비에트 권력 기관을 창설하거나 소비에트 질서를 도입하지 말 것.
2. 모든 반일민주정당 및 조직들의 광범위한 연합을 기반으로 북조선에

부르주아민주주의 권력 수립을 방조할 것.[14]

위 두 항목의 핵심은 38선 이북 지역에 소비에트식 권력이 아닌 부르주아민주주의 권력의 수립을 도와주라는 것이다 더불어 권력 또는 정권으로 해석되는 러시아어 ВЛАСТЪ(블라스찌)는 좁은 의미에서의 정치권력뿐 아니라 지방 단위의 행정기관에도 적용되는 폭넓은 의미로 사용된다. 즉 개별 인민위원회도 블라쓰찌(권력 또는 정권)로 불리는 것이다. 소련군의 지배 방식이 인민위원회를 통한 간접지배 방식이었다는 점을 고려하면 문제는 더욱 선명해진다. 스탈린은 '조선 혁명'의 단계를 부르주아민주주의 단계로 규정하면서, 38선 이북에서 형성될 권력의 성격을 그렇게 유도하라는 지시를 내린 것이다. 그것은 곧 각급 인민위원회의 성격에 대한 지시라고도 볼 수 있다. 소련군이 이북 각 지역에서 좌우 동수의 인민위원회 결성을 유도해나갔던 정책을 상기한다면 그 성격이 더욱 명확해진다. 결국 '부르주아민주주의 권력'을 '독자 정권'으로 해석한 것은 일방적인 확대 해석에 불과하다.[15]

뉴라이트 교과서는 나아가 소련이 스탈린식 공산주의 체제를 만들기 시작했다는 주장도 담고 있는데, 그 또한 지나친 해석이라고 할 수 있다. 그들이 인용한 위의 문서에서도 '부르주아민주주의 권력'이라고 명시되어 있음에도 불구하고, 뉴라이트 교과서는 "소련은 폴란드, 루마니아, 체코 등 동유럽과 마찬가지로 북한 지역을 소비에트식 공산주의 체제로 만들어갔다. (…) 소련군은 철도, 도로, 우편, 전화 등 남한과의

---

14 ЦАМО, ф. 148, оп. 3763, д. 111, лл. 92~93쪽.
15 이와 관련한 논의는 기광서, 〈소련군의 북한 진주와 '부르주아민주주의' 노선〉, 《통일문제연구》, 제20권 제1호(통권 제20호), 2005 참조.

모든 교통·통신을 차단하여 실질적인 분단 조치를 취했으며 북한을 스탈린식 공산주의 체제로 만들어갔다."(281쪽)라고 언급하고 있다. 같은 지령문에서 특정 부분만을 편향적으로 해석하고 있음을 알 수 있는 서술이다. 또한 그들이 '분단 조치'로 해석하고 있는 각종 조치에 대한 설명에서도 점령 초기 미소 양군의 관계에 대한 고려가 없을뿐더러 군사적 의미를 가진 조치라는 측면이 간과되고 있음은 물론이다.

또 한 가지, 뉴라이트 교과서가 사실상의 분단정권 수립 근거로 주장하고 있는 것이 북조선임시인민위원회의 설치와 토지개혁이다. 이 책은 "북한의 토지개혁으로 남·북한은 통일을 기대하기 어려운 사실상의 분단으로 치달았다."고 주장하면서, 그 근거로 "무상몰수와 무상분배의 급진적 개혁은 사유재산권을 존중하는 남한의 미군정과 자유주의 정치 세력이 수용할 수 없는 것"이었다는 점을 내세운다. 또한 "토지개혁을 시행한 북조선임시인민위원회는 사실상 북한 지역을 통치하는 단독정부"(282쪽)라는 논리를 덧붙이고 있다.

1946년 38선 이북 지역에서 진행된 토지개혁 과정의 무상몰수와 무상분배는 당시 소련이 반대할 정도로 급진적인 개혁임에 틀림없었다. 그런데 몰수의 대상에 5정보 이상의 토지를 소유한 대지주와 종교단체 등이 포함된 한편으로 친일민족반역자의 토지가 포함되어 있었다는 점을 간과할 수 없다. 즉 당시에 사유재산권을 제한받은 사람들은 바로 그러한 사람들이었다. 그럼에도 사유재산권을 존중하는 미군정과 자유주의 정치 세력들이 수용할 수 없는 정책이라고만 한다면, 결국 친일민족반역자들에 대한 사유재산권을 보호했어야 한다는 주장으로밖에 볼 수 없다. 당시의 토지개혁이 추구한 바가 개인의 사유재산권 부정이라고 확대 해석하는 것은 그야말로 몰역사적인 정치 선전에 불과하다.

게다가 "분배된 것은 토지의 경작권이지 소유권이 아니었다."는 주장은 사실과 부합하지 않는다. 물론 당시 분배 받은 토지는 매매, 소작, 저당이 금지되었다. 이는 경작하는 농민에게만 토지를 소유케 하는 원칙을 지키기 위한 것이었다. 그런데 분배받은 토지는 도인민위원회에서 토지 소유권에 대한 증명서를 교부하고 토지대장에 등록하였다. 또한 토지의 상속권이 인정되었다. 이러한 토지소유권을 학계에서는 '근로농민적 토지소유'로 규정한다.[16] 이 같은 점을 고려하지 않은 채 '소유권 없는 경작권 분배'라고 주장하는 것은 사실 인식의 오류이다.

한 걸음 더 나아가 이러한 개혁이 분단을 의미하고, 그것을 주도한 북조선임시인민위원회를 사실상의 분단정부라고 해석하는 것도 논리적 비약에 의한 억지 주장에 불과하다. 북조선임시인민위원회를 단독정부로 이해한다면 이남에 설치되었던 입법기관 '남조선과도입법의원'과 각종 행정기구는 어떻게 해석하겠는가?

당시 태평양 방면 미국 육군부대 총사령관 맥아더(막카사) 장군은 포고문을 통해 "북위 38도 이남의 조선 영토와 조선 인민에 대한 통치의 전 권한은 당분간 나의 권한 하에서 시행한다."고 밝히고 이남에 진주했다. 그는 "정부의 전 공공 및 명예직원과 사용인 및 공공복지와 공공위생을 포함한 전 공공사업기관의 유급 혹은 무급 직원 및 사용인과 중요한 사업에 종사하는 기타의 모든 사람은 새로운 명령이 있을 때까지 그의 정당한 기능과 의무를 실행하고 모든 기록과 재산을 보존, 보호하여야 한다."며 직접통치 방법을 제시하기까지 했다.

이렇게 미국은 미군정에 의한 직접통치 방침에 따라 임시정부를 인

---

16 김성보, 《남북한 경제구조의 기원과 전개》, 역사비평, 2000.

정하지 않은 것은 물론이고, 각지의 인민위원회도 인정하지 않았다. 반면에 소련군은 치스짜코프 사령관의 포고문에서 "이제는 모든 것이 죄다 당신들에게 달렸다. 붉은 군대는 조선 인민이 자유롭게 창조적 노력에 착수할 만한 모든 조건을 지워주었다."라고 하면서 간접통치 의사를 피력하였다. 이후 소련군은 각지의 인민위원회들을 인정하고, 그 구성원들의 비율을 좌우 동수로 하는 정책을 시행했다.

남과 북에서 진행된 이 같은 정책과 통치 행위를 고려하지 않은 채 '분단정부론'으로 몰아가는 것은 무리한 해석이다. 설사 일부 그러한 학설이 존재하더라도 '교과서'를 표방한다면, 일방적인 서술은 삼가고, 최소한 이견이 존재한다는 사실을 밝혀주는 것이 마땅하다.

그 밖에도 이 책은 이북에서 초기 단계부터 사회주의 정권이 수립되었다는 것을 부각시키기 위한 서술들을 강조하고 있다. 예를 들면 정부 수립에 참여한 사람들에 대한 분석에서도 "김일성과 같은 항일연군 출신들, 중국공산당에서 항일투쟁을 했던 사람들, 국내에서 지하 활동을 했던 사람들, 소련군과 함께 들어온 소련계 한국인과 같은 다양한 배경을 가진 사람들로 구성되었다. 그들은 갈등을 내포하면서도 공산주의 이념으로 단결하는 모습을 보였다."(283쪽)라고 서술하여, 다양한 세력의 참여를 서술하는 듯한 태도를 취하고 있지만 결국은 공산주의 이념을 강조하고 있다.

사실 북한의 초대 내각에는 박헌영, 홍명희, 김책 등 3명의 부수상이 있었다. 그들 중 홍명희는 남쪽에서 올라간 민족주의 세력의 대표였다. 이렇듯 북의 정권에는 남쪽에서 올라간 민족주의자나 중도좌파 성향의 인사들이 적지만 포함되어 있었다. 또한 이들은 스스로를 공산주의자로 칭하지 않는 사람들이었다. 이들의 존재를 무시하고 정권 참여 세력들이 모두 공산주의 이념에 동조하고 있었던 것처럼 서술하는 것은 문제가 있다. 남북 정부 수립 시기의 가장 핵심적인 정치 현안이었으며, 역사적 의의가 부여되고 있는 남북협상에 대한 의도적 무관심과 일맥상통하는 서술이라 할 수 있다.

다음으로 뉴라이트 교과서는 주체사상 형성 과정에 대해서도 특이한 해석을 하고 있다. 김일성의 항일무장투쟁, 중·소 분쟁이나 소련계 숙청 과정 등 주체사상 형성의 역사적 배경은 설명하지 않으면서, 황장엽의 역할을 과대평가하고 있는 점이 특히 눈에 띈다. 더욱 심각한 것은 자칫 황장엽의 주체사상에 대한 오해를 불러일으킬 수 있는 서술이 포함되어 있다는 점이다. "당 서기실의 황장엽이 이를 철학이론으로 발전시켜 1970년대 초 마르크스·레닌주의와는 완전히 다른 독자적인 사상으로 성립하였다. 황장엽의 주체사상은 점차 김일성의 절대권력을 정당화하는 이론으로 변질되었다."(289쪽)라는 부분은 마치 주체사상이 변질되었기 때문에 잘못된 길을 간 듯이 서술되어 있다.

위의 서술에서 보듯, 뉴라이트 교과서는 황장엽이 창시했다는 주체사상이 마르크스·레닌주의와는 완전히 다른 독자적인 사상이라는 점을 인정하고 있다. 주체사상을 그렇게 분리해서 논할 수 있는지의 문제는 차치하고, 황장엽이 북에 있는 동안 주체사상의 수령관이 완성되었으며, 그러한 작업에 그가 관여하고 있었다는 사실은 어떻게 설명할지 궁금하다. 독자적인 철학사상으로서 황장엽의 주체사상을 대한민국 내에서 자유롭게 연구, 홍보할 수 있다고 생각하는지도 묻지 않을 수 없다.

뉴라이트 교과서에는 이런 구절도 있다. "전쟁으로 미국에 대한 북한의 적대의식은 고조되었고, 그 결과 북한은 점차 외부 세계와 단절되어갔다."(286쪽) 이 구절은 6·25남북전쟁(한국전쟁) 직후의 상황을 설명한 부분인데, 당시 냉전이라는 국제 정세에 부합하지 않는 설명이다. 여기서 말하는 '외부 세계'란 자본주의 진영만으로 규정되고 있다. 냉전 시대에는 미국 중심의 자본주의 진영이 있었고, 소련 중심의 사회주의 진영이 있었음은 상식이다. 양 진영 간에 교류가 거의 없었던 것도 상식에 속한다. 미국 중심의 세계 질서에 포함되지 않았다고 외부 세계와 단절되었다는 서술이 어떻게 가능한지 모르겠다. 서로 소통하고 있는 세계의 절반이 외부 세계와 단절되었다는 표현이 성립할 수 있을까?

뉴라이트 교과서에는 현재의 대립 관계를 의식한 편향된 서술도 많다. 가장 대표적인 것이 북핵 위기에 대한 일방적 서술이다. 이 책은 현재 핵 위기의 출발을 1950년대 말로 끌어올리고 있다. "1956년 핵물리학자 30명을 소련 핵연구소에 파견하여 연수를 받게 했다. 뒤이어 1964년 영변에 원자력연구소를 설치하면서 핵무기 개발의 의지를 다졌다."는 표현이 그것이다. 원자력연구소가 핵무기 개발 의지로 치환된다면 세계의 많은 나라들이 그러한 논리로부터 자유롭지 못할 것이다. 물론 대한민국도 마찬가지이다. 강대국 틈새에서 생존을 우려하는 제3세계 일반이 가지고 있다고 해도 과언이 아닐 '핵개발 의지'에 대한 논쟁은 차치하고라도, 1960년대의 영변 원자력연구소가 원자력 발전을 위한 것인지, 핵무기 개발을 위한 것인지에 대한 명확한 해명 없이 '핵 위기'와 연결시키는 것은 과도한 해석임이 분명하다.

또한 뉴라이트 교과서는 "미국과 소련 간의 냉전이 종식되고 양국의 핵무기 감축이 추진되면서 북한의 핵무기 개발은 국제적인 우려의 대상이 되었다. (…) 2002년 북한이 원심분리 방식의 핵무기 개발 사실을 시인하면서 제2차 핵 위기가 발생하였다. 미국의 북한에 대한 중유

지원과 경수형 원자로 발전소의 건설도 중단되었다.”(298쪽)라고 서술하고 있는데, 북핵 위기의 과정에서 북·미 간의 갈등이 그렇게 단순하지 않다는 것은 관계 전문가들은 다 아는 사실이다. 한마디로 북측에 일방적인 책임을 물을 수 없다는 것이다. 오히려 미국의 중유 지원 약속 불이행 등을 2차 핵 위기의 한 원인으로 보는 견해도 많다는 점을 고려한다면, 뉴라이트 교과서의 서술은 지나치게 일방적이고 단정적인 표현이라고 볼 수 있다.

마지막으로 뉴라이트 교과서는 북한의 변화 가능성에 대해 지나치게 인색한 서술을 하고 있다. 이 책은 북한이 1984년 외국인의 투자를 허용하는 합영법을 공포하였다는 사실을 기술하면서도, “북한은 실질적인 개혁 조치를 취하지 않았다.”고 덧붙이고 있다. 또 1991년 중국의 경제특구를 본뜬 “나주·선봉 지구를 자유경제무역지대로 개방했지만, 이 역시 북한 사회를 실질적으로 개방하지 않았기 때문에 외국의 자본과 기술을 끌어들이는 데 실패하였다.”고 주장한다. 나아가 “김정일은 자신의 권력 기반이 약화될 것을 우려하여 개혁에 반대했으며, 오히려 개혁을 주장하는 사람들을 탄압하였다.”(292쪽)라고 서술하고 있다.

이미 많은 중국 자본이 평양을 비롯한 도시들에 진출했다는 사실은 언론 보도를 통해 널리 알려져 있는 사실이다. 중국이 북한의 풍부한 지하자원을 독점하고 있다는 우려의 목소리도 적지 않다. 개성공단 건설과 금강산 관광 등을 통한 개방 노력에 대해서도 정당하게 평가해줄 필요가 있다. 그럼에도 뉴라이트 교과서는 급속한 자본주의화만을 개혁·개방으로 인식하고 있는 듯한 서술을 곳곳에서 드러내고 있다. 김정일이 개방 의지를 가지고 있지 않다는 이 책의 허석도 일반적이라고 할 수 없음은 물론이다.

사실의 오류

뉴라이트 교과서의 특징 중 하나가 수많은 사실의 오류를 범하고 있다는 점이다. 그런데 이 책을 펴낸 교과서포럼은 이 같은 사실의 오류들에 대한 비판적 지적에 대해서는 '고치면 그만'이라는 정도의 안일한 시각을 보여주고 있다. '교과서'를 표방하고 있는 것과는 대조적인 자세라 하지 않을 수 없다. 필자로 참여한 것도 아니기에 일일이 책의 오류를 지적해줄 필요는 없지만, 몇 가지만 지적한다.

이 책에는 잘못된 사실과 검증되지 않았거나 논쟁 중인 사실이 마치 사실인 양 적시되고 있는 경우가 적지 않다. 예를 들면 전쟁 기간 중 납치된 대한민국 국민의 숫자가 그러하다. 이 책은 "북한군은 전쟁 기간에 8만 명 이상의 한국 국민을 북한으로 납치하였다."(159쪽)라든가, "북한군은 8만 2,959명의 남한 국민을 북한으로 납치하였다(《대한민국 통계연감》, 1952)."(161쪽) 등의 기술을 하고 있다. 이것은 사실의 과장이거나 잘못된 통계의 인용이다. 이 책에서 인용하고 있는 대한민국공보처 통계국 자료(《6·25사변 피살자 명부》)에 대해 정부(내무부 정보과)는 1954년 명부를 재정리하여 그 숫자를 1만 7,940명으로 수정했다. 그리고 자진 월북인을 1만 271명으로 파악했다. 정부에서 스스로 오류를 수정했음에도 그 같은 사실은 반영하지 않고, 유리하다고 생각되는 자료만 인용하고 있는 것이다.

"전쟁 과정에서 수많은 북한 동포가 공산주의 체제의 억압을 피하여 남한으로 내려왔다."(161쪽) "소련군정은 북한의 민족주의자, 기독교인, 기업인 등을 탄압했으며, 1945년 말부터 수많은 북한 주민이 남한으로 탈출하기 시작했다."(280쪽) 등과 같은 서술에서는 월남인들의 실제 월남 동기에 대한 연구 성과를 무시하고 있다. 1945년 말 월남자의 대부분은 귀환동포였으며, 토지개혁 이후, 재산 몰수나 이데올로기적 요인에 의한 월남은 50% 미만, 전쟁 요인에 의한 월남자는 70%까지 조사, 보고되기도 했다.

앞에서도 지적했지만, 해방 직후 이북에서는 인민위원회들이 광범하게 조직되었다. 이는 조만식을 중심으로 자발적으로 전개된 건국준비위원회 활동과도 연계되어 있었고, 소련군은 그것들을 강제로 해산시키지 않았다. 다만 그 구성원에서 좌우 숫자를 배려하는 정책을 취하였다. 그러나 이 책은 이런 사실은 무시하고 "소련군은 1945년 8월 말 이후 행정 지역별로 인민위원회를 조직하여 공산주의자들이 장악하게 하였다."(281쪽)고만 기술하고 있다.

이 밖에도 뉴라이트 교과서에서는 "북한에서는 의회나 법원도 김정일과 노동당의 지시를 무조건 받아들여야 하며, 그 지시를 거부할 때는 목숨을 부지할 수 없다(《오늘의 북한소식》, 99호, 2007)."(293쪽) "1967년 김일성이 실용주의적 온건파의 노동당 간부들을 다 대적으로 숙청하면서 완전히 달라졌다. 학문과 예술에 대한 통제는 매우 심해졌다. 학교에서는 외국어 교과서, 외국어 사전, 어학 실습용 테이프 등을 모두 불태웠다."(290쪽) "(김정일은) 1994년 김일성이 죽은 뒤 1988년 국방위원장에 취임하였다. 이후 선군정치를 강화하고 핵무기 개발에 주력하였다. 이 과정에서 북한 주민 300만 명이 아사하는 대규모 참극을 빚었다."(291쪽) 등과 같은 과장되고 왜곡된 서술들이 반복된다.

식량난의 다양한 원인에 대한 설명 없이, 확인되지 않은 '300만 아사설'을 마치 사실처럼 기술하거나 탈북자들의 적응 과정을 미화하기도 한다. 대부분의 탈북자들이 문화적 차이, 정부 정책의 미흡함, 일반 시민들의 의식 부족 등 매우 어려운 주변 여건 속에서 어렵게 적응해가고 있다는 것이 상식이다. 그런데 뉴라이트 교과서는 "일부 적응하지 못하는 사례가 있지만, 대부분의 탈북자는 자유로운 남한 사회에서 나름대로 꿈을 실현하면서 열심히 생활하고 있다."(299쪽)고 한다. 2009년 1월 북한인권문제를 비판적으로 제기하고 있는 북한인권정보센터에서 조사, 보고한 바에 따르면 대한민국에 정착한 탈북자(새터민)들의 월소득은 93만여 원이다. 최저 임금 수준을 간신히 넘어서고 있는 수준이다. 탈북자 중 돈을 벌고 있거나 돈을 벌 의지가 있는 경제인구는 전체의 49.6%로 조사되었다. 취업자 중 정규직은 46%에 불과했다. 제조업 종사자들이 30%를 넘어섰고, 취업인구 중 응답자의 60%가 현재의 직장과 직업에 불만을 가지고 있는 것으로 조사되었다.[17]

뉴라이트 교과서는 이 외에도 북한에 대한 기술 곳곳에서 서술의 신빙성을 의심하게 한다. 이들의 주장은 북한에 대한 일방적인 비방과 폭로에 가깝다. 대립과 갈등을 당연시하는 이들의 편향된 시각이 사실의 왜곡이나 편파적인 해석을 불러온 것이다. 더불어 북한에 대한 긍정적인 인식은 철저히 배제하고 있다. '민주개혁'의 역사적 의의는 무시되었고, 적어도 1960년대 중반까지 남한보다 경제가 우위에 있었다거나 남한보다 민족문화를 잘 보존했다는 점과 같은 긍정적인 부분은 철저하게 배제되었다. 역사 교과서가 무엇인지 다시 한 번 곰곰이 생각해보기를 권하지 않을 수 없다.

---

17 《연합뉴스》, 2009. 1. 17. (http://www.yonhapnews.co.kr/politics/2009/01/17/0505000000AKR20090117027800014.HTML)

9장

대안 교과서의 조건과
뉴라이트 '대안 교과서'

김종훈

2008년 3월 24일, 뉴라이트의 역사 인식을 담은 교과서포럼판 뉴라이트 교과서가 그 모습을 드러냈다. 정식 명칭은 《대안 교과서 한국 근·현대사》(이하, 뉴라이트 교과서)이다. 교과서포럼과 뉴라이트 교과서 출간을 주도한 이영훈은 3월 24일 출간 기념 기자회견에서 "역사를 바로 세우기보다 바로 쓰겠다." "비록 부족하더라도 좌편향에 대립각을 세우는 우편향의 대안 교과서가 아니라 후세대 역사 교육을 위해 쓰여진 의미 있는 실적으로 평가받기를 원한다."고 밝혔다.

근현대사 인식과 교육의 문제는 현재 우리의 정치, 경제, 사회, 문화적 현실을 어떻게 인식하느냐 하는 것과 깊은 관련을 맺고 있기 때문에 당연히 시각차가 크고 논쟁 지점도 다양할 수밖에 없다. 개항 이후 혼돈과 격변의 근현대사를 겪은 우리가 어떤 미래를 조망할 것인가 하는 문제에 이르면 더욱 그렇다. 근현대사 논쟁이 교과서를 중심으로 벌어지는 것도 한국 사회의 한 특징이다. 입시 체제 아래서 교과서가 시험 문제 출제의 전거가 되고 있는 한국의 교육 현실에서 교과서가 현장 역사 교육에 미치는 영향이 지대하기 때문이다.

역사 교과서는 국민 대중의 역사 인식을 좌우할 수 있는 헤게모니로 인식된다. 그런 까닭에 교과서 논쟁이 순수하게 학문적, 교육적 차원에서 전개되지 못하고 정치적, 이념적 공세라는 파행으로 흐르는 경우가 많다. 교과서 논쟁이 불붙을 때마다 학계나 교육계보다는 정치계와 언론이 먼저 나서는 것도 그와 같은 이유에서다. 결국 교과서 논쟁은 복잡할 수밖에 없고, 논쟁의 본질과 진실, 정당성을 파악하기 위해서는 논점뿐만 아니라 논쟁 당사자들의 역사관과 가치관, 정치적 입장, 논쟁을 전개하는 방법 등을 복합적으로 따져보아야 한다.

뉴라이트 교과서는 과연 학계, 교육계, 시민 사회의 인정을 받아 대안 교과서로서의 시민권을 획득할 수 있을까? 또한 교과서포럼의 주장처럼 낡은 역사관을 대체할 새로운 역사 인식을 담고 있어서 말 그대로 '대안'이 될 만한 책인가? 나아가 교과서포럼이 기대하고 있는 것처럼 교실에서 아이들이 보조 교재로 사용할 수 있을 만큼의 교육적 가치와 근거를 갖고 있을까?

이런 질문에 답하기 위해 뉴라이트 교과서를 역사 교육의 맥락에서, 그리고 현장 교사의 입장에서 검토해보고자 한다.

교과서포럼의 근현대사 교과서 공세

뉴라이트 교과서를 본격적으로 검토하기에 앞서 이 책이 발간되기까지 7차 근현대사 교과서를 둘러싸고 전개되었던 교과서포럼의 공세를 살펴볼 필요가 있다. 뉴라이트 교과서 논쟁이 서 있는 지점을 확인하기 위한 것이다.

제7차 교육과정 개정으로 한국 근현대사 교과서가 검정으로 출간되면서 교과서포럼, 정치권, 보수언론의 이념 공세가 시작되었다. 여기에는 2002년 민주개혁 세력의 정권 획득에 대한 보수 세력의 위기의식과, 노무현 정부의 과거사 청산 작업에서 촉발된 진보 진영과 보수 진영의 갈등이 일정 부분 작용했다. 일부 보수 진영은 뉴라이트전국연합 등의 단체를 만들어 세력 결집을 꾀했고, 이들과 이념적 성향이 맞는 학자들은《해방 전후사의 재인식》을 발간하여 기존의 현대사 연구 성과를 부정하거나 관점과 서술 경향이 크게 상반된 내용을 내놓았다.

2005년 1월에는 서울대 국민윤리학과 교수 박효종, 경제학과 교수 이영훈 등이 중심이 되어 교과서포럼을 발족하였다. 그들은 한국 근현대사 교과서 가운데 금성출판사 교과서를 민중, 민족주의적 관점에서 역사적 진실을 왜곡한 좌파 교과서로 규정하고, 교과서가 담고 있는 역사관이 대한민국을 부끄럽게 여기는 자학사관이라며 공격하였다. 동시에 한국 역사학계에 대한 공세를 펼쳤다. 그들은 수차례 심포지엄을 열고《한국 현대사의 허구와 진실》등의 책을 발간하여, 근현대사 서술이 대한민국 정통의 관점, 반공주의적 관점, 친미·반통적 관점, 발전국가론적 관점에 서야 한다고 주장하였다. 일부 보수언론의 지원 사격으로

탄력을 받은 교과서포럼은 '좌파 교과서'에 맞설 새로운 교과서를 만들 것을 공표하며 교과서 만들기 작업에 착수했다.

2006년 11월 30일 교과서포럼은 서울대 사범대학에서 뉴라이트 교과서 시안을 검토하는 제6차 심포지엄을 열었다. 그런데 4·19혁명동지회 등 4·19 관련 단체들이 '4·19혁명'을 '4·19학생운동'으로 기술하려는 교과서포럼의 방침에 강력하게 항의하며 심포지엄에 들이닥치는 바람에 행사가 중단되었다. 우여곡절 끝에 그들은 결국 이명박 정부의 출범 직후인 2008년 3월 23일 《대안 교과서 한국 근·현대사》를 펴냈다. 이 책의 발간 시점은 교과서포럼이 지지하는 이념적 성향을 가진 이명박 정부의 출범과 절묘하게 맞아떨어지는데, 이는 정부라는 지지 세력을 등에 업은 그들의 공세가 앞으로 더욱 심화될 것임을 상징적으로 보여준다.

역사 교과서는 시대 인식을 담은 책이고 완벽하지도 않으니, 역사 교육의 입장에서 보면 다양한 논쟁은 마땅히 환영해야 할 일이다. 또한 방향성을 설정하는 문제이든, 시시비비를 가리는 문제이든 공개적이고 건설적인 논쟁은 분명 필요하다. 그러나 역사 교과서에 대한 최근의 공세는 방법적인 측면에서 몇 가지 문제점이 있다.

먼저, 교과서포럼을 비롯한 보수 세력들이 '좌파적', '친북적', '좌익적'이라는 딱지를 붙여 교과서 비판의 도구로 삼고 있다는 문제가 있다. 이러한 색깔 공세는 독재정권의 전매특허로, 학문과 사상에 대한 자유로운 연구를 탄압하고 국민의 입에 재갈을 물리는 비민주적 도구이다. 또한 이런 낡은 이데올로기 공세는 '대화를 하지 않겠다', '상대방을 깔아뭉개겠다'는 의사 표현으로 결코 비판의 올바른 자세가 아니다. 따라서 교과서를 둘러싼 논쟁이 정당성을 얻으려면 낡은 색깔 공세를 무기로 언론을 앞세워 정치적, 선동적 차원으로 접근할 게 아니라 학문적, 교육적 차원에서 상호 대화를 전제로 해야 한다.

특히 교과서포럼이 근현대사 교과서를 비판하는 방식은 분명 문제가 있다. 일례로 교과서포럼은 근현대사 교과서의 식민지 시대 서술에 대해 "민족 과잉", "수탈과 저항의 이분법"이라고 비판했는데, 그 비판이 유독 금성출판사 교과서에만 집중되었다. 민족주의를 축으로 한 근현대사 서술은 해방 후 교과서 서술의 일반적인 ㄱ 조였다. 금성출판사만이 아니라 다른 출판사의 한국 근현대사 교과서도 그런 인식 틀은 동일하며, 제7차 교육과정 개정 이전의 교과서에서도 동일하게 나타난다. 비판을 제대로 하려면 모든 교과서들을 함께 놓고 그 속에 담긴 근현대사 상과 서술 체제를 종합적으로 검토하고 토론해야 한다. 논점의 제기와 논쟁의 전개라는 측면에서 볼 때 교과서포럼의 금성출판사 교과서 비판은 무척 편향적인데, 다른 교과서에 비해 상대적으로 진보적인 내용을 담은 금성출판사 교과서를 비판함으로써 얻을 수 있는 정치적 반사이익을 노린 것으로 해석된다.

둘째로, 교과서포럼이 금성출판사 교과서를 비판할 때 자주 사용한 "객관성을 잃고 편향되었다.", "사실이 왜곡되었다."는 주장은 적절치 못하다. 역사 인식은 시대에 따라, 사람에 따라, 또 시대적 과제를 인식하는 방식에 따라 달라지기 마련이며, 이러한 사실은 역사를 공부하는 사람에게는 상식이다. 교과서포럼의 '한국 근·현대사 대안 교과서(시안)' 공청회가 '4·19학생운동'이라는 용어 사용 문제로 무산된 사태는 그런 현실을 웅변해주고 있다.

4·19가 '학생운동'인지, '혁명'인지는 사실과 객관성의 문제가 아니라 관점, 해석, 평가의 문제이다. 교과서포럼의 즈장을 듣다 보면, 해

석의 문제를 객관성과 사실의 문제로 치환시켜 "너는 틀렸고, 나는 절대 옳다."는 식으로 자신의 역사관을 합리화하는 느낌을 강하게 받는다. 심지어 그들은 교과서가 역사학자들에 의해서만 서술되어 편향이 심하다고 비판하기까지 한다.(그럼 역사학자들도 경제 교과서는 경제학자들에 의해서만 쓰여졌기 때문에 문제라고 비판해야 할까.) 건설적인 논쟁이 이루어지려면 상대를 인정한 바탕 위에서 '정당한' 비판을 해야 하며, 자신의 주장을 절대화하거나 진리화하지 말아야 한다.

셋째로, 현행 한국 근현대사 교과서들이 극복해야 할 많은 과제를 안고 있고, '수탈과 저항'의 이분법으로만 식민지 시대를 그리는 것에는 일정 정도 약점이 있음을 인정한다 치더라도, 그 공과는 정당하게 평가해야 한다. 신주백은 제7차 한국 근현대사 교과서의 근대사 부분을 분석한 글에서 이렇게 언급하고 있다.

> 한국 근현대사 교과서에서는 수탈(침략)과 저항의 단순 구도 속에서의 식민지 조선의 근대화, 곧 '식민지 근대화'조차 부정하거나 언급을 자제하던 기존의 관행을 벗어나려고 노력한 흔적을 발견할 수 있다. 두산동아의 교과서는 한 쪽 분량으로 '사진으로 보는 풍경'에서 여섯 장의 사진을 제시하며 일제 강점기 도시의 풍경을 사진으로 전달하려 하였고, 대한교과서의 교과서는 '사진과 그림으로 보는 역사'에서 1930년대 신식 여성의 등장을 두 쪽에 걸쳐 제시하고 있으며, 금성출판사의 교과서는 두 쪽 분량의 '역사찾기'에서 '일제 강점기, 우리 사회의 달라진 것들'이란 명확한 제목 하에서 도시, 여성, 대중문화의 모습을 사진과 그림으로 설명하는 방식을 취하고 있다. 하지만 이러한 편집 형식은 교육과정의 서술 항목에서 제시하고 있지 않기 때문에 본문에서 언급하지 못하고 있으며, 본문과의 연

계성 속에서 특별히 만든 내용 구성 요소로 배치해야 하는 근본적인 제약
상을 드러내고 있다. 교육과정이 각 교과서 필자들의 일제 강점기에 관한
역사화 작업을 따라가지 못하고 오히려 제약하며 여전히 이분법적인 구도
속에서만 이 시기를 바라보게 한 결과가 초래한 편집 형식이다.[1]

교과서는 교육과정이 제시하는 기준에 따라 서술된다. 검정으로 출
간된 한국 근현대사 교과서도 마찬가지여서 집필 시 교육과정의 강한
제약을 받았다. 그러나 신주백의 언급처럼 교육과정에 식민지 시대의
근대화 과정에 대한 서술 요구가 없었음에도 교과서를 집필하던 이들
은 제한된 방식으로나마 그것을 담기 위해 노력하였다. 물론 그것은 필
자들이 교과서포럼의 '식민지 근대화론'에 동조해서라기보다 식민지
근대화의 역사적 현상을 공정하게 다루려고 노력한 결과이다. 그런데
교과서포럼의 논자들이 이런 변화를 공정하게 평가해주었다거나, 교육
과정에 대한 깊이 있는 검토 작업을 진행했다거나 하는 이야기는 어디
에서도 들어본 바가 없다. 이것이 바로 교과서포럼이 지닌 근본적인 한
계이며, 그들의 비판 방식을 정당한 것으로 인정할 수 없는 이유이다.

마지막으로 언급할 것은, 교과서포럼의 근현대사 교과서 비판이 앞
에서 제시한 것처럼 1980년대에 이미 많은 비판을 받았던 국정 국사 교
과서의 역사관에 근거해 있다는 점이다. 시간 관계상 엄밀히 검토하지
는 못했지만, 권위주의 정권 시절의 국정 국사 교과서와 교과서포럼의
근현대사 인식이 크게 다르지 않은 것으로 보인다. 이들의 역사관이 이
미 청산했어야 할 낡은 유산을 향해 뒷걸음질하는 것으로밖에 여겨지

---

1 신주백, 〈저항, 그리고 형상화와 교육과정〉, 《한국사 교과서의 희망을 찾아서》, 역사비평사, 2002.

지 않는 이유가 여기에 있다.

대안 교과서의 조건과 뉴라이트 '대안 교과서'

교과서포럼은 뉴라이트의 '대안 교과서'가 《살아있는 한국사 교과서》
(전국역사교사모임 지음, 2002)처럼 다양한 대안의 하나가 되기를 기대하
고, 또 그럴 수 있다고 주장한다. 그러나 어떤 역사서가 대안 교과서라
는 이름을 달 수 있으려면 역사 인식과 역사 서술에서 보편성의 띠어야
하고, 교육적으로 적합한 가치를 담고 있어야 하며, 교과서의 새로운
전망을 브여주는 '대안적 성격'을 가져야 한다. 과연 뉴라이트 교과서
가 그런 모습을 하고 있는지 몇 가지 기준을 가지고 검토해보자.

강요된 '대안'

뉴라이트의 대안 교과서를 본격적으로 검토하기에 앞서 먼저 대안 교
과서의 의미를 점검해보고자 한다. '교과서'란 무엇일까. 교과서포럼은
지금껏 자신들의 역사관과 연구 성과가 교과서에 정당하게 반영되지
않았다고 주장하였다. 물론 이런 지적은 교과서포럼만의 전유물이라기
보다 일반적으로 역사학자들이 교과서에 대해 주장하는 것이다. 역사
학자들은 교과서 지식이 특정한 정치적 입장을 대변하거나 지배이데올
로기와 주류 담론을 반영한다는 비판도 흔히 제기하였다. 그러나 이런
논의에서 교과서를 직접 사용하는 교사와 학생의 주체성 문제가 검토

되는 경우는 거의 없었다.

결론적으로 말하면, 교과서의 지식 체계에 의해 교사나 학생의 역사 인식이 일방적으로 결정되는 것은 아니다. 교과서의 영향력이 작지는 않지만, 개개인의 역사 인식은 다양한 매체로부터 습득한 지식과 여러 통로를 통해 획득한 정보에 의해 종합적으로 재구성된다. 때문에 어떤 교사나 교과서도 역사를 가르치지 않고, 어떤 학생도 교과서나 교사의 설명을 그대로 받아들이지 않는다.

일례로, 필자는 고등학교 시절 국사 선생님이 일본의 식민지가 되기보다는 차라리 미국의 한 주가 되는 것이 나았을 것이라고 했던 말을 지금도 생생히 기억하는데, 그때도 그 말에 결코 수긍할 수 없었다. 마찬가지로 수업을 하는 데 있어 교과서가 중요한 전거가 되기는 하지만, 교사와 학생에게 제한적으로 받아들여진다는 사실을 염두에 두고 교사와 학생을 역사 인식 및 역사 학습의 주체로 인정하는 교과서 서술에 대해 진지하게 고민해야 한다. 이를 전제로 할 때 고과서에 관한 생산적인 논의가 비로소 시작될 수 있을 것이다.

두 번째로, 대안 교과서에서 '대안'의 의미도 점검해봐야 한다. 사실 교과서의 '대안 찾기'는 교과서 분석 및 단원 재구성, 새로운 유형의 학습지 개발, '배움책 만들기' 운동 등 현장 역사 고사들에 의해 실천적으로 전개되었다. 그리고 그 성과가 축적되어 마침내 2002년 대안 교과서를 표방한 《살아있는 한국사 교과서》가 발간되었다. 이 책의 발간 과정에서 '대체 교과서'에 대한 열망도 있었다. '대체'란 어느 하나가 다른 하나를 완벽하게 대신한다는 개념이다.

그러나 역사는 본질적으로 역사가에 의해 구성된다. 국정 교과서가 국가가 구성한 역사라면, 그에 대한 비판으로 구성된 역사 또한 다른 하나의 '구성된 역사'이다. 《살아있는 한국사 교과서》의 필자들은 국사 교과서를 대체할 수 있는 완벽한 교과서가 아니라, 여러 선택 가능한 대안 중에 처음 시도된 사례로서 이 책의 위치를 결정지었다. 그리고 각각의 교사가 자신의 역사관과 교육관, 주어진 상황에 따라 나름의 교육과정을 만들어나가는 출발점으로 삼았다.

이제 교과서포럼의 뉴라이트 교과서로 돌아가보자. 이 책의 발간을 전후한 교과서포럼의 행적을 추적해볼 때 뉴라이트의 '대안 교과서'는 '대안'이라는 측면에서 태생적인 한계를 갖고 있다. '대안'의 진정한 의미는 '강요'되는 것이 아니라 자발적으로 '추구'되는 것이다. 《살아 있는 한국사 교과서》는 역사 교육을 둘러싼 시대적 과제와 현장의 요구 속에서, 현장 교사들이 교과서에 대한 다양한 모색을 시도하고 노력을 경주한 결과 만들어낸 성과물이다. 그러나 교과서포럼의 뉴라이트 교과서는 교육 현장의 자발적인 움직임이나 요구를 수렴하지 않았을 뿐 아니라 지지 기반조차도 갖고 있지 않다. 오히려 교육 현장 밖에 있는 정치권과 언론의 힘을 등에 업고, 그것이 교육 현장에서 당연히 받아들여야 할 대안인 것처럼 선동되고 있다.

교육 주체를 무시하는 '대안'은 진짜 대안이 될 수 없다. 더불어 뉴라이트 교과서 발간 이후 나타난 일련의 움직임으로 볼 때 뉴라이트 교과서 필자들과 지지자들은 이 책을 일컬어 말로는 '대안'이라고 하지만, 실제로는 '대체' 교과서처럼 받아들일 것을 강요하고 있다. 만약 이 책이 현장 교사들의 자발적인 동의에 의해 수용되는 것이 아니라 정치권이나 정부 권력 등을 통해 일방적으로 강요된다면, 그것은 말 그대로 독재정권 시절의 낡은 유물에 불과하다. 또한 교육의 주체성과 중립성을 훼손하는 것이며, 교과서를 통해 장기적으로 국민의 역사 인식을 장악하려는 부당한 음모이다.

보편성, 타당성을 결여한 역사 해석

교과서포럼의 뉴라이트 교과서가 대안이 되기 위한 또 하나의 조건은 교과서 서술이 학계의 다양한 연구 성과와 토론을 바탕으로 역사 해석의 객관성, 보편성, 공정성, 타당성이라는 일정한 기준을 갖추어야 한다는 점이다. 역사 인식 자체가 일정한 기준을 가져야 한다는 말은 아니다. 역사관은 사람마다 다르고 시대적 과제에 따라 달라지므로 특정한 기준이 있다고 보기 어렵다. 여기서 말하는 기준이란 근현대사 해석을 둘러싼 주요 논점에 있어서 과연 뉴라이트 교과서가 학계나 교육계, 또는 시민 사회와의 열린 대화와 소통을 통해 많은 사람들로부터 합의를 도출해낸 결과물인가 하는 것이다. 그런데 이 책은 이 점에서 심각한 결격 사유를 가지고 있다.

교과서포럼은 2006년 11월 30일 근현대사 교과서 시안 공청회에서 '4·19혁명'을 '4·19학생운동'으로 서술했다가 호된 봉변을 당한 바 있다. 4·19에 대한 이런 평가는 뒤에서 다시 언급하겠지만, 이승만을 대한민국 건국의 아버지로 띄우는 일과도 일정 부분 연관이 있는 것으로 보인다. 2008년 발간된 뉴라이트 교과서에서는 다시 '4·19혁명'이라고 고쳐 서술했지만, 본문에서 이승만 정부의 반민주적 권위주의 통치는 소극적으로 다룬 반면, 혁명의 의미를 축소 해석하고 있는 것을 볼 때 본질은 크게 달라지지 않았다.

비슷한 예는 동학농민운동에 대한 평가에서도 찾아볼 수 있다. 동학농민운동에 대한 평가는 학계, 교육계, 시민 사회가 오랜 시간을 들여

많은 연구와 토론을 거친 끝에 얻은 결론이다. 이를 개인적 차원에서 "유교적 근왕주의에 입각한 복고적 농민운동"이라 평가하는 것은 역사관과 신념의 차이이므로 간섭의 대상이 될 수 없다. 그러나 그러한 해석의 '교육적 정당성'을 요구한다면, 적절한 토론과 검증의 절차를 거쳐야만 한다. 검증되지 않은 해석, 시민 사회에서도 쉽게 받아들일 수 없는 주관적인 역사 해석을 책에다 실어놓고 그것이 '대안'이라고 강변하는 것은, "나만 옳다."는 오만함의 극치이며 대안 교과서를 쓸 기본 자세가 되어 있지 않은 것이다.

'실증주의'로 포장된 목적론적 역사관

역사관이 다양하기 때문에 역사 교과서가 어떤 사실을 어떤 관점에서 다룰 것인가 하는 문제는 역사 교육의 주된 고민이 아닐 수 없다. 뉴라이트 교과서의 필자들은 서문에서 "이 책을 함께 쓴 우리의 기본 자세는 철저한 실증주의이다. 우리는 이 책의 독자들이 역사가의 주관적인 개입을 피해 직접 그들 삶의 역사에 접하면서, 그 역사와 친근하게 대화하고, 그 역사를 깊이 성찰할 수 있기를 기대한다."라고 밝히고 있다. 실증주의란 역사 해석과 서술에서 가능한 한 주관적인 개입을 피하고, 사실을 있는 그대로 바라보려는 역사 연구 방법론의 하나이다. 그러나 어떤 역사도 주관의 개입을 피할 수 없다는 것은 이미 널리 공인된 사실이고, 실증주의를 앞세워 역사관의 정당성을 설파하려는 방식도 학계와 교육계에서 이미 폐기처분된 낡은 수법이다.

교과서포럼은 제7차 근현대사 교과서들이 좌파 세력의 편협하고 목적론적 역사 인식을 그대로 담고 있기 때문에 문제가 된다고 공격했다. 그런데 그들이 집필한 뉴라이트 교과서는 자랑스러운 대한민국의 '현재'를 기준점으로 삼고, 바로 이 현재를 있게 한 원인으로서의 '과거'를 찾는 데 서술의 중심을 두고 있다. 이것이야말로 그들이 말하는 실증주의를 배제한 목적론적 역사 인식의 전형이 아닌가. 이에 대한 최윤재의 비판은 그러한 정곡을 통쾌하게 찌르고 있다.

> 대안 교과서의 저자들은 근현대사를 사실(史實)에 근거하여 실증적으로 역사를 기술했다고 주장한다. 그 출발점은 자랑스러운 대한민국의 '현재'이다. 바로 이 현재를 있게 한 원인으로서 '과거'를 찾고자 한다. 그래서 돌이켜보니 5·16과 박정희가 있고, 대한민국 건국과 이승만이 있으며, 구한말 개화파와 일제 식민 지배가 있었고, 그런 것들이 바로 오늘을 있게 한 원인이라는 것이다. 흔히 '역사에서 가정은 무의미하다.'고 한다. 따라서 과거에 있었던 사실 그 자체를 부정하려는 것은 역사를 올바로 보는 태도가 아니다. 하지만 그렇다고 해서 그런 사실들을 모두 긍정적으로 평가해야 하는 것은 아니다. 또 시간적으로 앞서 있다고 해서 모두가 후일의 원인이라고 단정을 해서도 안 되는 것이다. 만약 대안 교과서처럼 앞에서 언급한 일들이 없었더라면 현재의 대한민국조차 없었을 것이고, 따라서 그 사건들을 높이 평가해야 한다면, 같은 논리로 앞의 사건들이 없었더라면 대한민국이 현재보다 더 나았을 것이라는 주장도 가능할 것이다.[2]

위 글의 필자가 왜 이런 지적을 했는지 구체적인 서술 사례를 통해 확인할 필요가 있겠으나 꼭 집어서 거론하기는 쉽지 않다. 목적론적,

---

2 최윤재, 〈역사를 어떻게 해석할 것인가〉, 《경향신문》, 2008. 4. 7.

결과론적 역사 인식이 책의 전반적인 서술 기조 속에 은연중에 깔려 있기 때문이다. 그래도 명확히 드러나는 몇 가지 사례를 찾아볼 수 있는데, 그 가운데 하나는 다음과 같다.

〔자료글 : 박정희〕 그의 권위주의적 통치는 한국 사회에 역사적으로 축적되어온 성장의 잠재력을 최대로 동원하는 역설적인 결과를 낳았다. 그의 집권기에 한국 경제는 고도성장의 이륙(take off)을 달성했으며, 사회는 혁명에 가까운 커다란 변화를 겪었다(뉴라이트 교과서, 186쪽, 이하 쪽수만 표기).

뉴라이트 교과서가 그들이 말하는 실증주의와 거리가 멀다는 것은 교과서 구성과 서술 방식에서도 잘 드러난다. 실증주의에 근거했다면, 사실 서술에 중점을 두고 가치 판단이나 주관적 평가를 최대한 배제하는 노력을 보여주어야 한다. 그러나 뉴라이트 교과서는 곳곳에서 자료글 형식으로 자신들의 역사관을 설파하고 있다. 예를 들어 '이승만 대통령의 원자력에 대한 선구적 이해'(168쪽)라는 자료글은 제목에서부터 이승만에 대한 평가가 개입되어 있다. 심지어 대한민국 건국 부분에서는 '대한민국 성립의 역사적 의의'라는 제목 하에 건국의 의미를 2쪽에 걸쳐 장황하게 설명하고 있다.

이런 사례는 이념과 관계된 부분에서 특히 많이 나타난다. 3·1운동의 배경으로 인정되고 있는 러시아의 민족자결원칙이 배제되어 있는 것이나, 식민지 시대 사회주의 운동과 일제의 만주 침략 이후 사회주의 계열의 무장독립투쟁이 축소 서술되어 있는 점, 한국전쟁 때 인민군의 민간인 학살은 자세하게 다룬 반면 보도연맹사건이나 국민방위군사건,

거창양민학살사건 등은 언급조차 하지 않은 점 등이 다 그에 속한다.

결국 이들이 말하는 '실증'이란 사실 그 자체가 아니라, 자신들이 내세우는 역사관을 객관적이고 보편적인 것으로 내세우기 위한 방패막이로 보인다.[3]

'이기심'을 정당화하는 논리

교과서는 학생들이 보는 책이므로 어떤 정보와 지식을 제공할 것인가, 그러한 정보와 지식이 학생들의 가치관에 어떤 영향을 끼치게 될 것인가 등을 면밀하게 검토한 후 편찬되어야 한다. 역사 교과서, 특히 근현대사 교과서는 과거를 통해 우리 시대가 처한 현실과 과제를 바르게 이해하고, 이를 바탕으로 미래를 조망할 수 있도록 서술되어야 한다.

우리나라를 포함한 전 세계의 근현대사는 민주주의와 보편적 인권의 가치를 발견하고 추구하는 과정이었다. 그리고 현재 민주, 평등, 평화, 인권, 환경 등과 같은 가치는 인류가 보편적으로 추구해야 할 가치로 인정되고 있다. 역사 교사들은 이러한 미래 지향적 가치들을 현장 수업에 도입하기 위해 다양한 각도에서 실천적인 노력들을 전개하고 있다.

그런데 뉴라이트 교과서에서는 이런 가치들을 찾아보기 어렵다. 오히려 "인간의 본성인 자유와 이기심이 인간 역사의 발전에 얼마나 중요

---

3 교과서포럼을 적극 지원하고 뉴라이트 교과서 발간을 기대하던 《조선일보》와 《중앙일보》 같은 수구 언론조차 이 책의 편향성에 대해 부분적으로 우려의 목소리를 내고 있다. 《조선일보》 2008년 3월 24일자 사설은 뉴라이트 교과서의 출간을 환영하면서도, "일제 지배의 폭압성을 인정하면서도 일제 동화 정책 결과 경제 성장이 촉진되고 근대문명을 학습하게 됐다는 서술은 학계에서 뜨거운 논쟁이 계속되고 있는 부분을 어느 한 학파의 입장 위주로만 서술한 것이어서 또 다른 편향 논란을 부를 수 있다."며 문제점을 지적하였다. 《중앙일보》 2008년 3월 24일자 사설도 '뉴라이트 교과서, 역사 인식에 심각한 오류 있다'는 제목 하에 "한민족을 총칼로 억압한 식민통치를 근대문명의 출발로 본다거나, 민주주의와 인권을 부정한 독재정치는 감추어지고 근대화의 공로만을 돋보이게 해서는 안 된다."며 뉴라이트 교과서의 역사관을 비판하였다.

한지 성찰할 필요가 있다."(17쪽)며, 자유민주주의와 시장경제를 인류의 보편적 가치로 옹호하고 있다. 그 옳고 그름을 떠나 인간의 '이기심'을 정당화하는 서술을 학생들이 읽는 교과서에 여과 없이 그대로 옮긴 것은 선뜻 납득할 수 없는 일이다. 자유와 함께 민주주의의 핵심이며, 프랑스 혁명의 인권선언에서 분명히 밝히고 있는 '평등'이 왜 이 책에서는 인류의 보편적 가치로 인정받지 못하는지에 대해서도 자못 의아하다. 뉴라이트 교과서가 말하는 자유도 인간의 보편적 권리로서의 자유라기보다는 18세기 유럽의 부르주아 자유주의의 '자유', 다시 말해 자본주의자들이 오직 경제적인 관점에서만 추구하던 자유와 그것을 바탕으로 한 약육강식 식민주의의 냄새가 진하게 배어난다.

인류가 공통으로 겪었던 근대는 크게 '기술로서의 근대'와 '해방으로서의 근대'가 있다. 기술로서의 근대가 위로부터의 움직임이었다면, 해방으로서의 근대는 밑으로부터 전개된 평등운동이자 인간해방운동이었다. 기술로서의 근대가 인류에게 생산력 발달과 물질적 풍요를 안겨주었다면, 해방으로서 근대는 평등 사회를 추구함으로써 "인간의 얼굴을 가진" 근대를 만들어냈다. 뉴라이트 교과서가 식민지 근대화론을 주장하고, 단정 수립을 절대화하며, 개발 독재를 정당한 것으로 옹호하는 것은 '기술로서의 근대'만을 근대화의 절대적인 기준으로 삼고 있기 때문이라 여겨진다. 그럴 경우 해방으로서의 근대를 추구했던 역사, 즉 국내외적으로 모든 억압 통치에 저항했던 역사는 어리석고 비효율적인 것으로 치부될 수밖에 없다.

인류는 20세기에 들어와 지배와 폭력, 두 차례의 세계대전을 낳았다. 2차 대전 시기 강대국들은 승리를 위해 대량 학살 전쟁을 마다하지 않았으며, 가해국이었던 독일과 일본은 인간을 대상으로 생체 실험까지 하였다. 이는 인류 공동체의 평화와 공존을 부정하는 집단의 이기심에서 비롯된 것이라 볼 수 있다. 고등학교 시절 한 친구가 독일의 생체 실험이 의학 발전을 100년 앞당겼다는 이야기를 한 적이 있다. 그 친구가 어디서 그런 이야기를 들었는지 모르지만, 사실 여부를 떠나 인간을 도구화하는 논리가 끔찍하게 느껴졌다. 이기심을 합리화하는 뉴라이트 교과서의 논리를 따르자면, 생체 실험이 의학 발전을 앞당긴 일대 혁명이라고 가르쳐야 할지도 모르겠다.

엘리트주의와 특정 인물 띄우기

뉴라이트 교과서의 기저에는 엘리트주의가 면면히 흐르고 있다. 단적으로 역사 발전의 주체와 동력을 민중운동에서 구하는 것이 아니라 지배 엘리트의 활동에서 찾겠다는 것인데, '대한민국 성립의 역사적 의의'를 설명한 부분에서 극명하게 나타난다.

〔본문 : 문명의 융합과 전통의 계승〕 개항 이후 한국의 근·현대사는 전통문명과 외래문명이 융합(fusion)하는 과정이었다. (…) 문명사의 융합과 전환을 이끌어온 정치 세력은 개항을 전후하여 전통 사회 내부에서 자발적으로 성립한 개화파가 그 선구였다. 이승만 초대 대통령은 대한제국 시기의 독립협회와 만민공동회 운동에 참여함으로써 박규수, 김옥균, 서재필, 박영효, 윤치호 등으로 이어져온 개화파를 계승하였다. 이동휘, 이상재, 안창호, 김구, 김규식, 박용만, 박은식, 신채호, 김성수 등 식민지 시기에 국내외에서 민족의 독립과 실력 양성을 추구한 수많은 독립운동가, 사상가, 실업가 등이 이 노선에 참여하였다. 대한민국의 건국은 역사적으

로 발전해온 개화파에 의해 주도되었다(148쪽).

이런 역사관이라면 갑신정변 관련 서술에서 "비록 실패했지만 갑신정변의 주역들은 한국 근·현대사에서 근대화를 추구했던 선각자들로 적극 평가되어야 한다."고 쓴 데 비해 동학농민운동 관련 서술에서 "부적을 지니면 총탄을 막을 수 있다고 생각하는 농민군이 신식 무기로 무장한 일본군과 관군을 이길 수는 없었다."(43쪽)는 평가나, 을사조약 이후 국권회복운동에서 고종의 구국 외교나 해외 이민과 독립운동 서술에 비해 의병운동의 서술 분량이 적은 것 등은 아주 당연한 귀결일지도 모르겠다. 그러나 5·16쿠데타 세력을 유능한 엘리트 집단으로 평가하고, 친일·친미 세력을 국가 발전을 이끈 엘리트로 서술하는 데 이르러서는 그 역사 인식에 참으로 황당함을 금할 길이 없다.

〔본문 : 새로운 엘리트 집단의 형성〕 그들(엘리트 집단 : 편집자 주)은 대체로 식민지 시기에 고등교육을 받고, 은행 등의 경제기구에서 실무 경험을 축적한 다음, 건국 이후 한국 경제에 자문을 행한 미국의 전문가들로부터 훈련을 받은 젊은 관료들이었다. 1950년대 한국 경제의 발전은 상당 부분 이들 관료 집단의 능력과 헌신적 노력이 있었기에 가능했다. (…) 군부에서도 엘리트 집단이 형성되고 있었다. (…) 육군·해군·공군 사관학교, 공병학교, 통신학교, 국방연구원이 설립되어 우수한 인력을 배출하였다. 다수 고급 장교가 미국에 파견되어 군사 기술과 조직 관리를 배웠다. 1950년대 한국 군대의 행정 체계와 방식은 정부의 일반 부처에 비해 훨씬 선진적이었다. 그런 가운데 '조국 근대화'에 강렬한 포부를 가진 장교 집단이 한국 사회의 핵심적인 엘리트 집단으로 부상하였다(168~169쪽).

특정 인물 띄우기도 심각한 문제이다. 뉴라이트 교과서는 이승만을 위한 교과서라 불러도 전혀 지나치지 않는다. 이승만을 띄우는 서술이 독립협회 관련 서술로부터 시작하여 중요 시기마다 빠짐없이 나타나 있다. 이승만 띄우기 서술은 직접적인 방식으로도, 간접적인 방식으로도 나타난다. 직접적인 서술 방식의 예는 뉴라이트 교과서 59쪽 자료글 '이승만', 126쪽 본문 '만주사변과 이승만의 외교 활동', 149쪽 본문 '문명의 융합과 전통의 계승', 158쪽 자료글 '이승만의 정치 이념과 정책', 168쪽 '이승만 대통령의 원자력에 대한 선구적 이해' 등이다. 간접적인 서술 방식은 69쪽 본문 '해외 이민과 독립운동', 117쪽 자료글 '대한민국의 역사적 정통성의 기원', 131쪽 '미국에서 독립운동가들의 갈등' 등을 예로 들 수 있다. 게다가 인물에 대한 평가도 실제 사실에 대한 왜곡까지 불사하면서 객관성과 중립성을 잃은 채 일방적인 찬양과 미화 일색이다. 교과서가 아닌 특정의 역사관을 담은 단행본에서도 이런 노골적인 서술은 찾아보기 힘들다.

[자료글 : 이승만의 정치 이념과 정책] 그는 제2차 세계대전 후 유라시아 대륙의 대부분을 차지한 공산주의 국제 세력의 공세로부터 대한민국을 방어하고, 대한민국의 기틀을 자유민주주의와 자유시장경제 체제로 올바로 잡는 데 동시대 어느 누구와도 나눌 수 없는 커다란 공훈을 세웠다(158쪽).

'내리먹이식' 역사 서술

뉴라이트 교과서는 역사 서술 방식에서도 대안이라 부르기에는 결격 사유가 많다. 앞에서 잠깐 지적했지만, 뉴라이트 교과서는 필자들의 주관적인 역사 해석을 일방적으로 강요하고 있다. 특히 책 곳곳에서 보이는 자료글, 예를 들어 '동학농민봉기의 재인식'(44쪽), '38도선 획정 경위와 역사적 의의'(137쪽) 등은 다양한 해석들을 소개하는 척하면서도 결론에 이르러서는 자신들의 역사 해석을 정당화하고 있다. 자료글만이 아니라 본문도 마찬가지이다. 구체적인 예를 들어보자.

[본문 : 근대화 혁명의 출발점] 5·16은 일부 군부 세력이 헌법 절차를 거쳐 수립된 정부를 불법적으로 전복한 쿠데타였다. 그러나 정치기능 면에서 5·16쿠데타는 근대화라는 국민적 과제를 수행할 능력이 결여된 구정치 세력과 그에 도전한 급진 이념의 정치 세력 모두를 대체할 새로운 세력이 국가 권력의 중심부를 장악한 일대 변혁이었다. 30~40대의 인물들르 구성된 새로운 통치 집단은 기득권 집단의 이해관계로부터 자유로웠다. 그들은 당시 객관적인 현실에서 경제 발전이야말로 가장 시급한 국민적 과제임을 잘 인식하고 있었다. 그리고 6·25전쟁에 참전한 군인 출신으로서 그들의 성급한 통일운동의 위험성과 비현실성을 확신하였다(180~181쪽).

현대사에 대한 기본적인 지식이 있는 역사 교사라면 위의 본문 서술이 5·16쿠데타 세력이 내세웠던 논리의 재판이라는 것을 쉽게 간파할 수 있을 것이다. 그것을 역사적 사실인 양 서술한 것은 독자를 기만하고 우롱하는 행위이다. 어떤 역사 서술도 해석을 배제할 수는 없지만, 사실을 균형 있게 제시함으로써 독자들이 가치 있는 해석을 할 수 있도록 유도하는 것이 아니라 필자들의 일방적인 해석을 사실인 것처럼 서술하는 방식은 교과서라면 금해야 할 최소한의 가이드라인이다.

어떤 책이 교과서라는 이름을 달려면 자신의 역사 해석을 일방적으로 전달하는 '내리먹이식' 서술은 곤란하다. 검인정으로 편찬된 7차 한국 근현대사 교과서들 중 어느 것도 본문 서술에서 필자의 역사관을 마구잡이로 드러내지 않았다. 그러나 뉴라이트 교과서에서 찾은 다음의 서술은 필자들이 이 책을 펴낸 의도가 적나라하게 드러나 있다.

〔본문 : 민족주의의 절정과 쇠퇴〕 민주화 세력은 민족주의를 민주화 운동의 우군으로 활용하였다. 민족주의는 반일을 넘어 반미 성향을 띠게 되었다. (…) 민족주의 역사학은 개항 이후 한국 근·현대사의 주류를 동학농민봉기, 식민지 시기의 항일무장투쟁, 4·19민주혁명, 5·18광주민주화운동, 6·10민주항쟁으로 이어지는 흐름으로 이해하고, 그러한 역사관을 역사 교과서를 통해 보급하였다. 이러한 시각의 역사 교육은 대한민국을 건국하고 근대화를 추진해온 개화파 이래의 근대화 세력을 반민족으로 매도하는 경우가 많았다. (…) 1990년대 이후 국제 공산주의 체제가 해체되었다. 그와 동시에 북한 공산주의의 열악한 인권 상황과 비참한 생활 실태가 폭로되었다. 그에 따라 2000년대 들어 북한의 반일·반미 자주노선을 높이 평가하면서 대한민국의 역사에 비판적이었던 학문·예술과 정치 세력의 영향력이 급속히 약화되고 있다(271쪽).

이 서술 뒤에는 《해방 전후사의 재인식》이라는 제목 아래 교과서포럼이 주축이 되어 펴낸 책을 역사적으로 중요한 책인 양 소개하는 한편, "그동안 한국의 민족주의는 한국의 근·현대사를 지나치게 제국주의에 대한 투쟁사로 단순화하였다. 그 외의 많은 역사가 가려지고 왜곡되었다. 이러한 문제의식에서 네 명의 편집자는 국내외의 훌륭한 학술 논문을 취합하여 두 권으로 묶었다. 이 책은 출간되자마자 학계와 언론계의 큰 반향을 불러일으켰다."고 쓰고 있다. '대안 교과서'라 표방한 책에다 이렇듯 자신들이 펴낸 또 다른 책을 홍보하는 것은 참으로 속보이는 행동이 아닐 수 없다.

이상에서 몇 가지 분석 기준을 가지고 뉴라이트 교과서를 교육적 맥락에서 검토해보았다. 미처 살펴보지 못한 것들도 많다. 예를 들어 최근 역사 연구와 교육에서 다중 주체의 관점, 즉 민족사와 국가사의 거대 담론 속에서 소외되는 '성, 지역, 계층'의 문제를 적극적으로 다루려는 노력이 전개되고 있는데, 이 책은 '대안'을 표방하고 있음에도 그러한 고민을 반영한 흔적이 보이지 않는다. 뉴라이트 교과서가 후쇼사 교과서와 동일한 역사관에 근거하여 국가주의, 성공주의 신화에 매몰되어 있다는 지적도 적지 않다. 양자의 구체적인 서술을 비교해보는 작업도 뉴라이트 역사 인식의 본질을 밝히는 데 도움이 될 것이다. 또한 뉴라이트 교과서는 얼핏 봐도 독재정권 시절 국사책의 근현대사 서술과 유사한 점이 많다. 무엇이 같고 다른지 비교해보면, 이 책의 역사 인식이 과거로 회귀하고 있음을 어렵지 않게 알 수 있을 것이다.

역사 교육의 대안을 모색하고자 다양한 대안 교과서를 발간하는 것은 환영할 일이다. 대안 교과서에 각자가 지향하는 가치를 담는 것도 당연할 일일 수 있다. 그러나 그것이 교과서란 형식을 취하려면 최소한의 보편성을 담보해야 한다. 뉴라이트 교과서는 학생들에게 필자들의 논리만 강요한다는 점에서, 기존 교과서의 문제라고 하는 부분을 그대로 답습하고 있다. 또 뉴라이트의 역사관을 주입하기 위한 것으로 보이는 정략적이고 비교육적 면들을 너무 많이 노출하고 있어서 결코 '대안'이 될 수 없다.

'대한상의 초중고 교과서 문제점과 개선 방안'의 문제점 분석

교과서포럼의 뉴라이트 교과서 발간에 즈음하여 대한상공회의소(이하, 대한상의)가 초중고 경제, 사회, 국사, 한국 근현대사의 4개 과목 60종의 교과서를 분석한 후에 총 337건의 문제점을 지적하여 과학기술부에 개선을 건의했다. 이것은 뉴라이트가 보수 정권에 기대어 뉴라이트 교과서에 담은 역사 인식을 교육 현장에 실질적으로 관철시키려는 정치적 의도로 판단된다.

대한상의는 현행 교과서의 내용을 편향된 시각(97건), 부정확한 서술(106건), 저자의 주관적인 해석(21건), 부적절한 사례(22건), 기타(37건) 등의 유형으로 구분하였다. 그리고 현행 교과서에 다음과 같은 문제점이 있다고 지적하였다.

> 첫째, 시장경제의 작동 원리나 강점을 충실히 설명하기보다는 시장경제의 부정적인 면을 강조하고 있어 학생들에게 잘못된 경제관과 자본주의 체제에 대한 반감을 심어줄 수 있다.
>
> 둘째, 경제성장 과정에서 국내 기업의 역할이나 기여도를 평가하는 데 인색한 반면 기업을 각종 경제·사회 문제를 야기하는 주범으로 묘사하고 있다.
>
> 셋째, 고도성장에 대해 자긍심을 심어주기보다는 성장 과정에서 파생된 문제점을 과도하게 부각하고 있다.
>
> 넷째, 세계화·정보화와 관련해서는 의미와 중요성을 축소하고 왜곡하는

경우도 있으며, 반세계화 주장을 비중 있게 설명하고 있다.

다섯째, 북한에 대해서는 비판적 접근보다는 호의적 평가가 두드러져 학생들이 북한의 현실을 이해하는 데 혼란을 줄 수 있다.

여섯째, 사회 발전을 시민운동의 관점에서 설명하고 있으며, 시민의 역할과 사회 참여를 강조하는 부분에서는 기업과 시민을 적대적인 관계로 설정하여 기술하는 경우도 있다.

대한상의의 현행 교과서 분석과 개선 요구안을 보면 실소를 금할 수 없는 부분들이 종종 눈에 띈다. 편협하고 단선적인 역사 인식의 노출을 서슴지 않는 까닭이다. 고등학교 국사(고1 국사 교과서)에서 고려와 조선 관련 서술을 분석한 내용 가운데 한 예를 살펴보면 아래 표와 같다.

대한상의의 분석은 기본적으로 고려시대를 조선시대보다 진보된 사회로 보는 입장에 서 있다. 사회의 진보 수준을 단순히 경제적 관점에서만 판단하고 있는 것이다. 특히 고려시대의 시장과 대외무역을 자본주의적 개념으로 이해하는 이들의 몰지각함은 쓴웃음을 짓게 만든다. 이러한 관점에서 역사를 가르친다면, 학생들은 일제 강점기를 후퇴한 우리의 역사를 정상으로 되돌려놓는 시기라고 이해할 수밖에 없다.

| 교과목(원문) | 대한상공회의소 | | 문제점 |
	원문, 수정안	대한상의 검토 의견	
고등국사 (148쪽, 22~23)	(추가) 시장의 발전은 경제 생활 수준의 향상에 도움을 주었다.	시장경제 발전의 긍정적인 효과를 기술해야 함.	자본주의를 시장경제로 이해하면서, 고려시대에까지 시장경제의 장점을 부각시키려 함.
고등국사 (158쪽, 20)	(추가) 이는 역사적인 후퇴였다.	조선시대의 반상업주의 비판.	조선의 정치사회적 특징에 대한 고려 없이 상업 활동 통제 자체를 역사의 퇴보로 단정함.
고등국사 (159쪽, 14)	(추가) 이 또한 역사적으로 볼 때 퇴보를 의미하였다.	조선조의 쇄국주의 비판.	당대의 국제관계에 대한 고려 없이 국가에 의한 무역의 통제를 역사의 퇴보로 단정함.

대한상의가 문제점을 가장 많이 지적한 부분은 정부 수립 이후의 서술이다. 개항기와 식민지 시기의 분석 내용도 황당한 것들이 많지만 지면 관계상 생략하고, 정부 수립 이후 서술에 대한 개선 요구 내용 중 일부만 아래 표와 같이 인용해본다.

대한상의의 분석안은 1945년 8·15해방을 결과론적으로 해석하여 연합군의 승리가 가져다준 선물로 간주하는 것으로부터 시작한다. 또한 한반도에서 미국의 역할도 지나치게 긍정적으로 묘사하고 있는데, "절대적 기아로부터의 구원", "생명줄"과 같은 자극적인 표현까지 서슴지 않고 있다. 특히 한국인의 주체적인 능력에 대한 불신은 외세에 대한 지나친 믿음과 너무나 대조적이다. 북한에 대해서는 조금이라도 긍정적으

교과목(원문)	대한상공회의소		문제점
	원문에 대한 수정안	검토 의견	
근현대사 (두산, 259쪽, 5~6)	이처럼 우리 민족은 자주독립국가를 염원했음에도 불구하고 미국과 소련의 의사에 따라 국토가 분단되었고, 남한과 북한에 각각 다른 정부가 수립됨으로써 민족 분단의 비극을 맞게 되었다.	해방 당시에 우리 민족이 자주독립국가 수립 능력을 가졌는지도 의문이거니와 최소한 해방 후 민족의 진로는 우리 스스로 결정할 여건이 아니었음.	기본적으로 우리의 자주적 능력을 두시하고 대외적 상황을 핑계로 하여 외세 의존적인 역사 인식의 일면을 보여줌.
근현대사 (중앙, 341쪽, 11~12)	미국의 경제 원조에 따라 당시 한국인은 절대적 기아로부터 벗어날 수 있었다.	미국의 대한경제 원조가 차지한 역사적인 의미를 적시함.	원조경제의 문제점을 지적하는 것조차 받아들이기 어려워하는 역사 인식의 결과임.
근현대사 (법문, 268쪽, 21~24)	1961년 이후부터는 정부와 민주당의 지도력이 차츰 강화되기는 했으나 사회는 여전히 혼란스럽고 불안했다.	5·16의 정당성을 부인하기 위해 민주당 정부의 안정성을 과장.	5·16의 정당성을 강조하기 위해 당시 사회의 혼란성을 과장이라고 거꾸로 표현할 수 있으며 5·16의 정당성이라는 표현에서 이들의 역사 인식의 본질을 파악할 수 있음.
근현대사 (법문, 278쪽, 17~19)	(추가) 하지만 남북정상회담은 방식이나 격식의 측면에서 북한에게 끌려다니는 모습을 보여주었다.	남북정상회담 개최 배경을 생략.	남북정상회담의 성과를 부정하기 위한 기술.
고등국사 (248쪽, 11~14)	하지만 시민운동단체들은 정치적으로 편향되거나 관변적 성격마저 노정함으로써 현재 많은 한계와 문제점을 드러내고 있다.	우리나라 시민단체의 현실을 적시.	시민운동의 정치적 편향, 관변화와 같은 일부의 왜곡된 입장을 대변하는 내용을 교과서에 싣기에는 부적절함.

로 서술되면 그것이 역사적 사실에 부합하는 것인지 어떤지조차 따져보지도 않은 채 삭제를 요구하고, 통일운동의 성과를 계승한 남북정상회담 및 대북포용정책에 대해서는 존재 유무가 확실치도 않은 핵무기를 가지고 시비를 건다. 반면 5·16쿠데타의 정당성을 운운하며 농민, 노동자의 땀방울과 희생은 무시한 채 박정희 정부 시절의 경제 성장을 과장되게 늘어놓고 있다. 심지어 최저임금제는 고용감소효과가 있고, 자유무역을 하면 빈곤해지는 사람은 하나도 없다는 몽상적 주장을 펴기도 한다. 이 외에도 실제 현실은 도외시하면서 식량을 무기화하는 일은 불가능하고, 재벌 오너 경영은 많은 장점을 가지고 있다고 설파한다.

대한상의의 교과서 분석은 한마디로 시작부터 잘못 끼워진 단추이다. 언론에 보도된 바에 따르면 교과서포럼의 근현대사 교과서 집필자인 전모 교수가 혼자 분석 작업을 진행했다고 하는데, 그 내용이 교과서포럼의 역사 인식과 직결되어 있음을 충분히 짐작할 수 있다. 그런데 무엇보다도 먼저 대한상의와 같은 특정 이익단체가 과연 교과서를 분석하여 개선을 건의할 수 있는 위치에 있는 단체인지를 물어야 할 것이다. 이는 한마디로 교육의 중립성을 훼손하는 것이며, 역사학자와 역사교사의 전문성을 무시하는 행위이다.

그런데도 5월 14일 김도연 교육과학기술부 장관은 한 포럼에서 "지금의 역사 교과서나 역사 교육은 다소 좌향좌돼 있지 않나 한다."라며 "전문가의 의견을 들어 수정하겠다."고 나섰다. 교육과학기술부는 5월 20일에 "올해 국가사회적 요구가 많아 교과서 수정이 불가피하다."며 "대한상의의 수정안을 교과서 필자들이 검토하고 있으며, 6월 말이면 어떤 부분을 수정할지 결정이 날 것"이라고 밝혔다. 6월 12에는 교과부가 교과서 수정을 위해 각 출판사의 근현대사 교과서 집필에 참여한 필자들을 소집한다는 언론 보도까지 있었다.

뉴라이트나 일부 경제 단체들은 이미 몇 년째 교과서가 좌편향되었다고 주장해왔다. 그러나 역사학계나 교육계, 현장 교사들은 여기에 동의하지 않았다. 좌편향 운운은 사실이 아니라 관점의 문제라는 것, 뉴라이트나 일부 단체의 목소리는 다양한 역사 해석의 하나에 불과하며 그 논조가 한국 사회에 대한 객관적인 성찰이라기보다 친미·반북 일관인 까닭에 '교육적 정당성'을 얻지 못했다는 사실을 알 사람은 다 안다. 그럼에도 교과부 장관이 자신의 직책을 이용하여 공식적이고 적법한 절차를 거치지 않은 채 그들의 요구를 일방적으로 수용하여 교과서를 수정하겠다고 발표한 것은, 권위주의 정권 시절에 흔히 자행되던 권력 남용의 전형적인 사례이다. 더구나 장관의 발언은 교과부가 정한 교과서 검정 절차를 무시하고 있다. 교과서는 국가가 정한 기준과 절차에 따라 집필, 심의, 수정 과정을 거쳐 현장에서 사용된다. 그런데 장관이 이런 기본적인 절차도 거치지 않은 채 일방적으로 고치겠다고 발표한 것은 교육의 정치적 중립성을 훼손하는 행위이다.

맺는말

최근에는 역사 교과서 서술에 있어서 역사 해석의 다양성을 강조하고 있다. 혹자는 뉴라이트 교과서도 다양성이라는 측면에서 인정할 수 있는 것이 아닌가라고 반문할 수도 있겠다. 그러나 교과서의 다양성은 뉴라이트 교과서의 사례처럼 교과서 집필자들의 일방적이고 주관적인 역사 해석이 담긴 교과서라는 의미가 아니다. 오히려 다양한 연구 성과와 토론 결과를 토대로 열린 교과서를 만들어내야 한다는 뜻이다. 그 결과 수업 현장에서 교사와 학생이 주체가 되어 다양한 역사 해석을 시도할 수 있도록 안내하며, 한국과 세계의 미래를 올곧게 전망할 수 있는 미래 지향적인 가치를 담은 교과서가 되어야 한다. 그러나 뉴라이트 교과서는 이러한 기준에 어느 것도 부합되지 않는다.

더욱이 12명의 뉴라이트 교과서 집필자 중 역사 전공자는 한 명도 없다. 이 책이 학계나 교육 현장의 의견을 수렴하고 적절한 검증 과정을 거쳤다는 이야기 또한 들어본 적도 없다. 비역사 전공자라고 해서 역사책을 쓸 수 없다는 것은 아니지만, 문제는 역사를 서술하는 자세에 있다. 예를 들어 강준만의 《한국 근대사 산책》이나 《한국 현대사 산책》은 역사 전공자의 책은 아니지만, 최소한 서로 다른 시각의 근거들을 함께 제시한 후 판단은 독자의 몫으로 남겨두고 있다. 그런데 교과서포럼의 뉴라이트 교과서는 독자들에게 기존의 시각은 잘못되었고 자신들의 해석만 옳다고 강요한다. 필자들이 역사 전공자가 아니어서가 아니라, 역사를 서술할 수 있는 기본적인 양식과 소양을 갖추지 못한 점이 문제인 것이다. 마지막으로 뉴라이트 교과서를 분석했던 한 연구자의 평가를 인용하면서 글을 맺고자 한다.

"역사 교육의 목적이 사회 구성원의 역사적 정체성을 확인하고 현재와 미래를 함께 살아갈 수 있도록 구성원 간의 정신적 공감대를 마련하는 데 있다고 한다면, 뉴라이트 교과서는 정말 '대책 없는 교과서'이다. 구성원 간의 대결 의식을 부추기는 책이기 때문이다."[4]

---

4 신주백, 〈대안 없는 '대안 교과서'〉, 창비 주간논평(http://www.changbi.com), 2008. 4. 30.

홍
윤
기

10장

뉴라이트판 역사책의
민족관·국가관·인간관·가치관

: 헌법 정신에 반하는 자해사관과 왜곡에 노출된
한국인상의 자멸적 대한민국론[1]

뉴라이트판 '한국 근·현대사': '국사' 대신 '국가사'로의 위축이 민족사에서 문명사로의 전환을 담보하는가?

2000년 1월에 결성되었다는 '비판과 연대를 위한 동아시아 역사 포럼'이 2002년 10월 12~14일에 걸쳐 청평에서 개최한 제3차 워크숍에서 서울대학교 경제학부 교수 이영훈이 〈'국사'의 해체를 위하여〉를 발표했다는 풍문을 들었을 때, 나는 그가 '한국사' 따위는 절대 쓰지 않을 것이라고 확신했었다.[2] 이 글은 같은 포럼에 참여했던 한국사 연구자들로부터 격렬한 비판을 받아 나중에 이 포럼에서 엮은 책에서도 빠졌다. 그런데 이 포럼의 발표문들을 선별해 내놓은 책의 편집자인 임지현 교수는 한·중·일 3개국의 "'국사'라는 텍스트를 둘러싼 정치적·문화적 권력 관계를 드러냄으로써 동아시아 국가 권력을 적대적으로 잇는 '국사'의 연쇄고리를 끊겠다는 의사"[3]를 명확히 밝혔다. 그리고 임지현의 글에 바로 뒤이은 ― 빠진 글과 대동소이하지만 ― 다른 글에서 이영훈은 '국사'를 문명사의 수준에 한참 못 미치는 미개인의 신화적 관념 정도로 치부했다. 그에 따르면, "대한민국의 국사 교육이 그 복잡다단한 근대사를 그렇게 단순하고 폭력적인 신화로 대신하고 있는 한, 요란한 정치적 구호에도 불구하고 선진국 대열에 진입하기란 불가능하다."[4]

'문명사'에 대한 이 정도의 신념을 가졌다면 실제 역사 과정에 대한 역사 기술은 당연히 '일국사'는 물론 '민족사'의 범위를 벗어나, 세계사나 인류 문명사는 못 되더라도 최소한 '지역사' 정도의 조망은 담보할 것으로 기대되었다. 그리고 이런 기대는 이 시대에 같이 학문하는 사람으로서 동학에게 응당 품어줘야 할 선의의 소망일 것이다. 그가 이른바 뉴라이트 계열의 교과서포럼이 추진하는 '한국 근현대사' 집필에 낀 정도가 아니라 주도적 역할을 한다는 얘기 역시 풍문으로 듣고, 그럴 수가 없는데 하는 생각에 참으로 의아했었다.

그런 와중에 나는 2008년 3월 참으로 우연찮게 교과서포럼의 '대안

---

2 이 소식이 풍문만은 아니었다는 것은 임지현·이성시 엮음, 《국사의 신화를 넘어서》(비판과 연대를 위한 동아시아 역사 포럼 기획, 휴머니스트, 2004, 476쪽)의 이 포럼 주요 연혁으로 확인되었다.

3 임지현, 〈국사의 안과 밖 ― 헤게모니와 '국사'의 대연쇄〉, 앞의 책, 32쪽.

4 이영훈, 〈민족사에서 문명사로의 전환을 위하여〉, 앞의 책, 95쪽.

교과서'라고 나온 《대안 교과서 한국 근·현대사》(이하, 뉴라이트 교과서)[5]를 출간 즉시 읽어볼 기회가 생겼다. 물론 이 책은 초고가 대중에게 처음 노출되었을 때 알려졌던 애초의 내용과는 달리 한국 근현대사의 많은 사건과 현상에 대한 성격 규정이 온당한 상식선을 회복하고 있었다. 4·19민주혁명을 학생의거로 폄하하지 않았고, 5·16쿠데타를 혁명이라고 참칭하지 않았으며, 5·18을 '광주 사태'라는 식으로 능멸하지도 않았다. 그러나 이 책을 통독하고 난 필자는 이영훈이 수행한 실제의 역사 기술, 이 경우 한국 근대사와 현대사에 대한 교과서포럼의 통사적 기술이, 내용상의 몇 가지 참신성에도 불구하고 기존 사학계가 확보하고 국민국가 건립 시도 100년이 되어가는 우리나라와 사회에서 상식선으로 굳혀가던 **역사 서술의 철학적 공통 기반**을 우려할 만큼 가라앉혀버렸다는 사실을 인지하고 경악을 금치 못했다. 나아가 문명사의 관점에서 '국사'로부터 해방되자고 그다지도 소리 높여 주장한 뒤 내놓은 역사 기술이 민족사(民族史)의 범위와 수준에도 못 미치는 일국사(一國史)라는 점에서 필자는 이영훈에게 학문적 배신감을 느끼지 않을 수 없었다.

분명히 여러 각도에서 행해지는 탈민족 담론들은 많은 치명적 문제점을 안고 있지만(뒤에 상술), 그 방향의 어떤 담론도 탈민족화의 궁극적 지향점은 보편사 또는 인류 문명사에 있다는 점에서 틀렸다고 전면 폐기할 성격의 주장은 아니다. 바로 이 점에서 필자는 이들이 어떤 경로나 형태로든 이런 궁극적 지향점에 도달하는 모습을 보고 싶었다. 바로 이 때문에, 비록 한 국가의 국민으로서 결코 비난할 일은 아니지만,

---

5 교과서포럼, 《대안 교과서 한국 근·현대사》, 기파랑, 2008.

바로 이렇게 문명사를 부르짖던 이가 "기존의 교과서가 우리 삶의 터전인 대한민국이 얼마나 소중하게 태어난 나라인지, 그 나라가 지난 60년간의 건국사에서 무엇을 성취했는지를 진지하게 다루지 않는다."(뉴라이트 교과서, 6~7쪽. 이하 쪽수만 표기)는 식의 투정을 '교과서'라고 자임하는 종류의 책 앞에 버젓하게 적어놓은 것을 보는 일은 낯 뜨거운 경험이었다.

'대한민국'에 갇힌 '한국인', 그 끝없이 좁아지는 관점의 극점은?

한 학자에게 걸었던 문명사에 대한 기대를 이렇게 순식간에 접히고 나자, 정작 그가 그렇게 내세우고자 하는 "우리 삶의 터전", "대한민국"에 대한 그와 그의 동료들의 통찰, 그들의 대한민국관(觀)은 어떠한지 궁금해졌다. 필자는 '대한민국'이라는 명칭이 국민적 구호로 합창되고 승화된 2002년 한일 월드컵 때보다 5년 앞선 1997년부터 한국이라는 통칭 대신 대한민국이라는 우리 국호를 의도적으로 깍듯하게 갖추어 써왔다.[6]

필자는, 멀게는 1919년의 3·1민국건국운동서부터 가까이는 1945년의 해방과 민족 분단, 그리고 1948년의 정부 수립 이래 건국, 해방, 독립, 교육보편화, 산업화, 민주화로 진폭이 확대되고 확산되는 시민적

---

6 졸고, 〈부실 권력과 권력의 낭비구조─대한민국의 국가활동과 권력순환에 대한 소고〉, 《당대비평》, 1997년 가을호, 당대, 1997, 148~176쪽.

자기 역량이 거의 100년에 걸쳐 대한민국을 초점으로 하여 양육되고 집적되고 발전된다는 역사철학적 가정을 세워두고 수시로 점검해왔다. 대한민국은 단지 그 국가뿐만 아니라 분단된 민족, 이산된 동포, 나아가 분열되어 있는 동아시아 지역, 궁극적으로는 인류 문명까지 책임지는 지구적 차원의 평화와 통합을 담보할 능력을 갖춰야 하는 그런 활동체여야 한다.

이런 **진화론적, 통합주의적 대한민국관**은 3·1운동과 관련된 각종 선언문과 다방면에서 시도된 건국 헌법들, 그리고 정부 수립 이후 9차례나 개정된 모든 종류의 대한민국 헌법에서 한 번도 부정되지 않고 반복적으로 확인되어온 국가 신조였다. 또한 이런 진화론적, 통합주의적 대한민국관이야말로, 대한민국이 오직 2,000만 동도의 발화행위 속에서 관념적으로만 그려지던 그림자 존재에서, 중국 대륙을 전전하던 백수들의 사랑방 신세를 면치 못하다가, 남의 나라 군용기에 실려와 함부로 부려지면서 점령군 봇짐에 실려 겨우 총독부 건물로 들어가 간신히 정부 수립을 선언하던 지경에서, 이제 경제 규모만으로는 10위권 중반을 들락거리는 대국으로 발전하였으면서도 온전한 민족·국민국가로의 도정을 아직 완수하지 못한 대한민국의 역사적 발전 경로, 그 과거와 미래를 모두 포괄하는 대한민국의 모습에 가장 걸맞은 대한민국관이다.

그러나 이영훈이 필두로 참여한 교과서포럼이 자칭 대안 교과서에 제시한 "우리 삶의 터전 대한민국"의 모습은 어디에서 출발하는가? 그것은 한국 근현대사의 행위 주체를 "'우리 민족' 대신 '한국인'"으로 내세우고, "자유와 인권을 갈망하고 자신의 사회적, 경제적 처지를 개선하고자 노력하는 보통 사람들"로 그 내용을 그리면서 한국 근현대사를 바로 이 "보통 사람들의 역사"로 그리겠다고 했다. 그리고 이런 한국 근현대사가 "동아시아의 역사에서, 나아가 세계사에서, 보편적으로 실천되어온 근대문명의 한 가락으로 자리 잡게 되었다."(5쪽)고 단언한다. 그들은 역사 교과서의 행위자의 전형을 "한국인"으로 규정하고 그것이 '민족'과 갖는 연관성을 대폭 약화 또는 단절시킴으로써 **이 한국인이 발전시킨 "대한민국"은 논리적으로 '한민족의 대한민국'이 아니라 '한국인의 대한민국'이 되었다.** 다시 말해 교과서포럼이 내세우는 대한민국은 응당 그 국민으로 포괄할 수도 있는 민족 구성원의 절반을 아예 관심 대상에서 배제하면서 출발한다.

그러면 이렇게 구성원의 양적 구성이 급격하게 협소해진 대한민국의 존립 의상은 어떻게 규정되는가? 교과서포럼은 한국 근현대사의 규정 요인 가운데 가장 중요한 것으로 "국제적 조건"에 "특히 많은 관심"을 기울였다(5쪽). 그래서 한국 근현대사를 공부하는 데 있어 가장 중시해야 할 항목으로 자유민주주의, 경제 성장, 그리고 그 다음으로 "국제 관계 속의 한국"을 부각시킨다(14~15쪽). 즉 교과서포럼의 필두인 이영훈은 한국 근현대의 "파란만장했던 역사의 어느 한 장면도 이 시기의 국제 관계를 빼놓고는 제대로 설명될 수 없"기 때문에, "한국 근·현대사를 깊숙이 규정한 국제 사회의 변화 과정을 체계적으로 이해함으로써 역사에 대한 국제적 감각을 키우는 것"(16쪽)을 중요한 과제라고 주장한다.

그러나 한국인의 근현대 역사를 기술하기 위해 그(녀)가 터 잡고 사는 한국을 이렇게 "국제 관계 속의 한국"으로 설정할 경우, 역사 기술 단위를 '대한민국'이라는 일국적 차원에, 그것도 오직 한국인의 대한민국으로 고정시켰다는 태생적인 방해 요인에 맞닥뜨린다. 왜냐하면 적어도 1950년 6·25전쟁 이후 대한민국이 관여하지 않을 수 없었던 거의 모든 국제 관계에는 분단 및 북한 변수가 개재되어왔기 때문이다. 심지어 분단 조건과 북한 변수는 정치, 경제, 문화를 망라하여 대한민국 내부의 각종 사회 관계를 규정짓는 요인으로도 작용하였다.

바로 이런 현실을 비과학적, 비실증적으로 무시하고 교과서포럼은 한국 근현대사의 전체 기술 골격에서 '북한 현대사'를 책 마지막에 위치시키며, 보론으로 돌렸다. 이것은 국가적 역사 관리와 국제적 역사 전략에서 대한민국에 각기 치명적 손실을 안겨준다.

— 북한의 존재를 '비(非)민족-비(非)국가'로 배계하면서도 그 위상은 격하시켜 대한민국 역사의 말미에다 '변방국가'로 위치지은 것은 아직 현재 진행 중인 북한과의 분단 관계 관리에서 전략적 모호성이 가져다주는 실질적 이점을 전면 포기하면서 상대방에게 이쪽의 속내를 지나치게 노출한다. 따라서 북한을 상대로 한 정치 및 기타 실질적 국가 행위의 운신 폭은 처음부터 좁혀져버리는 결과가 초래된다.

— 대한민국이라는 국가의 역사에서 헌법상 엄연히 그 국가의 영토로 규정되어 있는 북한 지역의 역사를, 이른바 (대안) 교과서이기를 자임하는 책의 본문 서술에서 배제할 경우, 대한민국은 정신적 차원에서 북한과의 민족적 연계성을 사실상 포기하는 것으로 해석될 수 있으며, 이것은 바로 국제 사회가 북한을 대한민국과 그 어떤 역사적 연계도 없는 별도의 영토 국가로 간주할 여지를 제공한다. 이렇게 될 경우 21세기 초반기 현재 명백히 실패국가로 보이는 북한에 그 어떤 변란 또는 권력 공백 사태가 발생할 경우 대한민국이 북한에 대해 민족적, 국가적 견고권을 행사할 여지를 교과서 차원에서 아예 포기하는 것으로 해석될 수 있는 시그널이 국제

사회에 유포될 수 있다. 이런 점에서 볼 때 이른바 뉴라이트 역사관은 외부에 대해 대한민국 영토를 침탈당하기에 알맞은 빌미를 주는 자해(自害)적 사관이라고 할 수밖에 없다.

이영훈에 따르면, 민족주의적 통일관은 "민주주의와 시장경제에 바탕을 둔 남쪽의 국가와, 필자가 보기에 한국사가 일찍이 경험했던 국가적 농노제의 재판(再版)과도 같은, 국가 이성의 발달 수준이 지배계급이 수도에 집주한 고려시대로 후퇴한 듯까지도 보이는, 북쪽의 국가를 하나로 합치겠다는 그야말로 엉뚱한 국가공학(國家工學)"에 지나지 않으며, "유사 이래 한국인은 하나의 민족 공동체였다는 아무래도 증명될 수 없는 신화의 괴력"[7]에 지나지 않는다.

그러나 한 민족이나 국가 안에서 발전 격차가 심한 부분들은 서로 합쳐질 수 없다는 이런 단언은 미국, 중국, 인도, 러시아 등의 대규모 국가들은 말할 것도 없고, 그 밖의 발전된 국가들의 현실에 비추어볼 때 현존하는 국민국가 또는 민족국가의 현실과 전혀 부합하지 않는다. 오히려 경제적 발전 수준이 비슷하거나 거의 수렴점을 보이고 있음에도 불구하고 민족이 다름으로 해서 정체성의 정치에 따라 국가적 분리를 요구하는 움직임이 21세기 들어 현격하게 늘어가고 있다(스페인의 바스크 분리 운동, 북아일랜드 구교도의 아일랜드 복귀 운동, 벨기에 왈룬 지역의 프랑스 편입 운동 등).

따라서 **이영훈을 필두로 한 뉴라이트 측 교과서포럼이 내세우는 대한민국관은** 분단 현실을 외면한 아주 비현실적인 국가관이다. 뿐만 아

---

7 이영훈, 앞의 글, 95~96쪽.

니라 사실상 다음 두 가지 이유에서 **대한민국 현존 헌법 및 100년을 이어오는 대한민국 국가의 헌법 정신에 정면으로 배치**된다. 즉,

> (1) 교과서포럼의 대한민국관은 북한을 대한민국과 별도의 존재로 취급함
> 으로써 대한민국 국가 목표에 있어서 통일 지향성(헌법 제4조)에 내포된
> 북한과의 일민족 원칙과 헌법의 영토 조항(제3조)이 명확하게 함축하고
> 있는 북한 행위의 대한민국 영토 귀속성 해석 원칙과 정면으로 배치된다.

어떤 경우에도 대한민국 역사 기술의 본문에는 북한 역사를 대한민국 역사와 나란히 기술하여야 한다. 따라서 광복 이후 대한민국 역사를 기술하는 과정 안에 분단의 역사, 북한의 초기 사회주의 체제 및 수령 체제의 성립을 다룬 기존 역사 교과서 검정 기준안과 그에 따른 각종 한국 근현대사 교과서는 전적으로 타당한 대한민국사 기술 방식을 보여주고 있다. 아울러 이 검정안과 거의 같은 관점에서, 해방과 21세기 새로운 미래 사이에 분단과 6·26, 사회주의 북한을 다룬 전국역사교사모임의 대안 교과서[8]도 역사 기술에 있어 현행 헌법 제4조와 제3조가 제시하는 **대한민국 주도하의 남북한 통합체 구성 원칙**에 전적으로 부합한다고 생각된다.

> (2) 교과서포럼의 대한민국관이 보여주는 국가 중심의 대한민국관은 그
> 어떤 경우에도 대한민국을 '한민족의 구심점'으로 이해하고, 지구상 그
> 어디에 있든 '한민족과 인연을 맺은 모든 이'에 대해 국가적 책임을 자임

---

8 전국역사교사모임, 《살아있는 한국사 교과서 2》, 휴머니스트, 2002.

하는 대한민국 헌법의 **포괄주의적 민족 이해**에 전적으로 위배된다. 현행 대한민국 헌법에는 민족을 명시적으로 지칭하면서 제헌 시절부터 그 포괄주의적, 통합주의적 정신이 확인되는 구절이 세 군데 나온다.

- 〔전문〕 "…조국의 민주개혁과 평화적 통일의 사명에 입각하여 정의·인도와 동포애로써 <u>민족의 단결을 공고히 하고</u>…"
- 〔제9조/문화 조항〕 "국가는 전통문화의 계승·발전과 <u>민족문화의 창달에 노력</u>하여야 한다."
- 〔제69조/대통령 취임 선서문〕 "나는 헌법을 준수하고 국가를 보위하며 <u>조국의 평화적 통일과 국민의 자유와 복리의 증진 및 민족문화의 창달에 노력</u>하여…"

이에 따르면, 대한민국은 그 어떤 경우에도 당장 대한민국 국적을 명시적으로 가진 대한민국 소속 국민으로서의 '한국인' 뿐만 아니라, 대한민국이 자유민주적 기본 질서에 따라 앞으로 평화적으로 통일할 '통일 대한'의 잠재적 시민이 될 **'모든 한민족'에 대해 정치적, 문화적 책임을 질 포괄국가**(包括國家)로 등장한다.

이영훈과 그의 뉴라이트 동료들은 북한에 대한 혐오감이 지나치게 앞선 나머지 북한을 민족사에서 뽑아내면서 대한민국 자체에서도 덩달아 뽑혀나가는 것이 무엇인지에 관해 전혀 신경을 쓰지 않았다. 따라서 그야말로 국제 관계 속에서 다면적이고 다층적인 이해 관계를 설정해야 할 대한민국의 국가적 행위 능력을 헌법 정신에 전적으로 위배되는 방향으로 쪼그라들게 만드는 줄을 전혀 의식하지 못하고 있다. 대한민국 국가 논리에 치명적 자해를 안기는 탈민족 담론은 그 자체 이론적으

로도 항상 자기모순에 빠진다. 이영훈에 따르면,

> 1920년대에 성립한 민족주의 역사학이 한국인을 두고 유사 이래 혈연·
> 지역·문화·운명·역사의 공동체로서 하나의 민족이었다고 선언하였을
> 때 그 위대한 선언은 본질적으로 신화의 영역에 속하는 명제였다. 한국사
> 에 있어서 민족은 **일제의 대립물**로서 성립하였다. **인종에 기초한 차별**만
> 큼 인간 영혼에 깊은 상처를 안기는 것은 없다. 그 때문에 생긴 한국인들
> 의 **집단적인 상처**는 그들이 **공유하는 프로토 문명**의 작용을 받아 민족이
> 라는 새로운 형태의 공동체 의식으로 전화하였다.[9]

이렇게 민족이라는 것을 인위적인 공동체 의식에 기반한 창조물로
취급하면서 거기에 "신화"라는 딱지를 붙이고, 그 대문에 민족은 그 어
떤 독자적 실체가 아닌 상상된 허구라는 식의 주장은 이른바 '탈민족
화' 논증의 상투적 귀결이다.[10] 그러나 민족이라는 것은 허구이며 실존
하는 것이 아니고, 거기에 대한 담론은 무의미하다는 이런 탈민족 담론
은 중대한 맹점을 안고 있다.

우선 이영훈의 발언만을 두고 볼 때 탈민족 담론은 그 어떤 표지를
기준으로 통치 체제의 "대립물"로 찍힐 만큼 엄연하게 살아 있는 '나'
의 현 존재, 대놓고 자행되는 "차별", 명백하게 체험된 "집단적 상처",
그리고 지금 이 순간도 '나'의 행위와 '너'의 태도를 조율하는―왜 이

---

9 이영훈, 앞의 글, 92~93쪽. 굵은 글씨 강조는 필자.
10 탈민족화 담론 및 그에 따른 민족허무론의 전개 양상에 대한 자세한 논의로는 졸고, 〈시민은 어떻게 애국하는
가?―민족과 인류의 실천적 매개자로서 '시민'과 그(녀)의 경계관통적 실존 양식〉, 《사회와 철학 7-과학기술
시대의 철학》, 사회와철학연구회, 이학사, 2004, 274~291쪽 참조. 이 글의 축약본은 참여사회연구소, 《시민
과 세계》, 제5호, 당대, 2004, 204~232쪽에 먼저 실렸다.

렇게 난삽한 용어를 쓰는지 이해할 수 없지만—"프로토 문명" 등은 별로 문제되지 않고, 따라서 존재하지 않는 것처럼 취급해도 괜찮다는 어투로 민족에 관해 발언한다. 하지만 보통 탈민족 담론에 기초하여 민족허무론을 이끌어내는 논자들이 민족 또는 민족주의라는 허구와 신화의 성립 요건으로 드는 이민족과의 대립, 그것과의 차별, 그것으로부터 받는 집단적 상처, 그리고 조상으로부터 전승된 선대 문명 등은 당장 확인하고 실증할 수 있는 경험적 요인들로 현존한다.

바로 이런 담론 맥락에서 탈민족 담론의 역설이 생겨난다. 즉 민족의 신화적 실체(實體)를 부인하려는 논증 과정에서 민족 또는 그에 관련된 관념과 민족이라는 집단을 민족으로 조형하는 메커니즘이 현실적으로 작동한다는 것을 입증하는 것이다. 다시 말해 "민족부정론 또는 민족허구론 단계로 들어간 탈민족 담론은 **시공을 초월한 동일성을 유지하고 질적 연속성을 가진다고 주장되는 민족의 신화적 실체(substance)는 부정할 수 있지만, 민족이 당대의 "견고한 현실"(hard reality)로서 실존(exist)한다는 것은 결코 부정할 수 없음**을 역설적으로 보여준다.

민족의 허구를 캐려고 그 허구의 현실적 기초를 규명하다 보면 "**'민족은 실체가 아니다'라는 것은 입증되지만, '민족이라는 것이 있기(실존하기)는 하다'는 것도 인증된다.**"[11]

"민족허무주의자들의 탈민족 논증의 이런 역설은 자기들 테제를 구성할 키워드에 관해 좀 더 신중한 철학적 고려를 했더라면 피할 수 있었을 것이다. 개념적으로 '실체'는 그것이 존재하기 위해 다른 어느 존

---

11 앞의 글, 280쪽.

재자도 필요로 하지 않지만, 다른 모든 존재자는 그것이 있어야 비로소 존재하게 되는, 그런 궁극적 존재자를 뜻한다. 철학적 일상용어로서 실체는 우연적인 현상의 빈번하고도 다양한 교체 속에서도 그대로 남아 유지되는 것과 연관되는데, 현대 철학에서는 그 용어로 해명하거나 해석할 수 있는 철학적 주제는 남아 있지 않다.(이런 의미에서 실체 개념은 현대 철학에서는 죽은 개념이다.) 따라서 민족을 그 어떤 실체로 상정하는 것은 사실상 가망 없는 개념 설정인데, 바로 그 때문에 이런 구태의연한 개념 장치를 총공격했다고 해서 얻을 수 있는 인식상의 소득도 그다지 크지 않다."[12]

결국 민족허무주의자들이 민족을 현대 사회의 허구적 조작물로서 그 실존을 부정하고, 실재하는 것은 오직 그런 민족이라는 허구에서 벗어난 개인들뿐이라고 한다면, 계급과 계층 같은 현대적 사회 관계나 각종 결사체 또는 기업체 같은 사회적 법인체 가운데서 실재성을 인정받을 수 있는 조직은 거의 없을 것이다. 어차피 조직이란 것 자체는 아직 실현되지 않는 목적을 지향하기 위해 개인들 간의 약속 및 그에 따른 관계 설정으로, 일단 관념적 수준에서 가상으로 시작한다. 그것은 실천적 활동을 통해 존재감을 주기 시작하고, 상대방과의 상호 작용을 통해 존재를 인정받으면서 그 실재가 인지된다. 이 모든 사회적 실재물과 하나도 다르지 않게 민족이라는 것도 바로 이런 형태로 형성되면서 그것의 긍정적 또는 부정적 존재를 시작하는 것이다.

그런데 일단 일반적인 민족허무론에 따라 문명의 수준에 도저히 미

---

12 앞의 글, 291쪽. 이때 민족허무주의론의 대표 논객으로 필자가 분석한 것은 고자카이 도시아키 지음·방광석 옮김, 《민족은 없다. 민족이라는 허구에서 열린 공동체로》, 뿌리와이파리, 2003.

달하는 '우리 민족' 대신 보편적 문명을 따라갔다고 평가된 '한국인'
은(5쪽) 인간적으로 어떤 모습이라고 생각되고 있을까?

선진 사회 수준에 미달하는 '한국인', 그러나 열등한 '북한 동포'보다는 위라는…

뉴라이트 역사관이 부각하는 '한국인' 상: 자유, 이기심, 개인

이영훈과 그의 뉴라이트 동료들이 그렇게도 벗어나고 싶어하는 '민족'
이지만, "한국인이 역사적으로 하나의 운명공동체라는 민족의식"이 결
코 허구라고 할 수 없는 "일제의 억압과 차별"이 실제로 자행되었던
"식민지 시기"에 실제로 생겨나 "식민지 시기에 걸쳐 한국인의 민족의
식은 새롭게 강화되었다."는 것은 분명히 인정되고 인지되고 있다(17
쪽). "그러나"─하고 그들은 아주 역점적으로, 그리고 단적으로 강조한
다 ─"해방 후 한국 민족은 남과 북으로 갈라지고 말았다."(17쪽). 그 다
음 그들은 남과 북으로의 '민족 분단'이 '민족 자체의 분리'로 이어지
면서 남과 북에 별개의 인간 종류가 발생한 것처럼 분단 현실을 양극화
시킨다. 즉,

> 오늘날 대한민국 국민은 남북통일을 민족의 지상 과제로 생각하고 있다.
> 그 점은 북한 동포도 마찬가지이다. 그런데 통일된 국가가 어떠한 이념과
> 정치 원리에 토대를 두어야 하는가를 둘러싸고 남·북한 간에는 적지 않
> 은 차이가 있다. (…) 이와 같이 차이가 크기 때문에 민족의 염원에도 불

구하고 통일에 대한 전망이 밝지 않은 것이 객관적인 현실이다(17쪽).

이렇게 전망이 밝지 않는 통일로의 현 단계를 두고, 그들의 생각은 어두운 전망을 밝게 만드는 쪽으로 움직이는 것이 아니라 벌어진 남북한의 격차를 아예 고착화시키는 쪽으로 움직인다. 즉,

> 남한과 북한은 지난 60년간 서로 다른 방향의 국가를 건설해왔는데, 그 결과는 크게 달랐다. 남한은 민주주의와 시장경제에 입각하여 자유롭고 평등하고 풍요로운 사회를 건설해왔다. 그에 비해 북한 동포는 국제 사회로부터 닫힌 가운데 억압, 차별, 빈곤, 기아, 질병의 늪에서 허덕이고 있는 실정이다. **한국인이라면**[13] 남한과 북한의 역사를 구체적으로 비교하면서 어떻게 해서 이 같은 차별적이고 대조적인 현실이 생겼는지 캐물을 필요가 있다(17쪽).

그렇게 해서 캐물은 한국인은 "인간 역사의 발전에 너무나 중요한", "인간 본성인 자유와 이기심"(17쪽)을 유감없이 발현하는 모습으로 묘사된다. 교과서포럼의 책에서 근현대 발전을 주도한 한국인의 전형적인 상은 여러 군데서 부각되는데, 하나같이 '자유'와 연관시켜 규정된다는 데 그 특징이 있다. 즉 책의 서두에서 '한국인'은 "자유와 인권을 갈망하고, 자신의 사회적, 경제적 처지를 개선하고자 노력하는 보통 사람들"(5쪽)로 묘사된다.

북한에 대한 보론이 나오기 직전 '21세기 초 한국'에서 끝나는 교과

---

13 글자를 굵게 표시한 것은 필자가 해당 단어를 강조하기 의도이다.

서포럼의 뉴라이트 교과서의 본문에서 "역사의 진정한 주체는 자유를 본성으로 하는 개별 인간"이며, 이런 시각에서 한국 근현대사는 "개별 인간이 자신의 본성을 성취하고 발전시켜 온 역사"이고, 한국인의 진정한 삶의 터전으로 다져온 남한은 "개인의 자유와 권리에 바탕을 둔 민주주의와 시장경제의 체제"라고 규정된다(277쪽).

이런 규정을 받은 남한 사람 또는 한국인의 인간적 발전 수준은 북한 사람과 선진화 과제 중간 정도에 위치하는 것으로 파악된다. 즉 한국인은 "개별 인간이 자신의 본성을 성취하고 발전시켜온 역사"를 살아왔다는 점에서 북한 사람들이 따라야 할 모범으로 부각되면서도 선진 사회의 수준에는 아직 미달인 것으로 평가된다. 이때의 문제는 "선진 교양"이다. 즉,

> 선진 사회를 이룩하기 위한 한국인의 교양 수준은 충분치 않으며, 사회적 신뢰도 빈약한 편이다. 선진화의 과제는 국민 하나하나가 선진적인 교양인으로 성숙하는 것이다. 그래야 사회가 안정적인 통합을 이룰 수 있고, 정치도 다른 정책 간의 생산적인 경쟁으로 바뀔 것이다. 이를 위해서는 국민교육을 개선하여 선진적 교양교육을 강화할 필요가 있다(277쪽).

뉴라이트판 한국인상의 문제점: 인간 오해와 역사 오판

'한국인' 조형의 오류와 '한국인' 오해: 민족상이 역류된 한국인상 | 이영훈과 그의 뉴라이트 동료들로 이루어진 교과서포럼의 한국인상은 마치 한국인 개개인이 근대적 의미의 자유권(liberty)을 자기 삶에서 총체적으로 유감 없이 구현하면서 살아온 현대 시민의 전형인 것처럼 착각하게 만드는

어휘들로 묘사되고 있다. 즉 한국인은 전형적인 현대 시민처럼 "자유를 본성으로 하는 개별 인간"으로서, "개인의 자유와 권리"를 행사했으며, "개별 인간이 자신의 본성을 성취하고 발전시켜" "민주주의와 시장경제에 입각하여 자유롭고 평등하고 풍요로운 사회를 건설"해왔다는 등의 표현이 그러하다.

만약 한국인이 그랬다면, 이 정도 되는 한국인이라면, 더 바랄 것도 없이 그 자체가 이미 이 세상 어디에 내놓아도 손색이 없는 선진 현대 사회의 선진 시민이다. 그런데 이런 사회와 시민에게서 또 무엇을 바랄 것이 있다고 새삼 선진화의 과제를 부과하는가?

분명한 사실은 이영훈과 그의 뉴라이트 동료들이 한국인이 거둔 경제적 성공이 마치 현대적 형태의 인간형에서 유래한 것처럼 과잉 포장하여, 적어도 북한에 대해서만큼은 경제적으로뿐만 아니라 인간적으로도 앞선다는 것을 과시하려는 이데올로기적 동기에서 '한국인'이라는 거대 단일 실체를 인공적으로 가공해냈다는 것이다. '민족'을 축소 대체하는 이 '한국인' 개념에 민족을 해체하는 이영훈식 논리를 그대로 적용하면 실제로 동일한 본성에 따라 움직이는 '한국인'이란 실체가 없는 관념물에 지나지 않으며, 다양한 이해 관계에 따라 움직이는 수많은 한국인 '들'만 존재한다. 즉 대한민국 현대 사회를 사는 한국인을 움직이는 행위 동기는 대단히 다양하고 서로 복잡하게 얽혀 있기 때문에 현대적 의미에서 발전된 권리관과 자유관에 따른다고 할 수 없다.

그런데 이영훈과 그의 뉴라이트 동료들은 마치 단일 실체로서 규정될 수 있는 '한국인'이라는 것이 있어서, 한국인이 민주주의와 시장경제, 특히 시장경제를 거의 애덤 스미스적 합리성에 의한 이기심에 따라 발전시켜온 것으로 동화 같은 시장 이미지를 스케치하고 있다. 결국 뉴라이트 역사관에서 부각시키고자 한 한국인의 최종 영상은 자본주의적 천민을 시장 합리성에 따라 움직이는 스미스적 개인으로 포장한 것에 지나지 않는다.

바로 이 때문에 이런 과잉 포장된 자유의 개념 아래서도 현실적으로 결코 감출 수 없는 천민적 행태, 즉 사회적 신뢰가 결여되고 정치적 성숙성을 보이지 못하는 한국 사회의 후진적 양상을 청산하기 위해 부지불식간에 선진화의 과제를 덧씌우는 논리적 압박에 내몰린다.

그런데 문제는 더 고약하게 꼬인다. 이미 한국의 개별 인간들이 자유와 권리에 입각하여 풍요로운 사회, 즉 선진 사회를 만든 마당에 더 필요한 "선진 교양"이란 도대체 무엇인가? 뉴라이트 역사책은 이 선진 교양, 또는 한국 근현대사에서 자유의 본성을 실현해낸 자랑스러운 한국인에게 새삼 요구되는 "선진 교양인"으로서의 구체적 자질이 무엇인지에 대해서는 상술하지 않은 채 한국인의 역사적 치적에 대한 칭찬과 과제 부과의 장을 서둘러 끝내고 있다.

한국 근현대사의 진행 과정에 대한 거시적 오판: 자유민주주의와 자유시장경제로의 일직선적 발전? | 이영훈과 그의 뉴라이트 동료들은 '한민족' 대신 '한국인'이라는 거대 단일 실체를 새로 주조했다. 그리고 그들은 바로 이 '한국인'이 "대한민국이라는 나라가 태어나는 역사적 과정"에서 "인간의 삶을 자유롭고 풍요롭게 만들기에 적합한, 지금까지 알려진 가장 적합한, 자유민주주의와 자유시장경제"를 일관되게 추구해서 현재의 대한민국을 만든 것이라며 역점적으로 강조한다(6쪽).

그러나 적어도 시장경제에 관한 한 대한민국의 어떤 시대, 어느 누구의 집권기에도 순수한 형태의 자유시장경제가 작동한 적은 한 번도 없었다. 누가 보더라도 대한민국의 시장경제는 거시적 본질에 있어서 단지 중앙은행의 금융 조정 능력을 넘어 국가기구가 경제계획과 경제정책을 적극적으로 구사하여 생산과 유통, 심지어는 소비의 양상까지 조절해온 국가 조절형 시장경제(state-regulated market economy)였으며, 그 상태는 21세기 초반기가 거의 다 지나가는 현 시점에서도 마찬가지이다.

그리고 자유민주주의라는 측면에 있어서 대한민국 정부 역사 60년 가운데 자유민주주의의 근본 취지에 완전히 부합한 형태의 정체는 1987년 혁명 이후 20년 정도의 민주화 기간 동안에 비로소 성취되었지, 정부 수립 초기부터 그런 형태로 운영되지 않았다. 오히려 대한민국 현대사에서 자유민주주의는 각종 왜곡된 명칭이 부가된 변형민주주의에 의해 억압되기까지 하였다(일민주의, 민족적 민주주의, 한국적 민주주의, 반공민주주의 등).

교과서포럼이 그토록 자랑스럽게 강조하는 대한민국 60년의 성취에는 나도 크게 동감하지만, 그것이 현재 이루어진 그 상태로 영원히 계속되어야 할 것으로 부각되어 있는 **교과서포럼의 역사형이상학**에는 결코 동의할 수 없다. 그것은 두 가지 이유에서 그러하다.

첫째, 정부 수립을 기점으로 한 대한민국 60년의 성취는 그 자체로 결코 완전하거나 안전하다고 할 수 없다. 민주주의는 퇴행할 수 있으며, 시장경제는 지구화의 충격 속에서 계속 요동치면서 그나마 확보한 번영과 복리의 근저를 계속 뒤흔들고 있다. 따라서 아직 샴페인을 터뜨릴 때가 아니다. 이런 견지에서 보면 대한민국 역사에 대한 뉴라이트의 자기만족적인 태도는 IMF 위기를 앞두고 자만에 들떴던 10년 전의 YS 정권 말기를 연상시킨다.[14] 자만이 자멸로 이어지는 원인은 간단하다. 자만 속에서는 위기 요인이 보이지 않기 때문에 다비책을 세울 생각은 물론 사턱 진행에 대한 불길한 예감조차 끼어들 틈이 없기 때문이다.

둘째, 한국 근현대사에 대한 뉴라이트의 견해들은 탈민족 담론에서 배척한 '한민족' 신화를 '한국인'이라는 또 다른 거대 단일 실체로 전이시킨 것에 지나지 않는다. 그런데 이 '한국인'에 투영된, 이른바 뉴라이트판 근대적 인간관이라는 것은 고전적 현대에서 수립되고 각 나라의 현대적 헌법에 반영된 현대 시대의 다원적 원천규범들의 수와 질에 훨씬 미치지 못할 뿐만 아니라, 이미 분석한 대로, 시장경제에 친화적인 요인들에 편중된 것이다. 이는 뉴라이트판 한국인상으로는 현대의 시대가 도달하고자 하는 사회적 지향점을 추구할 수 없다는 결론을 내리게 만든다. 무엇보다도 이들의 인간관의 수준은 대한민국 헌법에 내재되어 있는 현대 국가의 다원적 규범가치들에 훨씬 미달한다. 현행 헌법에만 국한되지 않는 대한민국 헌법 정신에 내재한 규범가치만 해도, 다음 표에서 적출했듯이 아홉 가지에 이른다.

뉴라이트 교과서에는 주로 시장 친화적 합리성과 사적 재산권을 핵심으로 하는 경제적 자유와, 북한을 비판하기 위해서 주로 가동되는 인권에 대한 정치적 강조가 가치관의 주류를 이룬다. 그러나 건강한 현대가 자유와 동등하게 추구해야 할 필수 규범가치들, 특히 정의와 존엄

---

14 이 지점에서 1997년 외환 위기에 대한 교과서포럼의 기술 양식을 분명히 짚어야겠다. 통칭 'IMF 사태'라고 불렸던 이 국가적 재난의 근본 원인은 금융 시장을 대내외적으로 급속도로 자유화, 자율화하면서 은행들이 재벌들에게 대출을 집중시키고, 이 대출을 위해 국외 단기 채무를 무분별하게 도입하면서도 이들 채무의 흐름을 종합적으로 감시할 메커니즘이 국가기구와 시장 모두에 없었던 데 있다. 이 점에 있어 교과서포럼은 정확하게 쓰고 있다. 그런데 갑자기 기아자동차 사례를 끄집어들여 그것이 국민기업이기 때문에 당시 여야 정치권과 시민단체들이 부도 처리에 반대한 것을 IMF 사태의 가장 직접적인 원인인 것처럼 기술하고, 또 동일한 내용을 같은 지면에 반복적으로 기술하고 있다. 그러면서 "포퓰리즘의 정치"를 불쑥 끌어들인다(256쪽). 마치 기아자동차 건이 아니었다면 IMF 사태가 나지 않았을 수도 있다는 여운을 풍기게끔 특정 사안을 침소봉대하는 이런 식의 사태 기술 태도야말로 뉴라이트 역사 서술에 정치적 의도가 야비한 형태로 잠복하지 않는가 하는 의심을 자아내게 만든다.

10대 원천규범의 헌법적 근거

10대 원천규범	대한민국 헌법 내 규정 조항	규정 내용
존엄성	제10조	"모든 국민은 인간으로서의 존엄과 가치를 가지며"
인정(認定)	유일하게 명시적 규정 없음	이 단어에 대한 명시적 사용 없음.
사적 규범의 보장(친밀성)	제17조	"모든 국민은 사생활의 비밀과 자유를 침해받지 아니한다."
자유	전문	−"자유와 권리에 따르는 책임과 의무를 완수하게 하여" −"우리들의 자손의 안전과 자유와 행복을 영원히 확보할 것을"
	제2장 국민의 권리와 의무 중 제12~22조	−신체, 거주·이전, 직업선택, 주거, 사생활, 양심, 종교, 언론·출판·집회·결사, 학문과 예술제
	37조	"① 모든 국민의 자유와 권리는 헌법에 열거되지 아니한 이유로 경시되지 아니한다."
평등	전문	−"정치·경제·사회·문화의 모든 영역에 있어서 각인의 기회를 균등히 하고"
	제11조	−"안으로는 국민생활의 균등한 향상을 기하고" "① 모든 국민은 법 앞에 평등하다. 누구든지 성별·종교 또는 사회적 신분에 의하여 정치적·경제적·사회적·문화적 생활의 모든 영역에 있어서 차별을 받지 아니한다." 외 ②, ③항
정의	전문	"조국의 민주개혁과 평화적 통일의 사명에 입각하여 정의·인도와 동포애로써 민족의 단결을 공고히 하고"
인권/권리	전문	"자유와 권리에 따르는 책임과 의무를 완수하게 하여"
	제10조	"…국가는 개인이 가지는 불가침의 기본적 인권을 확인하고 이를 보장할 의무를 진다."
민주주의	전문	−"불의에 항거한 4·19 민주 이념을 계승하고, 조국의 민주개혁과 평화적 통일의 사명에 입각하여" −"자율과 조화를 바탕으로 자유민주적 기본 질서를 더욱 확고히 하여"
	제1조	① 대한민국은 민주공화국이다.
평화	전문	−"조국의 민주개혁과 평화적 통일의 사명에 입각하여" −"항구적인 세계평화와 인류공영에 이바지하며"
	제4조	"대한민국은… 평화적 통일정책을 수립하고 이를 추진한다."
	제5조	"① 대한민국은 국제평화의 유지에 노력하고 침략적 전쟁을 부인한다."
좋은 삶	전문	"우리들의 자손의 안전과 자유와 행복을 영원히 확보할 것을"
	제10조	"모든 국민은… 행복을 추구할 권리를 가진다."
	제34조	"① 모든 국민은 인간다운 생활을 할 권리를 지닌다." "② 국가는 사회보장·사회복지의 증진에 노력할 의무를 진다." 제35조 "① 모든 국민은 건강하고 쾌적한 환경에서 생활할 권리를 가지며"

성, 평화와 좋은 삶에 대해서는 완전히 침묵하고 있다. 뉴라이트식 민주주의 개념은 권력이론적 측면이 강조된 자유민주주의에 편향되어 있는데, 민주주의가 기본적으로 국민주권과 공화국 이념을 내용으로 갖추면서 현대에 와서 원천규범적인 위상을 갖게 되었다는 점에 대해서는 전혀 주목하지 않는다.

뉴라이트 역사 교과서에 대한 대처: 더 수준 높은 국민 복리와 더 많은 민주주의와 더 건강한 평화의 잠재력 발굴

뉴라이트 교과서의 결정적 특징은 대한민국의 두 가지 큰 현대적 성취인 산업화와 민주화를 자유시장경제와 자유민주주의로 축소 번역하면서, 이 두 가지 요인을 대한민국의 영구적 국가 특징으로 고착화시켰다는 데 있다. 이것은 대한민국에서 시장경제와 민주주의가 성립하게 된 현실 역사의 과정과 그 복합적인 발전 동력들을 실증적 사실과는 무관하게 극도로 단순화시키고, 미래의 다양한 발전 대안을 원천 봉쇄하는 일종의 역사형이상학이다. 바로 이 때문에 뉴라이트판 대한민국사를 '극복'하겠다고 나서는 것은 일종의 시대착오이다. 왜냐하면 21세기 대한민국이 처한 현실 자체가 뉴라이트 역사관의 메시지 자체를 이미 추월하고 있기 때문이다.

　뉴라이트 교과서가 야기하는 문제의 핵심은, 사실 이 책에서 운위하는 역사적 사실들의 정확성이나 역사관의 정당성을 과학적, 이론적으로 반박하는 것에 있지 않다. 뉴라이트 교과서는 역사적 사실과 시대적 평가를 다루는 역사책이 아니라 역사를 내세워 한국 사회 특정 권력의 현재적 이해 관계를 옹호하려는, 전형적으로 이데올로기적인 담론 매체이다. 과거 대한민국의 발전 과정에 복합적으로 작용하면서, 그 좌절과 번영, 긍정적 성과와 부정적 유산을 동시에 성립시키면서 '한국 현대의 압축적 진행 요인들'은 모두 '자유시장'과 '자유민주주의'를 내세우는 현재의 특정 세력의 것으로 전단되고 부당하게 독점된다. 대한민국의 현대사에 다음과 같은 질문을 던져보면 뉴라이트 교과서가 설득하려는 대한민국 비전의 옹졸함이 금세 드러난다. 즉,

— 과연 대한민국은 기껏 몇몇 기업가나 이득을 편취 하고 몇몇 엘리트 정객만이 권력을 전단하는 자유시장경제나 자유민주주의를 위해서 발전해왔는가?
— 대한민국은 정의와 평화, 국민주권형 민주주의와 개개인 모두가 평등하게 향유하는 다양한 형태의 좋은 삶을 추구하는 곳은 아닌가?
— 대한민국의 발전은 대한민국으로 하여금 남북한으로 쪼개진 본토 민족이나 해외에 이산해 있는 우리 민족들에게 자신 있게 다가가 그 삶을 행복하게 변화시킬 의지를 고무할 정도로 건강한 것이 되어야 하지 않겠는가?

실질적으로 대한민국사(史)가 보다 바람직하게 기술되려면, 그것은 단지 정확한 사실만 배열하는 데 그쳐서는 안 될 것이다. 그것은 대한민국이라는 국가가 우리 민족 구성원 전체의 여망을 담아 그들에게 더 수준 높은 국민 복리와 더 많은 민주주의와 더 건강한 평화를 줄 잠재력을 탐색하는 성찰의 과정이라야 할 것이다.

4부

쉽게 풀어보는
뉴라이트
교과서의
문제점

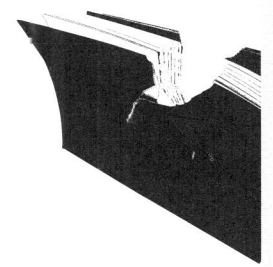

[질문과 답][1]

^{질문}**1.** 교과서포럼은 왜 《대안 교과서 한국 근·현대사》를 펴냈나요?

먼저 교과서포럼이 무엇인지부터 말씀드려야겠군요. 2005년 1월 서울대 국민윤리학과 교수 박효종, 경제학과 교수 이영훈 등이 중심이 되어 현행 교과서의 문제점을 바로잡겠다는 기치를 내걸고 출범시킨 단체가 교과서포럼입니다. 참고로 이 단체에는 한국 근현대사 전문 연구자는 거의 없다는 사실을 알아두셨으면 좋겠습니다.

교과서포럼은 경제 교과서 등에도 문제를 제기했지만, 주로 현행 한국 근현대사 교과서에 대해 비판을 하였습니다. 한국 근현대사 교과서 중 일부가 민중, 민족주의 관점에 서 있는 '좌파 교과서'라는 것이 그들의 핵심 주장입니다. 또 교과서의 역사관이 우리 역사를 부끄럽게 여기는 자학사관이라고 비판하였습니다. 이어서 《한국 근현대사의 허구와

---

1 오종록, 김종훈, 홍석률, 이신철이 정리, 집필하였다.

진실》,《해방 전후사의 재인식》따위의 책을 발간하여 근현대사가 대한민국 정통의 관점, 반공·반북적 관점, 식민지 근대화론의 관점에서 서술되어야 한다고 주장하였습니다. 결국 이들은 좌파 교과서에 맞서겠다며 새로운 교과서 작업에 착수하여, 2006년 11월에 자칭 '대안 교과서'의 시안을 검토하는 학술대회를 열고, 이명박 정부 출범 후인 2008년 3월 24일《대안 교과서 한국 근·현대사》를 펴냈습니다.

^{질문}2. 근현대사 교과서 비판을 위한 교과서포럼의 주장들은 객관적인가요?

결론적으로 말하자면 너무나 주관적이고, 학문적으로도 수준이 낮아서 문제가 심각합니다. 현행 한국 근현대사 교과서는 우리 역사의 자랑스러운 측면을 충분히 부각시키고 있고, 사회 지도층 인사들의 업적도 많이 담고 있습니다. 오히려 역사의 올바른 발전을 위해 다단히 중요한, 과거 역사에서 잘못된 측면을 다루는 데에 여전히 소홀하다는 비판이 많습니다. 또 농민과 노동자, 여성 들이 역사 발전을 위해 얼마나 희생적으로 기여했는지 전혀 알 수 없다는 비판도 있습니다.

그럼에도 교과서포럼은 역사학자들과 교육자들이 매우 중요시하는 '비판적 인식'이나 반성과 성찰을 위한 인식이 드러난 몇몇 사례를 들춰내어 '좌파적', '친북적' 또는 '좌익적'이라는 딱지를 붙여 비난하고 있습니다. 학문적 주장이 단순히 수준 미달이라거나 너무 주관적이라는 이유로 심각하게 문제를 삼지는 않겠지요. 학둔과 사상, 표현의 자유는 반드시 보장되어야 하는 기본적 권리이니까요.

그렇지만 이런 색깔 공세가 독재정권 시절 사상과 학문의 자유를 탄압하고 국민의 입에 재갈을 물리는 비민주적 도구였다는 사실을 돌이켜보면, 그들의 주장은 큰 문제임을 알 수 있습니다. 색깔 공세에 묻혀 죄 없이 죽은 이들이 많다는 것은 돌이켜 생각하고 싶지도 않군요. 굳이 비유하자면, 올림픽에서 금메달을 딴 일과 그 선수, 축구 경기에서 골을 넣은 일과 그 선수만 기억하며 자랑해야 하고, 실수한 일과 같이 땀 흘려 노력한 다른 이들은 돌아볼 필요조차 없다는 것이 교과서포럼의 생각이라 할 수 있습니다.

질문3. '대안 교과서'란 무엇인가요?

《대안 교과서 한국 근·현대사》(이하, 뉴라이트 교과서)는 '대안 교과서'를 표방하고 있습니다. 대안 교과서는 현행 교과서의 문제점과 한계를 극복하고 새로운 대안을 모색하고자 만든 책입니다. 시대적 과제와 역사학계 및 역사 교육 현장의 요구가 투영된 성과물이어야 역사 과목의 대안 교과서라 할 수 있습니다. 또한 사실 관계로부터 역사 인식에 이르기까지 전문가들의 충분한 검토 과정을 거쳐 객관성, 보편성, 타당성을 인정받아야 합니다.

그러나 이 책은 역사학계나 역사 교육 현장의 요구에 따라 만들어진 책이 아닙니다. 또 적절한 검토 과정도 없었습니다. 오히려 '뉴라이트'를 표방하는 몇몇 학자들이 특정 사관에 입각하여 자신들의 일방적인 주장을 담아놓은 책에 불과합니다. 뉴라이트 교과서를 검토해본 결과 사실 관계 오류, 자의적인 역사 서술, 편향적인 역사 인식에 이르기까지 수많은 문제점이 드러났으며, 교육적인 측면에서도 부적절하다는 사실이 확인되었습니다. 관점은 일본의 후소샤 교과서와 비슷하나, 수준은 거기에 한참 뒤떨어져 있습니다. 따라서 이 책들 대안 교과서라고 인정하기는 어렵습니다.

질문4. 뉴라이트 교과서는 새로운 역사 해석을 담고 있나요?

현행 교과서에서는 보기 어려운 해석이 뉴라이트 교과서에는 자주 눈에 띈다는 점에서 그렇게 말할 수도 있겠지만, 옛날 특권 양반층이나 일본의 식민사학자들의 생각과 너무나도 닮아서 새롭다고 말하기는 어렵군요. 그러니 교과서포럼의 주장처럼 역사 상식을 뛰어넘는 것은 맞습니다. 예컨대 1894년의 동학농민운동을 "유교적인 근왕주의(勤王主義)에 입각"한 복고적 운동으로 규정한 것이 그런 사례입니다. 이러한 해석은 특권 양반층이 '동비(東匪)', 즉 동학 도적 떼의 난동이라거나 '동학난(東學亂)', 즉 동학교도들이 일으켰던 소요라 규정했던 것과 크게 다르지 않습니다.

　교과서포럼은 4·19혁명을 '4·19학생운동'으로 표기했다가 2006년 11월 '대안 교과서' 시안을 발표하는 자리에서 시민 사회로부터 거센 저항을 받았던 때문인지, 이후 뉴라이트 교과서에서는 명칭을 '4·19혁명'이라고 수정했으나, 서술 내용에서는 혁명으로서의 의의를 찾아보기 어렵습니다. 5·16쿠데타에 대한 서술도 독재정권 시절의 교과서 서술로 돌아갔습니다. 명칭은 '쿠데타'였지만, 서술 내용에서는 "근대화 혁명의 출발점"이라면서 그 의의를 높이 평가하고 있기 때문입니다.

이렇듯 뉴라이트 교과서는 명칭과 그 내용이 서로 맞지 않는 표리부동한 방식으로, 새로운 역사 해석이 아니라 독재정권 시절의 해석으로 되돌아간 역사 해석을 담고 있습니다.

질문5. 뉴라이트 교과서는 '실증주의'에 입각해서 씌어졌나요?

뉴라이트 교과서의 필자들은 서문에서 "이 책을 함께 쓴 우리의 기본 자세는 철저한 실증주의이다."라고 밝히고 있습니다. 학문적으로 실증주의는 역사에서도 자연과학과 같은 법칙성을 찾아낼 수 있다는 판단 아래 그 법칙성을 증명해내는 것을 말합니다. 그런데 우리의 역사학자들 가운데 식민사관의 영향이 짙은 이들은 문헌 고증에 치중한 역사 연구를 '실증' 또는 '실증사학'이라 부른 적이 있습니다. 문헌에만 매달리는 연구는 매우 낡은 방식입니다. 범죄 수사나 재판에 비유하자면, 자백과 증언에만 매달리는 것과도 같습니다. 우리도 조선시대까지는 그랬었죠. 독재정치 시절에도 가혹한 고문에 못 이겨 거짓 자백을 하고 사형대에 오른 이들이 있었습니다. 증언에만 매달리는 재판관들로 인해 사형수가 되었던 사람이 진범이 잡힌 뒤에 풀려난 사례도 여러 번 있었습니다. 이제는 과학 수사가 당연한 일로 받아들여지고 있습니다. 그런데도 여전히 당시의 전반적 역사 상황이나 여러 물증보다 단편적 기록에 치중하는 이들이 없지 않다는 것은, 그들이 비록 전문 역사학자가 아니기는 하나 서글픈 일이 아닐 수 없습니다.

뉴라이트 교과서의 대한민국 건국 부분에는 '대한민국 성립의 역사적 의의'라는 제목 아래 2쪽에 걸쳐 필자들의 역사관이 장황하게 서술되어 있습니다. 그러고는 당시의 역사적 조건을 객관적으로 설명하기보다 필자들의 역사관에 잘 들어맞는 기록만을 바탕으로 서술하고 있습니다. 한반도 분단을 설명하는 대목에서는, 38도선이 그어지지 않았더라면 한반도가 소련의 영향력으로 공산화되고 말았을 것이라는 막연한 가정 아래 미국의 분할 점령을 옹호하고, 민족 분단을 정당화하는 논리를 펴고 있습니다.

결론적으로, 이들이 말하는 실증주의는 학문적으로 통용되는 실증주의가 아닌 문헌 고증을 일컬으며, 그나마도 자신들의 일방적인 주장을 객관적인 것으로 포장하려는 목적 아래 문헌 고증을 한 것에 불과하다고 볼 수 있습니다.

질문 **6**. 뉴라이트 교과서는 미래 지향적인 가치를 담고 있나요?

우리나라를 비롯한 세계의 근현대사는 민주주의를 기초로 인권, 자유, 평등을 추구한 역사를 강조하고 있습니다. 그리고 최근에는 평화, 환경과 같이 인류 공동체의 공존과 지속적인 번영을 도모할 수 있는 가치들을 중시하고 있습니다.

그러나 뉴라이트 교과서는 이런 가치들을 담고 있지 않습니다. 가장 심각한 문제는 "인간의 본성인 자유와 이기심이 인간 역사의 발전에 얼마나 중요한지 성찰할 필요가 있다."(17쪽)며, 인간의 이기심을 정당화하는 사고방식입니다. 이는 약육강식의 논리를 정당화시킬뿐더러, 과거 일제의 식민 지배와 침략 전쟁, 여기에 적극적으로 가담한 친일 행위에 대해서도 '이기심'이라는 논리 아래 면죄부를 줄 수 있는 논리입니다.

　뉴라이트 교과서는 자유와 인권을 강조하면서도 평등이나 평화, 정의에 대해서는 언급을 회피하고 있습니다. 이 역시 강자 중심의 가치관에 기초하 있기 때문이라 할 수 있죠. 강자의 옳지 못한 행위에 맞서다 피해를 보는 것은 바람직하지 않으며, 이익이 된다면 강자의 부당한 행위에 동참하는 것을 넘어서서 적극 참여해야 한다고 생각합니다. 최근 역사 교육에서는 한일 양국의 과거사 문제를 올바르게 성찰하고 동아시아 평화 체제를 구축할 수 있는 역사 인식을 모색하고 있으나, 이 책은 오히려 평화를 추구하는 역사 교육에 역행하는 모습을 보여주고 있습니다.

질문 **7.** 뉴라이트 교과서에 따르면, 역사를 움직인 주인공들은
　　　누구인가요?

뉴라이트 교과서에는 엘리트주의가 뿌리 깊게 흐르고 있습니다. 이 책은 역사 발전의 주체와 동력을 엘리트들의 활동에서 찾고 있습니다. 예를 들어 "대한민국의 건국은 역사적으로 발전해온 개화파에 의해 주도되었다."(148쪽)고 하여 상층의 지식 계층을 높이 평가하는 반면, 동학 농민운동 관련 서술에서는 "부적을 지니면 총탄을 막을 수 있다고 생각하는 농민군이 신식 무기로 무장한 일본군과 관군을 이길 수는 없었다."(43쪽)고 하면서 우리 근현대사에서 자주 독립과 사회 개혁에 주체적으로 앞장섰던 민중들을 '우민(愚民)'으로 취급하고 있습니다. 5·16 쿠데타 세력을 '조국 근대화'의 포부를 가진 유능한 엘리트 집단으로,

심지어 식민지 시대 이래 형성된 친일 세력까지도 해방 이후 국가 발전을 이끈 엘리트들로 평가하고 있습니다. 이에 반해 구한 말 의병 투쟁, 식민지 시기 민중의 사회 변혁 운동, 해방 이후 노동자와 농민의 생존권 투쟁 등은 짧은 분량으로 간략히 서술하거나 아예 언급조차 하지 않고 있습니다.

이러한 지배 엘리트 중심으로 역사 서술은 역사학계에서는 이미 폐기처분된 것입니다.

질문 8. 뉴라이트 교과서는 '이승만과 박정희를 위한 교과서'라는 말이 있는데, 사실인가요?

사실입니다. 이 책에는 직간접적으로 이승만을 미화하는 서술이 본문과 자료글에서 여덟 차례나 나타납니다. 일본의 만주 침략 이후 전개된 독립운동 부분에서는 아예 '만주사변과 이승만의 외교 활동'이라는 제목을 달아 이승만의 활동을 장황하게 설명하고 있습니다. 게다가 이승만에 대해서도 "대한민국의 기틀을 자유민주주의와 자유시장경제 체제로 올바로 잡는 데 동시대 어느 누구와도 나눌 수 없는 커다란 공훈을 세웠다."(158쪽)고 평가하는 등 일반인의 상식으로도 납득하기 어려운 내용을 담고 있습니다.

박정희에 대한 서술도 마찬가지인데, 예를 들면 "그의 권위주의적 통치는 한국 사회에 역사적으로 축적되어온 성장의 잠재력을 최대로 동원하는 역설적인 결과를 낳았다. 그의 집권기에 한국 경제는 고도성장의 이륙(take off)을 달성했으며, 사회는 혁명에 가까운 커다란 변화를 겪었다."(186쪽)고 하여 그의 독재정치를 옹호하고 있습니다.

사진과 삽화에서도 이승만이 7회, 박정희가 11회나 등장하고 있습니다. 1950년대의 대한민국은 '이승만의 나라', 1960년대와 1970년대의 대한민국은 '박정희의 나라'로 보고 있는 셈입니다.

질문 9. 뉴라이트 교과서도 '민주주의'의 가치를 인정하나요?

이 책은 "대한민국은 민주주의와 시장경제라는 건국의 기초 이념을 충실히 발전시킴으로써 오늘날과 같은 안정과 번영을 이루었다."고 쓰고 있습니다. 그러나 그 속을 들여다보면 이들이 말하는 민주주의는 우리가 보편적으로 생각하는 민주주의와 여러모로 다릅니다. 이 책은 자주 '자유, 인권, 시장경제'를 강조하는데, 자유와 함께 민주주의 이념의 핵심인 '평등'은 의도적으로 무시하고 있습니다. 자유와 인권도 보편적 가치로서 강조하고 있지는 않습니다. 자유는 시장경제의 자유, 바꿔 말하면 자본의 자유, 가진 자의 자유를 말합니다. 인권은 유독 북한 주민의 인권에만 적용되고, 대한민국 소외계층의 인권을 의미하는 경우는 없습니다.

이들은 특히 민주화 시대 이후의 한국 정치가 포퓰리즘에 빠졌다며, 그 이유를 "다수 한국인이 공동체·참여·평등·분배 등과 같은 집단적 가치에는 친숙하지만 개인·자립·경쟁·사유재산 등과 같은 자유주의적 가치에는 익숙하지 않기 때문"이라고 설명하고 있습니다. 집단적 가치의 반대편에 있는 것이 왜 개인적 가치가 아니고 자유주의적 가치일까요?

어쨌든 이들이 말하는 민주주의는 결국 평등을 배제한 경쟁에서 이겨 사유재산을 많이 확보한 개인을 위한 자유주의라 할 수 있습니다. 때문에 이들이 입으로는 민주주의를 말하면서도, 국민의 자유와 인권을 탄압하고 장기독재를 펼친 박정희를 조국 근대화의 아버지로 평가하는 모순된 주장을 할 수 있는 것입니다.

질문 10. 뉴라이트 교과서는 교과서로서 객관성과 보편성을 담보하고 있나요?

다원화된 사회에서 다양한 시각을 담은 교과서가 발간되는 것은 자연스러운 현상이지만, 교과서가 가치 대결의 도구로 사용되는 것은 옳지 않습니다. 교과서는 논문이나 이론서와 달라서 학생들이 일방적으로 수용자 입장에 설 수 밖에 없기 때문에 교과서를 통해 특정의 가치를 주입하려 하는 것은 바람직하지 않습니다.

그러나 뉴라이트 교과서는 학생들이 보는 교과서로서 객관성과 보편성을 띠어야 한다는 기본적인 원칙은 고사하고, 오히려 진보 세력에 맞서 신보수를 표방하는 뉴라이트 역사관을 전파하는 데 노골적으로 앞장서고 있습니다. 그 단적인 예는 뉴라이트 교과서 271쪽에 자료글로 《해방 전후사의 재인식》을 소개한 부분입니다. 뉴라이트 교과서의 필자들이 중심이 되어 2006년에 발간된 이 책이 교과서를 표방한 책에 서술할 만큼 가치 있는 책인지에 대한 역사적 평가가 채 내려지지도 않았는데 자세히 소개해놓은 것을 보면, 그들이 교과서를 자신들의 선전용 홍보물 정도로 인식하고 있지 않나 하는 의심이 들 정도입니다. 게

다가 "국내외의 훌륭한 학술 논문을 취합하여 두 권의 책으로 묶었으며 책이 출간되자마자 학계와 언론계의 큰 반향을 일으켰다."는 설명에 이르러서는 그들의 자화자찬에 실소를 금할 수 없습니다.

질문 11. 뉴라이트 교과서는 개항 이후 전개된 일본의 침략 정책을 어떻게 그리고 있나요?

뉴라이트 교과서는 어떤 부분에서는 일본 교과서인지, 한국 교과서인지 구분하기 어려울 정도로 일본의 시각에서 서술되어 있습니다. 때문에 역사 왜곡과 각종 망언을 일삼는 일본의 보수 우익 세력들이 이 책을 크게 환영하고 있습니다.

예를 들어 방곡령에 대한 설명에서 "조선왕조는 흉년을 명분으로 방곡령을 발동하여 일본 상인에게 타격을 주었다."고 서술하고 있는데, 이는 당시 일본인들의 주장을 그대로 받아들인 것입니다. 당시 일본으로의 쌀 유출로 인한 쌀 부족 현상의 심화에 대응하기 위해 지방관들이 자구책 차원에서 발동한 것이 방곡령인데, 위의 문장은 마치 조선왕조의 잘못된 정책처럼 서술되어 일본의 입장을 정당화할 위험성을 내포하고 있습니다. 또 청일전쟁에 대한 설명에서 또 "한국에 친일정권을 세우기 의해 일본 혼성여단이 서울에 진군, 만리창과 아현동에 주둔하였다."고 서술하고 있는데, 우리의 관점에서 보았을 때 일본군의 서울 '침략'이지 '진군'이 될 수 없습니다. 러일전쟁의 배경 설명에서는 러시아에 대해서는 '야심'이라고 표현한 반면, 일본에 대해서는 '진출'이라고 표현하고 있습니다. 이는 일본의 대표적인 역사 왜곡 교과서로 식민지 침략이 정당하다고 주장하는 후소샤 교과서의 논리와도 크게 다르지 않습니다. 뿐만 아니라 헤이그 밀사 사건에 대해서도 "열강의 간섭을 기대한 고종의 노력은 일본을 강경책으로 선회하도록 자극하였다."고 서술하여 일본의 부도덕한 식민지화 정책을 우리 정부의 책임으로 돌리고 있습니다.

질문 12. 동학농민운동은 '유교적 근왕주의에 입각한 복고적 농민운동'인가요?

뉴라이트 교과서는 동학농민운동을 "기존 체제를 부정한 급진적 혁명이었다기보다는 유교적 근왕주의에 입각하여 서민의 경제 생활을 안정시키고자 했던 복고적 개혁의 성격이 강하였다."고 서술하여 농민들이 '배고파서 일으킨 운동' 정도로 그 의의를 폄하하고 있습니다. 동학농민운동이 정말로 배가 고파서 일으킨 운동이었다면 그저 마을 단위로 관아를 습격하여 탐관오리를 징벌하는 것으로 끝났을 것입니다.

그러나 농민군은 근본적인 사회개혁을 주장하였습니다. 특히 전주화약 이후에는 집강소를 통해 농민들 스스로 주체가 되어 사회개혁운동을 벌였고, 2차 봉기 때에는 일본의 침략으로부터 나라를 지키기 위해 무기를 들었습니다. 그럼에도 이 책은 동학농민운동에서 중요하게 언급되는 집강소의 활동을 언급조차 하지 않았습니다. 2차 봉기에 대해서도 "부적을 지니면 총탄을 막을 수 있다고 생각하는 농민군이 신식무기로 무장한 일본군과 관군을 이길 수 없었다."고 서술하여 무모한 행위로 치부할 뿐입니다.

동학농민운동에 대한 이러한 서술은 갑신정변과 갑오개혁 및 이를 주도한 개화파들을 높게 평가하는 것과 무척 대조되는데, 여기에는 우리 근대사에서 민중들이 전개하였던 개혁운동과 자주운동을 경시하거나 멸시하는 뉴라이트의 역사 인식이 은연중에 깔려 있습니다. 구한말 의병전쟁에 대한 설명은 11줄에 불과하며, 그나마도 "무기나 기율이 갖추어지지 않아서 전투보다는 상소나 시위를 위한 집단에 가까웠다."고 하여 역사적 의의를 부정하고 있습니다.

질문 13. '식민지 근대화론'은 옳은 이야기인가요?

뉴라이트 교과서는 일제 식민지 시기를 '식민지 근대화론'의 시각에서 서술하고 있습니다. 식민지 근대화론이란 이 책의 필자들이 정리하고 있는 것처럼 "(식민지 시기에) 오늘날 한국 현대문명의 제도적 기초가 그 과정에서 닦였음을 강조하는" 시각으로 식민지 시기가 새로운 근대문명의 학습기, 근대문명의 제도적 확립기였다는 주장입니다. 이에 따라 뉴라이트 교과서는 식민지 시기 일제의 '수탈' 정책을 강조하기보다는 오히려 상당한 '경제 성장'이 있었으며, 철도·도로·항만 등이 건설되고, 교육·위생·의료 부문에서도 상당한 발전이 있었던 시기라는 점을 부각시키기 위해 애쓰고 있습니다.

일제 식민지 시기에 근대적 변화가 나타났음을 무조건 부정할 이유는 없고, 그것을 교과서에서 굳이 뺄 필요도 없습니다. 그러나 식민지 근대화 현상을 다룬다 하더라도 그것이 누구를 위한 것이었고, 대다수 한국인들에게 어떤 의미가 있었는지 주체적인 관점에서 서술하는 것이 중요합니다. 예를 들어 식민지 시대를 거치면서 근대적 교통 시설인 철도망이 확충되었다 하더라도 그것은 한국인을 위한 것이 아니라, 일본 상품을 실어나르고 우리의 자원을 빼앗아가기 위한 수단으로서의 성격이 먼저였음을 분명히 해야 합니다. 그러나 이 책은 일제가 식민지 근대화를 추진한 근본적인 목적은 외면한 채 '근대화＝진보'라는 시각에서 서술함으로써 결과적으로 일제 식민지배를 옹호하는 길로 나아가고 있습니다. 이 책의 필자들은 1930년대 후반 친일파로 전향했던 윤치호조차 다음과 같은 말을 남겼던 것을 되새겨야 할 것입니다.

> "조림사업 했죠. 도로를 놓았죠. 학교와 병원도 세웠죠. 우리가 조선인에게 얼마나 많은 은혜를 베풀었는지 좀 보세요!" 이는 일본인 통치자들이 관광객들에게 즐겨 하는 말이다. 그런데 이런 물질적인 개선은 근본적으로 누구를 위해 도입되었는가? (…) 조선인들이 만주의 평야나 시베리아 산림에 가서 새로운 터전을 마련해야 한다면, 대체 뭐 때문에 좋은 도로와 울창한 산림을 고맙게 여기겠나?
>
> –《윤치호 일기》, 1919. 4. 12

질문14. 식민지 시기 민족운동을 어떻게 그리고 있나요?

민족운동에 대한 서술은, 식민지배에 저항하고 투쟁한 분들이 있기에 지금 우리가 독립국가로서 주체적인 발전의 길을 걷고 있다는 사실을 알고 느끼게 해줄 수 있는 중요한 내용입니다. 그럼에도 뉴라이트 교과서에는 식민지 시기 민족운동에 대한 서술이 매우 적을 뿐만 아니라 구체적인 서술에서도 많은 문제를 드러내고 있습니다.

예를 들면 이승만의 활동을 지나치게 강조한 반면, 김구의 활동은 간략하게만 언급하여 공정성을 잃고 있습니다. 심지어 "(김구가) 한인 애국단을 조직하여 항일 테러 활동을 시작하였다."며, 교과서에서 일반적으로 사용하고 있는 '의열 투쟁'이란 용어 대신 굳이 부정적인 의미의 '테러'라는 말을 사용하여 그 의의를 깎아내리고 있습니다. 또한 일제 말기에 오면 "해외 독립운동은 여러 분파로 나뉘어 서로 갈등하였다."고 쓰고 있는데, 이것도 사실과 다릅니다. 일제 말기에 독립운동 세력은 민족주의 계열의 임시정부와 사회주의 계열의 조선독립동맹으로 뭉쳤는데, 두 세력 사이에서도 연대가 모색되고 있었습니다. 그럼에도 독립운동 세력의 분열과 갈등을 강조한 것은 공부를 충분히 하지 않고 책을 썼거나, 아니면 식민지 근대화론의 입장에 서서 독립운동을 고의적으로 폄하하려는 의도라고 하겠습니다.

질문 15. 뉴라이트 교과서는 '일본군 위안부' 문제를 어떻게 다루고 있나요?

'여자정신근로령' 부분은 박스로 만들어 자세히 쓰고, '일본군 위안부' 문제는 본문 옆에 사진에 대한 설명 형식으로 간략하게 서술하고 있습니다. 정신대 문제를 자세하게 쓴 것은 이 문제가 위안부 문제와 다름을 강조하고 싶어서라고 해석할 수 있습니다. 정신대 출신자들이 '일본군 위안부'로 오해받는 일이 있으니, 선의의 피해자들을 배려한 서술이라고 좋게 이해할 수 있습니다. 그런데 군 위안부 문제와 관련한 서술을 의도적으로 축소, 왜곡하고 있는 점이 문제입니다. 이 책은 일본군이 군 시설의 일부로 위안소를 운영하였다고 설명하면서도 정작 피해자들이 어떻게 그곳에 있게 되었는지에 대해서는 매우 편협한 설명을 하고 있는 것입니다.

이 책은 업자들이 여성들에게 큰 돈벌이가 있다고 유인하자, 여성들이 그 꾐에 빠져 '위안부'가 되었다는 식으로만 소개하고 있습니다. 게다가 미군 측의 심문 자료를 인용하였음을 밝혀 서술의 신빙성을 높이고 있습니다. 그런데 문제는 피해자들이 말하고 있는 강제 연행, 인신매매, 유괴 등은 애써 외면하고 있다는 점입니다. 일본 정부도 군의 개입을 공식 인정한 마당에 미군의 일부 자료만을 인용하여 '일본군 위안부' 문제를 '취업 사기'로 축소하는 것은 피해자들을 기만하고, 역사를 왜곡하는 행위라고 할 수 있습니다.

질문 16. '친일파'는 공정하게 평가되고 있나요?

뉴라이트 교과서는 일제 말기 많은 한국인들이 점차 독립의 희망을 잃어가면서 "일제의 침략 전쟁에 협력하면 이제까지의 차별에서 벗어날 것으로 기대했다."고 쓰고 있습니다. 이것은 이광수를 비롯한 '친일민족반역자'들이 해방 이후 늘어놓은 변명을 그대로 옮겨놓은 것에 불과합니다. 당시 '차별'에서 벗어날 것으로 기대하고 일제의 침략 전쟁에 협력한 이들이 과연 얼마나 될지 의심스러운 상황에서, 그들의 논리를 '교과서'라는 책에 그대로 실은 것이 놀라울 따름입니다.

이 책은 박정희의 행적을 설명하면서도, 그가 "군인이 되고픈 평소의 꿈을 실현하기 위해 1940년 만주국 군관학교에 입학했으며, 1942년 일본 육군사관학교에 편입하여 졸업"했다고 쓰고 있습니다. 중일전쟁이 한창 고조될 무렵, 당시로는 조선인에게 선망의 대상이었던 교사직도 스스로 팽개치고 만주국 군관학교에 입교하고, 나중에 일본 육사를 졸업해 단주국 직업장교로 복무한 것을 단지 '군인이 되고 싶은 평소의 꿈을 이루기 위한 것'으로 청소년에게 가르칠 수 있을까요? 이 시기 일본 제국주의의 장교로 복무한다는 것은 직업군인으로 출세하겠다는 뜻입니다. 더구나 일본 관동군이 만든 만주국의 장교로 복무한다는 것은 곧 만주 지역 항일 세력을 '토벌'함으로써 전공을 세워 출세하겠다는 것과 다를 바 없습니다. 일제에 대한 가장 자발적인 충성의 전형이라 하겠습니다. 친일이라는 역사적 죄과를 개인의 출세를 향한 순수한 동기로 설명하는 것은 이 책이 도덕 불감증을 제대로 보여주고 있는 지점입니다.

이 책은 전쟁 말기의 사회상과 관련해서도 "보통의 한국인들은 강제적 또는 자발적으로 전시체제에 참여하였다. 황민화 교육이 한창이던 전시기에 수많은 한국인 학생이 각급 학교에 다투어 진학하였다."고 쓰고 있습니다. 전시체제에 자발적으로 참여한 조선인이 과연 얼마나 될지 역시 의심스럽습니다. 또 수많은 한국인 학생이 각급 학교에 다투어 진학했다고 하는데, 당시에 초등학교 수는 다소 늘었지만 중등학교 이상의 학교는 거의 늘지 않았기 때문에, '다투어 진학'할 학교는 아쉽지만 없었습니다. 일제 말기 학생들은 수업 대신 공장 노동이나 비행장 건설 노동에 동원되었던 것이 현실입니다.

이 책의 필자들은 교묘하게도 '일제에 대한 (전쟁)협력'과 '전시체제 참여'라는 용어를 통해 지도자급 인사를 포함한 지식인, 종교인, 문화예술인, 기업인 등의 적극적인 친일행위를 일반 민중들의 '제국주의 전쟁 희생'과 섞어버렸습니다. 결국 대부분의 한국인이 일제에 협력을 했다고 서술해 전 조선 민중을 일제 협력자로 몰아서 모두가 죄인이거나 모두가 무죄라는 식으로 몰아가고 있는 것입니다. 친일파 청산을 극구 반대하는 이들의 단골 주장 중 하나가 당시 대다수 조선인들은 창씨개명을 했고 징병·징용에 나갔으니 이들도 결국 일제의 침략 전쟁에 협력했다는 억지라는 점을 떠올려본다면, 이 책이 그들의 억지 주장을 대변하고 있음을 쉽게 알 수 있습니다.

질문 **17**. 건국절 논란과 뉴라이트 교과서는 어떤 관계에 있나요?

최근 뉴라이트 인사들이 8월 15일을 건국절로 하자는 주장을 내세워 물의를 일으켰습니다. 이들의 근거는 물론 1948년 8월 15일의 대한민국 정부 수립입니다. 이들의 주장은 대한민국은 20세기 세계사에서 "원식민지 국가 중에서 비견할 예를 찾기 힘들 정도로 큰 성공", 즉 세계사에서 유례없는 고도성장(산업화)과 민주화를 동시에 성취한 '모범국가'이며, 북한은 실패한 불법국가라는 뉴라이트 교과서의 논리와 동일합니다. 이들은 대한민국 수립의 의의를 항일투쟁을 통해 성립한 자주독립국가의 성립이 아니라, 반공국가이자 자본주의 국가의 탄생이라는 점에 두고 있습니다. 반공과 시장경제에 입각한 자유민주주의 체제야말로 대한민국의 정통성이라는 것입니다.

건국절은 이러한 대한민국의 역사를 자랑하고 정통성 수호 의지를 공식적으로 천명하기 위한 것입니다. 사실 이승만 정권 등 1980년대까지의 역대 정권이 자유민주주의를 수호했다는 것은 어불성설입니다만, 그 점은 차치하더라도 이들이 건국절을 기념하는 논리는 "색깔론에 입각한 반공 국시"와 "친일파 미화"라는 매우 위험한 요소를 안고 있습니다.

이들은 건국절을 반공과 자본주의 시장경제 옹호를 '국시'로 하는 대한민국의 정체성 또는 정통성을 국민들에게 각인시키고 이를 수호하는 날로 삼자고 주장했습니다. 나아가 이날을 대한민국 '건국 세력'을 친일파로 매도하는 '친북좌익'들을 척결하는 애국심 함양의 지렛대로 삼아야 한다고 했습니다. 그런데 반공과 자본주의가 대한민국 정통성의 요체인 한, 대한민국은 항일투쟁의 역사 속에서 정통성을 구할 수가 없습니다. 다시 말하면, 과거 자발적이고 극렬하게 친일을 했더라도 해방 후 '빨갱이'만 때려잡으면 반공애국투사이자 건국 공로자가 되는 역설을 피할 수 없습니다. 대한민국의 정체성이나 정통성이 항일운동에서 구해지지 않고 반공건국투쟁에서 찾아지는 한, 친일파는 여전히 애국자 뜨는 건국 공로자로 대한민국에서 길이 영광을 누리게 될 것입니다. 과거 역사에서 친일파에게 반공은 이데올로기 이전에 절실한 생존 수단이었습니다.

뉴라이트 특유의 식민지 근대화론은 대한민국을 일제 식민통치(조선총독부)의 근대화 성과를 계승한 것으로 만들어버립니다. 또한 이들의 건국절 제기는 친일 세력과 그 후계자들에게 '친일의 면죄부'를 줄 뿐 아니라 애국자이자 건국 공로자로 만들어주고 있으니, 뉴라이트 교과서야말로 친일 세력과 그 후계자들에게는 가뭄 끝에 단비가 아닐 수 없는 것입니다.

18. 근대화의 주역은 엘리트들만인가요?

모든 역사적 변화에서 엘리트들이 일반인들보다는 중요한 역할을 한다고 말할 수는 있습니다. 그러나 이것이 다수의 평범한 사람들의 역할을 무시해도 된다는 의미는 결코 아니지요. 우리가 '근대화'라고 할 때 60, 70년대에 풍미했던 이른바 '근대화론'에서는 자본주의화, 산업화만을 강조하는 경향이 있습니다. 그러나 근대 사회의 형성이라는 보다 넓은 관점에서 보면, 근대화는 산업화뿐만 아니라 민족적 통합과 민주화 등도 포괄할 수밖에 없습니다. 근대 사회는 독립적인 개인이 형성되고, 이들이 주권을 가진 시민으로서 정치에 참여하며, 역사에서 보다 능동적인 역할을 하는 사회입니다. 따라서 엘리트의 역할을, 특히 뉴라이트 교과서처럼 집권한 엘리트의 역할을 일방적으로 강조하는 것은 근대 사회에서 요구되는 시민의식과 배치됩니다.

　뉴라이트 교과서는 이승만, 박정희의 역할을 중심에 놓고 역사를 서술하며, 이들의 공적에 대한 평가 문제를 역사를 인식하는 데 있어 중요한 문제로 부각시키고 있습니다. 이러한 지도자 중심의 역사 인식, 인물 중심의 역사 인식은 근대적인 것의 반영이라기보다는 전근대적 인식의 반영이라 생각됩니다.

19. 복지정책은 포퓰리즘인가요?

'포퓰리즘'이란 말은 우리 사회에서 주로 인기영합주의라는 의미로 사용되고 있는 것 같습니다. 하지만 한국 사회에서 복지정책을 주장하는 것을 포퓰리즘이라 할 수 있을지 의문입니다. 한국 사회에서는 '복지주의'보다는 국가 경제의 성장이 모든 개인의 문제를 해결해줄 수 있다는 '성장주의'가, 최근 대통령 선거 결과에서도 나타났듯 더 큰 대중적 인기를 누려왔다고 생각합니다. '성장주의'야말로 포퓰리즘이 아닐까요?

뉴라이트 교과서는 복지정책은 경제 발전에 저해되는 것으로 이야기하고 있지만, 역사적 사실은 다릅니다. 2차 세계대전 직후 서구 국가들이 복지정책을 대거 채택하였을 때 전 세계적으로 경제 성장이 더 빠르게 진행되었습니다. 물론 과도한 복지정책은 근로 의욕의 감퇴 등 부작용을 낳을 수도 있습니다. 그러나 한국 사회에서 '과도한 복지정책'이라는 것이 한 번이라도 있었던 적이 있는지 묻고 싶습니다.

질문 20. 뉴라이트 교과서는 한국전쟁을 어떻게 설명하고 있나요?

이 책에서 한국전쟁은 스탈린의 허락을 받아 북한 공산집단들이 일으킨 불법 남침으로 설명되어 있습니다. 한국전쟁 발발과 관련하여 최근 공개된 구소련 정부 자료, 미국 정부 자료, 미군에 의해 노획된 북한 자료를 종합적으로 검토해볼 때 북한 인민군의 선제 공격으로 전쟁이 발생한 것은 사실입니다. 이제는 문서적으로도 거의 완전하게 입증되었다고 생각합니다.

전쟁의 원인을 누가 먼저 침공했느냐는 것만으로 설명하는 것은 비역사적이라고 생각합니다. 전쟁은 일반적으로 어떤 정치적, 외교적 갈등이 무력 대결로 비화되면서 발생하는 것입니다. 때문에 전쟁의 발발도 물론 중요하지만, 이것을 발생시킨 갈등의 근본 원인도 중요하지요. 한국의 분단 위험성이 높아갔던 1947년 가을부터 많은 정치지도자와 지식인 들이 한국이 이러한 방식으로 분단되면 동족상잔의 전쟁이 일어날 가능성이 높다고 경고했습니다. 엄청난 반공주의자였던 백범 김구가 북의 공산주의자들과 남북협상을 벌였던 것도 전쟁 위기와 밀접한 관련이 있습니다. 해방 직후 미·소 분할점령 과정에서 파행적으로 진행된 민족 분단은 그 자체로 폭발적인 정치적 갈등을 내포하고 있었습니다. 역사는 이미 결정된 길을 가는 것이 아니라 여러 가지 가능성 속에서 형성된다고 할 때, 이러한 갈등이 필연적으로 전쟁으로 갈 수밖에 없었다고 설명할 수는 없습니다. 그러나 당시 미·소의 냉전 상황, 남북 집권자들의 정책은 한반도 분단이 야기한 갈등을 평화적으로 해결하는 길이 아니라, 무력 대결로 치닫는 길로 나아갔다는 것을 부인하기 어렵습니다.

이러한 문제들을 종합적으로 이해하는 것이 올바른 역사 인식이라 생각됩니다. 한반도의 분단은 엄청난 파괴와 증오감을 동반한 "전쟁을 통한 분단"이었습니다. 전쟁의 원인을 보다 종합적으로 인식하고 성찰하는 것은 우리가 분단 문제를 해결하는 데에도 아주 중요합니다.

질문 **21**. 4·19, 5·18을 어떻게 평가하고 있나요?

뉴라이트 교과서는 4·19를 "권위주의 정부를 타도함으로써 국민주권과 대의제적 민주주의의 기본 원리를 재확인한 민주혁명이었다."고 규정합니다. 그러나 4월혁명을 실질적으로 파탄시킨 5·16쿠데타에 대해서도 "근대화 혁명"이었다고 이야기합니다.

교과서포럼은 2006년 11월에 자신들이 발행할 교과서 '시안'을 발표했습니다. 그때 4·19를 '의거'로 폄하하고, 5·16을 '혁명'으로 미화하여 4월혁명 관련 단체로부터 거센 항의를 받은 일이 있습니다. 이에 2008년 발행된 뉴라이트 교과서에서는 '4월혁명'으로 용어를 바꾸었지만, 실질적인 서술 내용은 크게 변한 것이 없습니다.

5·18에 대해서는 나름대로 구체적인 사실들을 정리하면서, "광주 시민과 계엄군 사이의 충돌은 신군부가 유신체제를 사실상 존속시키고 부당하게 집권을 추구한 데 대한 국민의 저항으로서 민주화 운동이었다."고 평가하고 있습니다. 그러나 사태가 악화된 데에는 '유언비어', '지역감정'도 작용하였다고 언급하고 있습니다. 물론 광주 지역의 지역적 특수성과 지역감정 문제가 5·18민주항쟁 과정에서 일정 부분 작용한 것은 사실입니다. 그러나 이러한 지역감정의 근본 원인은 불균등한 경제개발 과정에서 나타난 극심한 지역 격차 및 차별 문제와 밀접한 관련이 있습니다. 그럼에도 뉴라이트 교과서는 이러한 문제점에 대해서는 적극적인 해석과 언급이 없습니다.

질문**22.** 시민운동이 잘못된 길을 가고 있나요?

1987년 6월 민주항쟁 이후 활성화되기 시작한 시민운동은 한국 민주주의의 발전이라는 측면에서 많은 의미를 부여받을 수 있습니다. 그런데 뉴라이트 교과서는 최근 활성화된 시민운동을 설명하면서, 시민단체의 활동과 그 의미보다는 "시민운동의 변질"이라고 해서 시민운동의 문제점에 더 많은 분량을 할애해서 서술하고 있습니다. 물론 기존의 시민운동에 여러 가지 문제점이 있는 것은 사실이지만, 이와 같은 서술은 시민운동에 대한 균형 잡힌 서술과는 거리가 있습니다. 시민단체가 권력단체로 변질되기 시작했다거나, 시민운동가의 상당수가 시민단체 활동을 중앙 정치에 참여하기 위한 준비 단계로 삼고 있다는 등의 내용만을 드러내는 것은 자신의 희생이나 자발적 참여의식을 바탕으로 시민운동을 하고 있는 대다수 활동가들에 대한 이해를 결여하고 있는 서술인 것입니다.

질문 23. 북한은 민족사에서 어떻게 다루어지고 있나요?

뉴라이트 역사 인식에서 '북한 현대사'는 대한민국 근현대사의 보론으로 위치합니다. 공식 민족사의 범주에 들지 않는 것입니다. 그들에 따르면 북한사는 대한민국에 흡수통일되어야만 민족사의 범주로 들어올 수 있습니다. 결국 북한 현대사를 배우는 이유는 흡수통일의 당위성을 이해하기 위한 과정이라는 것이지요. 그들은 이처럼 교육을 정치적, 이념적 목적 달성을 위한 도구로 여기고 있습니다.

이 같은 생각은 20세기 후반의 세계사를 미국 중심의 자본주의 발달사로 이해하면서 사회주의적 길을 그것의 보론적 수준으로 이해하고, 역사 교육에서 그것을 가르쳐야 한다고 생각하는 데서 비롯됩니다. 냉전시대의 역사 인식과 세계관에서 크게 벗어나 있지 않은 그들은, 중국과 소련을 비롯한 사회주의 국가들을 "고립된 후진국 중심의 세계사,

실패한 것으로 판명이 난 허구의 세계혁명론" 등으로 기술하며 '캄캄한 세상'으로 바라봅니다. 그러한 '어둠의 세계'를 물리치기 위한 냉전이 미화되는 것은 당연합니다. 더구나 그 냉전의 한가운데서 "미국의 후견으로 국가를 세우고, 국제 공산 진영의 공세를 방어했던 대한민국"은 "세계를 자유무역주의로 통합하고, 동서냉전을 승리로 이끌며, 자본주의 역사에서 전례가 없는 번영을 이끌어낸 '미국 체제'"를 중심으로 20세기 후반의 역사를 설명하지 않으면 안 된다고 생각합니다. 스스로 대한민국사를 미국 중심의 자본주의 발달사의 보론으로 전락시키는 것이 아닌가 하는 의심이 들 정도입니다.

한편 이들은 "역사 서술의 단위는 국가"이기 때문에, 대한민국과는 또 다른 법적 정당성과 완결성을 가진 조선민주주의인민공화국은 별개의 역사로 서술되어야 한다고 주장합니다. 그러면서도 북한을 실패한 국가로, 보편적인 근대문명에서 벗어난 "문명의 막다른 길"로 규정하면서 보론으로 다루고 있습니다. 그들의 논리대로라면, 독자적인 국가 체계와 역사를 가진 '이웃 나라' 역사를 굳이 보론으로 서술하는 것도 우스운 일이고, 그 '이웃 나라'의 역사를 이념 대립과 흡수통일의 대상으로 기술하는 것은 더 이해하기 힘든 일입니다. 아예 '대한민국사'에서 빼버렸더라면 더 설득력이 있을 뻔했습니다.

^{질문}**24**. 남북 대화와 평화 공존은 어떻게 이해하고 있나요?

뉴라이트 교과서는 대한민국헌법에서 "대한민국은 통일을 지향하며, 자유민주적 기본 질서에 입각한 평화적 통일정책을 수립하고 이를 추

진한다(제4조)"(뉴라이트 교과서, 17쪽)라는 조항을 부각시켜, 대한민국 헌법에 규정된 통일정책을 지키는 것이 중요하다고 주장합니다. 헌법을 내세워 흡수통일과 이념 대결을 정당화하고 있는 것이지요. 그러다 보니 2000년 김대중 대통령과 김정일 국방위원장 간의 6·15공동선언의 의의를 설명하기보다는 오히려 남남갈등을 불러일으켰고 헌법과 배치된다는 점을 강조하는 데 무게를 둡니다. 또 이 책은 이산가족 상봉이나 경제협력사업의 성과를 설명하면서도 "그러나 아직도 '햇볕정책'이 기대한 북한의 개혁·개방은 이루어지지 않았다"라며, 부정적 설명을 덧붙이는 것을 잊지 않습니다.

이 책은 북한의 역사를 이념 대립적 관점에서만 서술하다 보니, 북한의 현재의 모습에 대해서도 국가적 범죄 사실과 정권의 문제점 등을 부각시키는 데 주력하고 있습니다. 게다가 불확실한 소문들까지 동원하고 있습니다. 그러다 보니 교과서 서술로는 적합하지 않은 부분이 매우 많습니다. 예를 들면 북한의 심각한 인권 상황을 부각시킨다는 목적으로 탈북 행렬, 정치범 수용소 등의 문제를 집중적으로 부각시키고 있는 반면, 식량난에 허덕이는 대중들의 고통에 대한 인도주의적 시각은 찾아보기 어렵습니다. 뿐만 아니라 이 책에서는 남북 관계의 미래를 그려보기 어렵습니다. 평화적인 남북 교류에 의한 통일 노력보다는 이념 대결의 승리에 의한 북한 붕괴와 흡수통일만이 대안으로 제시되고 있기 때문입니다.

이 같은 인식은 결국 북한이 경제적인 어려움에서 벗어난 후, 산업이 발달하고 정치 체제가 안정될수록 더욱 치열한 이념적 대립을 해야 한다는 역설에 빠지게 됩니다.

질문**25**. 북한사 서술에서도 사실의 오류나 해석의 편향들이 있
나요?

북한사에 대한 인식이 적대적이기 때문에 역사를 편향적으로 이해하거
나 사실을 왜곡하는 경우가 적지 않습니다. 예를 들면 분단의 책임을
일방적으로 전가하고 있는 부분이 그렇습니다. 기존의 교과서들이 분
단을 주장한 '6·3정읍발언'을 근거로 이승만에게 분단 책임의 일부를
묻고 있다는 사실에 대한 반론으로, 이들은 소련과 북측이 이승만보다
먼저 분단 정부를 추진했다는 주장을 내세우고 있습니다. 그러한 주장
의 근거로 소련 붕괴 이후 공개된 문서와 그것에 대한 일부의 해석을
그럴듯하게 내세우고 있습니다. 그렇지만 그것은 사료의 오독에 근거
한 것입니다. 전체 문맥을 고려하지 않고, 러시아어 단어 하나의 일면
적 해석을 자신들의 주장에 유리하게 확대 해석한 것에 불과합니다.

  이 같은 주장은 뉴라이트 교과서 곳곳에서 등장합니다. 해방 직후
토지개혁을 설명하면서, 이들은 "남·북한은 통일을 기대하기 어려운
사실상의 분단으로 치달았다."고 주장하고 있습니다. 그 근거로 "무상
몰수와 무상분배의 급진적 개혁은 사유재산권을 존중하는 남한의 미군
정과 자유주의 정치 세력이 수용할 수 없는 것"이었다는 점을 내세웁니
다. 그런데 몰수의 대상에 5정보 이상의 토지를 소유한 대지주와 종교
단체 등이 포함된 한편으로, 친일민족반역자의 토지가 포함되어 있었
다는 점은 언급하지 않고 있습니다. 당시에 사유재산권을 제한받은 사
람들은 바로 그들이 중심이었습니다. 그럼에도 불구하고 사유재산권을
존중하는 미군정과 자유주의 정치 세력들이 수용할 수 없는 정책이라
고만 한다면, 결국 친일민족반역자들에 대한 사유재산권을 보호했어야

한다는 논리로 귀결될 수 있습니다. 당시의 토지개혁이 추구한 바를 개인의 사유재산권을 부정하기 위한 것으로 확대 해석하는 것은 그야말로 몰역사적인 정치 선전에 가깝습니다. 또 이들은 전쟁 중 납북자 수치를 밝히는 데 정부의 조사 자료를 인용하면서도 자신들에게 유리한 초기 자료만을 인용합니다. 정부 스스로 자료를 수정, 발표했는데도 말입니다.

이 밖에도 이 책에는 많은 오류들이 존재하고 있고, 근거가 희박한 비방들이 적지 않습니다.

부록

관련 자료와
관련 글

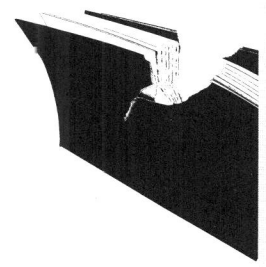

[역사 교과서 수정 논란에 대한 우리의 입장]
정권이 바뀌면 역사 교과서도 바뀌어야 하는 것인가

최근 김도연 교육과학기술부 장관은 역사 교과서를 대폭 수정하겠다고 밝혔다. 기존 교과서가 좌편향적이라 주장하고, 사회과학자의 참여를 시사하면서 역사학계 전체가 좌편향적이라는 생각도 내비쳤다. 이는 정권이 교체되었다고 교과서마저 바꾸겠다는 생각을 드러낸 것으로, 교육의 본질을 고려하지 않은 매우 우려스러운 처사임을 지적하지 않을 수 없다. 특히 개방화, 다양화 시대에 역행하며 수정이 아닌 검증 차원에서 역사 교과서를 정치적으로 통제하려는 의도가 아닌지 경계한다. 우리는 교육부 장관의 생각이 자칫 교육 현장을 정치 교육의 장으로 만들 수 있음을 우려하면서 아래와 같은 입장과 요구를 표명한다.

첫째, 우리는 교육과학기술부 장관의 발표를 역사 교과서에 대한 검증으로 이해하고 우려한다. 교과서는 정권의 향배에 따라 달라지는 것이 아니라 역사학계의 연구 성과와 교육적 고민을 바탕으로 합리적인 절차에 따라 만들어진다. 특히 지금 사용하는 교과서는 수년간 논의해서 제작되었으며, 몇 차례 파동을 통해 광범위하게 정리된 의견을 담고 있다. 그런데도 교과서 수정과 관련된 정상적인 절차를 외면하고 교육과학기술부 장관의 개인적 견해를 일방적으로 관철하려 한다면 이는 매우 잘못된 일이다.

둘째, 우리는 교육과학기술부 장관의 발표가 친기업 단체와 교과서포럼을 비롯한 뉴라이트 운동의 논지를 그대로 받아들인 것으로 알고 있다. 우리는 이들의 논지가 교과서포럼이 펴낸 한국 근현대사 대안 교과서로 대변된다는 사실을 잘 알고 있다. 그러나 이 책은 이미 일제 강점기에 대한 그들의 반민족적 시각과 민주화 운동에 대한 폄하로 한국판 후소샤 교과서로 평가받는 것이 주지의 사실이다. 단 한 명의 역사학도도 참가시키지 못했으며, 교과서로서 자질이 의심스러운 책자에 근거한 채, 소수 비전공자들의 요구에 화답하여 교과서 수정을 운운하는 것은 대단히 옳지 못한 처사이다.

셋째, 우리는 비전공자가 수정에 참여해야 역사 교과서가 다양하고 객관적일 수 있다는 발상에 놀라울 따름이다. 교과서는 수많은 학생들이 주요한 교재로 사용하므로 마땅히 신중하게 검토하여야 한다. 전공자들이 힘겨운 논의를 거듭하여 교과서를 잉태해도 논란이 되기 십상이다. 교육부는 교과서포럼 쪽 인사들을 끼워 넣기 위해 궤변을 늘어놓지 말고 학문의 전문성과 교육의 정치적 중립성을 보장할 수 있는 방안을 내놓아야 한다.

우리의 요구

1. 교육과학기술부는 편파적이고 정치적인 교과서 검증 시도를 중단해야 한다!
2. 교육과학기술부는 다양성 운운하며 비전공자를 역사 교과서 수정에 참여시키려는 술책을 철회하라!
3. 교육과학기술부는 역사학의 전문성과 교육의 정치적 중립성을 제고할 대책을 수립하라!

2008. 5. 18

아시아평화와역사교육연대, 역사문제연구소, 역사학연구소, 전국교과모임연합, 전국교직원노동조합, 전국역사교사모임, 한국역사교육학회, 한국역사연구회, 민족문제연구소

역사 교과서 수정 논란을 불러일으키는
정부 당국에 보내는 공개 질의서

지난 5월 14일 김도연 교육과학기술부 장관은 한 행사에 참석해 공개적으로 한국 근현대사 교과서를 대폭 수정하겠다고 밝혔다. 그는 기존 역사 교과서가 좌편향이라는 말을 서슴지 않았으며, 역사 교과서 집필과 검정 과정에 사회과학자의 참여를 시사하면서 역사 교육에 국가가 개입할 의지가 있음을 표명했다.

실제로 교육과학기술부는 이미 대한상공회의소가 자신들의 이익에 부합하는 교과서 개정 의견을 제출하자 개별 출판사들과 필자들에게 이를 전달하고 개정 압력을 행사하였고, 적지 않은 필자들이 부담을 느끼고 수정을 고려하고 있는 것으로 알려지고 있다. 또한 교육과정평가원과 같은 관련 기관의 장에 대해 소위 코드인사를 단행하여 교과서의 개악을 시도하고 있는 정황도 포착되고 있다.

관련 역사 단체들은 이러한 일련의 과정을 지켜보면서, 새 정부가 자신들의 지지 세력 중 하나인 특정 세력의 편향된 역사관을 교과서에 반영하려는 의도가 드러나고 있는 것이 아닌가 하는 심각한 우려를 금할 수 없는 지경에 이르렀다.

상황이 더욱 악화되고 교과서가 개악되는 현실을 맞이하게 될 것을 걱정하는 관련 역사 단체들은 아래와 같은 공개 질의를 교육과학기술부와 청와대 등 정부 당국에 제출하는 바이니, 구체적이고 공개적인 답변을 해 줄 것을 요구한다.

교육과학기술부 장관에게 보내는 질의

1. 교육과학기술부 장관은 정권이 교체되면 교과서의 정치적 중립성을 무시하고 그 내용을 바꿀 수 있다고 생각하는가?

2. 교육과학기술부 장관은 어떤 근거에서 기존의 교과서들이 좌편향이라고 판단하는가? 구체적으로 어떤 교과서의 어던 내용을 말하는 것인가?

3. 교육과학기술부 장관이 직접 교과서 수정을 언급하고 나올 정도로 교육과학기술부는 수정의 근거들을 마련하고 있는가?

4. 그러한 수정 의견은 역사학계의 검증을 거친 것인가?

5. 대한상공회의소의 수정의견서를 교육과학기술부가 나서서 출판사와 개별 필자들에게 전달할 정도의 견해로 판단한 근거는 무엇인가? 이 수정안에 대한 역사학계의 의견은 수렴했는가?

6. 만약 역사학계의 검증 없이도 개별 이익단체들의 수정 의견을 필자들에게 전달할 수 있다고 생각한다면 그 근거와 기준은 무엇인가?

7. 향후 역사 교과서의 검정 과정에 역사학자 이외의 연구자를 배치하겠다는 발상은 장관 개인의 견해인가? 교육과학기술부의 정책 방향인가?

8. 향후 역사 교과서 이외의 교과서 역사 관련 부분의 검정 과정에 역사학자를 참여시킬 것도 동시에 검토하고 있는가?

9. 향후 경제제일주의적 역사관과 친기업적 역사 해석을 주장하는 단체들의 정치적 압박에 대해 교육과학기술부는 어떻게 대처할 것인가?

10. 교육과학기술부는 역사학의 전문성과 교육의 정치적 중립성을 제고할 대책이 있는가?

이명박 대통령에게 보내는 질의

1. 이명박 대통령은 잘못된 교육정책을 계속 쏟아내다 못해 교과서 수정까지 언급하여 물의를 일으키고 있는 교육과학기술부 장관을 해임할 의사는 없는가?

2. 항간에는 교육과학기술부 장관은 허수아비에 불과하고 교육정책과 교과서 수정 문제 등은 청와대 교육과학문화수석이 진두지휘하고 있다는 소문이 파다하다. 진상을 규명하고, 만약 문제가 발견되면 책임을 물어, 정책 결정 과정을 정상화할 의향은 없는가?

3. 이명박 대통령과 현 정권은 자신들과 부합하는 역사 인식을 교과서에 반영하기 위해 관련 기관이나 검정위원 등에 코드인사를 한다는 비판을 불식시키기 위해 어떤 대책을 가지고 있는가?

4. 이명박 대통령은 현재의 역사 교과서 발행 체제를 선진국 수준으로 개선할 의지를 가지고 있는가? 그렇다면 그 대책은 무엇인가?

2008. 6. 5

부산경남사학회, 민족문제연구소, 아시아평화와역사교육연대, 역사문제연구소, 역사학연구소, 전국교과모임연합, 전국교즈원노동조합, 전국역사교사모임, 한국근현대사학회, 한국민족운동사학회, 한국사연구회, 한국역사교육학회, 한국역사연구회

[교육과학기술부 장관의 역사 교과서 수정 발언 재발어 대한 우리의 입장]
역사 교과서에 대한 잘못된 수정 논의를 중단하라!

최근 김도연 교육과학기술부 장관은 국무회의 석상에서 역사 교과서를 수정하겠다고 밝히면서, 특정 출판사의 새마을 운동과 천리마 운동의 서술 사례를 들어 기존 역사 교과서가 친북적이라고 주장했다. 김 장관은 지난 5월 14일에도 '광화문 문화포럼'에서 한 발언을 통해 기존 교과서가 좌편향적이며, 이는 역사학계가 좌편향되었기 때문이라는 싱각을 내비친 바 있다. 나라의 교육을 책임지는 위치에 있는 장관의 이러한 발언은 국민들로 하여금 역사 교과서에 대한 우려를 가지게 하기에 충분하다.

그런데 장관의 발언은 기본적인 사실 관계도 맞지 않을 뿐 아니라 일부 이익집단의 시각을 그대로 받아들이고, 정치성을 가진 이들의 주장을 반복하는 데 지나지 않는다. 이는 사회 전반의 요구를 담되 균형감각을 가지고 철저한 교육적 배려 속에 교과서 문제를 접근해야 할 교과부 장관으로서의 소임을 저버린 것이며, 교육의 정치적 중립성을 심각하게 훼손할 수 있는 매우 우려스러운 처사임을 지적하지 않을 수 없다. 나아가 개방화, 다양화 시대에 역행하며 수정이 아닌 검증 차원에서 역사 교고서를 통제하려는 의도가 아닌지 경계한다. 우리는 교과부 장관의 발언이 자칫 교육 현장을 정치 교육의 장으로 만들 수 있음을 우려하면서 장관의 발언에 대한 우리의 입장과 요구를 아래와 같이 밝힌다.

첫째, 장관의 발언은 사실과 맞지 않는다. 장관은 '새마을 운동과 천리마 운동을 같이 기술하면서 새마을 운동보다 천리마 운동을 더 눈에 잘 띄게 배치하고, 긍정적으로 평가하였다.'고 말했는데, 이는 사실이 아니다.

장관의 말과는 달리, 문제가 된 교과서에는 새마을 운동과 천리마 운동이 전혀 다른 페이지에 기술되어 있으며, 새마을 운동의 내용을 본문에 더 길게 서술하고 있다. 이에 반해 천리마 운동은 읽기 자료의 형태로 배치되어 있다. 새마을 운동과 천리마 운동 공히 긍정적인 측면과 부정적 측면이 서술되어 있지만, 새마을 운동의 경우 긍정적 측면을 훨씬 많이 서술하고 있으며, 부정적 평가는 한 문장에 불과하다. 그런데도 장관이 그처럼 이야기한 것은 교과서를 한 번 읽어보지도 않은 채 비판을 한 무책임한 행위거나, 읽어보았다면 사실을 악의적으로 왜곡한 것이라고 할 수밖에 없다.

둘째, 장관의 잇단 발언은 교과부의 심각한 자기모순이다. 현행 검정 교과서는 당시 교육인적자원부가 고시한 교육과정을 토대로 만들어졌다. 각 교과서는 교육과정에 제시되어 있는 단원 구성을 거의 그대로 따르고 있으며, 그에 따라 검정을 거쳤음은 누구보다도 교과부가 잘 알 것이다. 현행 교육과정은 김영삼 정부 때 만들어진 것으로, 당시에는 아무런 문제 제기가 없었다. 또 장관이 예로 든 출판사의 교과서도 이런 정상적인 과정을 거쳐 현재 50% 가까운 학교들이 채택하여 사용하고 있다. 교과서 발행 후 진행된 역사학계의 검토 과정에서 교육적으로 별다른 문제가 될 부분이 없다는 평가가 중론이었으며, 당시 교육인적자원부의 검토 의뢰를 받은 국사편찬위원회에서도 역사학계와 비슷한 견해를 밝힌 바 있다. 이렇듯 정당한 절차에 따라 검정을 받고 사용되고 있는 역사 교과서를 문제 삼는 것은, 교육과정을 만든 교과부 자신을 스스로 부정하는 자기모순이며, 교육과정의 제정, 교과서 집필, 검정 심사, 채택에 관여한 학자와 교사까지 모두가 좌편향되었다고 보는 것과 다를 바 없다.

셋째, 장관은 역사 교과서 문제를 정치 문제로 비화시켜서는 안 된다. 교과부 장관은 지난 5월에도 역사 교과서가 좌편향되었다는 발언으로 물의를 빚어 이에 대해 역사학계에서는 '교육의 정치적 중립성을 보장하라'는 내용의 공개 질의서를 보낸 바 있다. 장관은 이에 대해 '학문의 자유 존중과 교육의 정치적 중립성 유지'를 약속하는 답변을 보내왔다. 그러나 답변서가 도착한 바로 그날, 국무회의 석상에서 장관이 다시금 문제의 발언을 한 것이다. 이는 답변 자체가 기만적이었음을 보여줄 뿐 아니라 장관의 역사 교과서에 대한 비난이 상당히 의도적인 것임을 말해주고 있다. 더구나 역사학자나 교사들의 의견과는 상관없이 교과서 개편을 하겠다고 밝히고 있다. 장관은 역사 교과서의 수정에 2년 정도 시간이 걸릴 것이라고 하였는데, 이는 현재 진행되고 있는 개정 교육과정에 따른 교과서 개발을 염두에 둔 것이 아닌가 의심이 된다. 만약 그렇다면, 교과부가 이번에는 교과서 집필 과정부터 적극 개입하여, 자신들의 관점에 맞도록 교과서 내용을 쓰게 만들겠다는 뜻이 아닌가 우려된다. 만일 이 같은 일이 실제로 진행된다면 교과부가 앞장서서 교육의 전문성과 중립성을 해치는 것이며, 낡아빠진 색깔론을 동원해서 교육을 통제하려는 의도라고 이해할 수밖에 없다. 독재정권 시기에 교육이 권력에 휘둘려 정치적 목적에 이용된 불행한 역사를 우리는 잘 알고 있다. 진심으로 그 같은 일이 반복되지 않기를 바란다.

우리의 요구

1. 교육과학기술부 장관은 역사 교과서와 관련한 왜곡된 발언에 대해 사과하라.
2. 교육과학기술부 장관은 일방적이고 정치적 의도가 담긴 교과서 수정 시도를 중단하라.
3. 교육과학기술부 장관은 역사학의 전문성과 역사교육의 정치적 중립성을 보장하라.

2008. 7. 4

민족문제연구소, 아시아평화와역사교육연대, 역사문제연구소, 역사학연구소, 전국교과모임연합, 전국교직원노동조합, 전국역사교사모임, 한국근현대사학회, 한국역사교육학회, 한국역사연구회

교육과학기술부의 한국 근현대사 교과서
수정 방침에 대한 역사학계의 성명

현행 '고등학교 한국 근현대사 교과서'(이하. 교과서)의 검인정화는 1998년 김영삼 정부에서 제정한 교육과정 개정안에 따른 것이었다. 이로써 우리 정부는 역사 교과서 국정제도를 극복하고 세계 대부분의 나라에서 보편적으로 채택하고 있는 검인정제도로 전환하게 되었다. 역사학계나 역사 교육계는 이를 역사학 연구와 교육의 발전에 중요한 전기로 받아들였다. 그 후 검인정 교과서에 대해 일부 논란이 제기되기도 했으나 이에 대해 교육부나 국사편찬위원회는 정해진 교육과정과 엄격한 검인정 기준에 따르고 있으므로 문제가 없다고 거듭 확인한 바 있다.

그런데 최근에 이르러 정부 당국은 역사학과 무관한 일부 단체들의 주장을 근거로 삼아 현행 교과서가 좌편향되었다는 발언을 계속하며 직권 수정을 통한 교과서 개정까지 논한 바 있다. 교과서의 객관성을 보호해야 할 정부 당국이 오히려 일부 단체의 주장에 동조하여 교과서 개정을 시도하는 것은 헌법에 보장된 교육의 정치적 중립성을 부정하는 처사가 아닐 수 없다.

교과서의 편향성을 주장하는 일부 단체의 입장은 역사학자는 물론 국민들이 납득하기 어려운 한국사 정체성론과 식민지 근대화론, 친일과 독재를 정당화하는 문제점을 안고 있다. 하지만 정부 당국은 단 한 번도 교과서 집필자들이나 학계와 교사들의 목소리를 들어보려고 진지하게 노력한 적이 없다. 이는 역사 교육의 전문성에 대한 부정이며, 교과서 검정제도와 관련된 실정법을 위배하는 행위가 아닐 수 없다.

우리는 교과서의 집필자들이 완성도를 높이기 위해 끊임없이 노력하고 있음을 알고 있다. 이들이 가지고 있는 역사 교육자로서의 자부심과 진지한 탐구력은 우리 학계의 신뢰를 받아왔다. 현행 역사 교과서에 문제가 있다면 그 수정 작업은 필자들이나 역사학계의 엄밀한 검토를 통해서 진행되어야 한다.

교과서의 검인정제도는 국민적 합의에 따라 진행되고 있는 학계와 교육 현장의 목소리를 최대한 반영하며, 다양한 견해의 고과서에 대한 교사와 학생들의 선택권을 보장하는 것이다. 그러나 최근의 교과서 수정 시도는 검인정제도를 사실상 부정하고 국정화하려는 행위이며, 역사 교육의 자율성에 대한 심각한 도전이라 하지 않을 수 없다.

역사 교육은 정권과 관계없이 백년대계 속에서 이뤄져야 한다. 교육의 정치적 중립성은 우리 사회가 이룩한 소중한 가치이다. 역사 교육이 위기에 처하게 된 상황에 즈음하여 우리 역사학계는 대한민국의 미래를 위해 우리의 뜻을 모아 국민과 정부에 대하여 다음과 같이 요구한다.

1. 정부 및 여당은 역사학계의 명예를 훼손하는 언행을 삼가고 소모적 이념 논쟁을 중지하라.
1. 역사학의 전문성 및 교육의 정치적 중립성을 보장하라.
1. 교과서 검인정제도의 정신을 훼손하려는 시도를 철회하라.
1. 교과서 집필자들에게 가하고 있는 부당한 외압을 즉각 중단하라.
1. 교과서의 집필과 수정 작업은 역사학계에 맡기라.
1. 교과서 개악에 앞장서고 있는 교육관료에게 엄중히 책임을 물으라.

2008. 10. 8

고려사학회, 대구사학회, 동양사학회, 부산경남사학회, 서양중세사학회, 역사교육연구회, 역사교육학회, 전북사학회, 조선시대사학회, 한국고대사학회, 한국근현대사학회, 한국민족운동사학회, 한국사연구회, 한국사상사학회, 한국사회사학회, 한국서양사학회, 한국역사교육학회, 한국역사연구회, 한국중세사학회, 호남사학회, 호서사학회 (가나다순)

[전국 역사 교육자 선언]
정부는 역사학의 전문성과 교육의 정치적 중립성을 보장하라!*

2008년 가을, 대한민국의 역사 교육계는 심각한 위기에 직면해 있다. 정부의 정상적인 검정 과정을 거쳤고, 학교운영위원회의 민주적 절차로 채택된 '한국 근현대사 교과서'가 전면적으로 부정당하는 사태를 맞았다. 이른바 뉴라이트 집단과 정부-여당이 자신들만 벗어나지 못한 낡은 이념을 잣대로 역사학계와 역사 교육계를 송두리째 부정하고 있기 때문이다.

뉴라이트와 정부-여당은 '한국 근현대사 교과서'가 대한민국의 정통성을 훼손하였다고 온 나라를 떠들썩하게 만들었다. 수학능력시험을 며칠 앞둔 수많은 학생과 학부모 들을 혼돈과 불안에 빠뜨렸고, 역사학자와 현장 교사 들을 좌편향으로 매도하기도 하였다. 이 과정에서 교육과학기술부는 절차와 상식을 무시한 직권 수정을 꾀하였지만 정통성에 관한 뚜렷한 문제점을 찾지 못하고, 실제 권고안은 첨삭지도 수준에 그치고 말았다. 애초부터 교육과정을 충실히 지킨 교과서에 대한 비상식적인 이념 공세가 얼마나 정치적인 노림수였는지 명백하게 드러난 것이다. 이는 수정을 강요해온 집단 자체가 이름 그대로 가장 우익, 뉴라이트이기 때문이다.

일찍이 뉴라이트 집단은 식민지 근대화론을 주장하였고, 친일과 독재를 미화하였으며, 4·19를 혁명이 아닌 의거라고 규정하여 여론의 비난을 받

---

* 개인들의 성금을 모아 2008년 11월 3일자 《한겨레신문》에 광고로 게재하였다.

았다. 최근에는 임시정부의 역사적 의의를 부정하는 건국절 주장을 전개하여 대한민국의 정통성을 부정하는 자기모순을 보여주기도 하였다. 그런데 정부–여당은 이들과 교과서 수정은 물론 교육과정 전반의 개편까지 논의한 바 있다. 또다시 역사학계와 역사 교육계를 철저히 배제한 채, 역사 교육의 진로를 바꾸려한 것이다.

이렇듯 자율화·개방화라는 시대 흐름을 거스르고, 검정 교과서 제도와 학교 현장의 민주적 절차를 뿌리째 뒤흔드는 상황을 보며, 우리는 유신정권이 국정 교과서 제도를 만들어 독재를 찬미하도록 강요하던 시대를 떠올리지 않을 수 없다. 그리하여 우리는 그 동안 소중하게 가꾸어온 민주적인 절차와 어렵게 이룩한 교육의 정치적 중립성을 한순간에 무너뜨리는 정부와 뉴라이트 집단의 잘못을 엄중히 지적한다.

차후에 정부–여당과 뉴라이트 집단이 역사 교육의 전문성을 무시한 채 일방적인 수정 시도를 계속하거나 필자들에게 부당한 수정 외압을 가한다면, 역사학의 전문성과 교육의 정치적 중립성을 지키기 위해 우리 역사 교육자들은 분연히 일어날 것이다. 또한 우리 사회 전반의 양식 있는 국민들로부터 광범위한 저항에 직면할 것임을 미리 밝혀둔다.

우리의 요구

1. 교육과학기술부는 절차와 상식을 무시한 검정 교과서 수정 시도를 철회하라!
1. 교육과학기술부는 출판사와 집필자에 대한 부당한 외압을 즉각 중단하라!
1. 교육과학기술부는 역사학의 전문성과 교육의 정치적 중립성을 보장하라!

2008. 11. 3

전국 역사교육자 일동

전국역사교사모임 강원역사교사모임 경기역사교사모임 경남역사교사모임 경북역사교사모임 고양파주역사교사모임 광주역사교사모임 대구역사교사모임 부산역사교사모임 울산역사교사모임 인천역사교사모임 천남역사교사모임 전북역사교사모임 제주역사교사모임 충남역사교사모임 충북역사교사모임 한밭역사교사모임 한국역사교육학회 강금재(경남 창원신월고) 강기복(충남 태안중) 강갈날(강남초광주정보고) 강대석(경남 김해봉성여고) 강대해부산고) 강명화(서울 덕수고) 강문규(부산 경해여고) 강문행(부산공고) 강 마(부산 대연중) 강미영(충남 천안두정고) 강미옥(경남 마산여고) 강민정(서울 불암중) 강사구(충북 충주고) 강선심(경남 김해고) 강선구(경인교대 사회과교육) 강성배(부산 부곡중) 강세현(경기 백신고) 강송현 강순람(제주 대정여고) 강순아(전남 두륜중) 강승재(경남 경상사대부고) 강연수(경기 도당고) 강명석(경기 능곡고) 강인미(부산 연제중) 강인숙(울산 화봉중) 강정남(경기 광주중앙고) 강정민(한국교원대 대학원) 강정숙(서울 구로고) 강지명(인천 선인고) 강진모(인천 작전고) 강진숙(제주 한림고) 강철호(부산 사직고) 강춘수(제주제일고) 강태봉(경기 백석고) 강태화(대구과학고) 강현녀(서울 신곡중) 강현태(인천 금정여고) 강혜명(서울 양강중) 강화정(부산 금정여고) 강희색(경남 간디학교) 경미재(경남 상동중) 경규찬(서울 세화여고) 경태윤(전북 설천고) 고경애(광주 무등중) 고명옥(제주여고) 고민경(울산여상) 고상희(경기 안성종고) 고옥뎃(경북 금룡초) 고재연(인천 성리중) 고재원(경기 한국외대부속외고) 고진아(경기 명문고) 고창화(제주 남녕고) 고현정(충북 각리중) 고혜영(경기 중산고) 공경진(경북 선주중) 공민경(서울 원묵고) 곽미경(인천 청학공고) 곽병순(경기 진건고) 곽보영(서울 경수중) 곽영미(경기 증산고) 곽영옥(충남 천안월봉고) 곽유정(서울 경복고) 곽재영(강원 상지여중) 구경남(경인대 교양학부) 구경화(경북 상모고) 구금화(충북 보은여고) 구연순(경기 정발고) 구본철(강원 양양중) 구본철(경기 이천고) 구자순(인천 계산여고) 국장훈(대구 성서고) 권기훈(경북 삼성현중) 권내헌(고려대 역사교육과) 권미경(대구 고산중) 권미혁(서울 난우중) 권민정(경기 백양고) 권상안(인천 가좌고) 권성근(부산 해운대여고) 권우희(서울 북서울중) 권영주(경북 영주고) 권오준(충남 삼정중) 권용만(경기 파주고) 권용숙(인천 서운고) 권운악(경북 창포중) 권유미(서울 원광초) 권익산(전북 원광고) 권정애(전북 군산동고) 권주용(경기 행신고) 권지명(경남 삼정중) 권태혁(서울 진명여고) 권현숙(경기 곰도중) 권희명(경기 수리고) 금선남(경기 부천동여중) 기덕essel(강원 전남여고) 기석도(강원 북원여고) 기성률(충남 천안 송라중) 기은미(경남 대구중부여고) 김말선(부산 개금여중) 김종환(경남 김천중앙고) 김다민(전북 전주여고) 김계진(경기 가주고) 김계영(경기 수원여고) 천천고) 김경남(울산 문수중) 김경대(경기 양평중) 김경미(부산 하남중) 김경미(서울 선유고) 김경수(인천전자공고) 김경연(인천 제물포고) 김경양(대전 성모여고) 김경호(충남 천안방송공고) 김경화(강원 강현중) 김경정(경기 화홍고) 김광레(전북 목포하당중) 김광륜(경남 무룡고) 김광만(경기 초지고) 김광수(서울 한국삼육고) 김광정(경기 양호중) 김광미(부산 구덕고) 김규대(경기 영덕고) 김근초(인천 효성고) 김기성(울산 현대정보과학고) 김기수(서울 경희고) 김기열(인천 강화여고) 김기충(울산 삼산고) 김길중(충남 서산고) 김남생(인천상인천여중) 김난혜(대전 가수원중) 김남품(전남 남산중) 김남수(서울 정의여고) 김남희부산고) 김단아(대구 협성고) 김단아(경기 사곡중) 김대현(인천 예일고) 김대호(경기 초지고) 김대호(대구 정동고) 김도형(대구 운암고) 김동걸(충남 당진고) 김동성(대구 관음중) 김동익(경북 축면중) 김동진 김동조(서울 신자초) 김령희(충남 용신고) 김리경(부산 온천중) 김만식(경북 포항여고) 김명숙(경남 마산내서여고) 김명현(강원 강릉여고) 김문색(경기 용호고) 김미경(경남 창녕중) 김미라(경기 한국도예고) 김미소(인천 계산고) 김미숙(부산 동여중) 김미애(경남 마산내서여고) 김미영(전남 목포제일여고) 김미월(부산 남일중) 김미정(경기 금촌고) 김미진(경기 수원여고) 김미혜(경기 태장고) 김미해(경기 광명고) 김민경(전북 이동중) 김민서(충북 청운중) 김민우(경기 양고중) 김민수(부산중앙여고) 김민영(부산 광무여고) 김민정(경북 신정충당고) 김보경(경기 수지고) 김보망(경기 동두천외고) 김보영(경기 여주여중) 김보석(경기 진건고) 김복순(경남 야로고) 김상국(부산 경해여고) 김상개(서울 동양중) 김상보(충북 용암중) 김상호(인천 계양고) 김상대(대전공고) 김상훈(서울 숭문고) 김석규(충북 예성여고) 김석균(경기 신원중) 김선권(전북 원광창포예술고) 김선남(서울 천안산청고) 김선화(경남 천안중앙고) 김선회(부산신일정산고) 김선화서울 원명중) 김선해(인천 논현고) 김선해(충남 면천중) 김성경(울산 성광여고) 김성근(부산 동수영중) 김성일(울산 천봉외고) 김성지(서울 광성중) 김세원(광주 첨단고) 김세영(신라대 역사교육과) 김수미(경기 구성고) 김수인(대구 시지중) 김수영(부산신다인고) 김수인(서울 경기기계공고) 김수정(경기 일산동고) 김수진(경남 창원중앙여고) 김수현(대전 유성고) 김숙경(경남 마산내서여고) 김순규(충북 청주고) 김순복 김순숙(경남 창원중앙여고) 김순아(인천 삼산고) 김순호(경기 의정부중) 김승배(경기 청평고) 김승화(경기 부천동여중) 김신화(경남 상주여고) 김양규(서울 잠실고) 김해여(경기 천안진산중) 김양호(서울 원광여고) 김양식(서울 한강중) 김언송(경기 구리고) 김연일(강원 서원중) 김연객(경기 유신고) 김연정(경기 조원중) 김연명(대전체육고) 김연수(경남 해분성고) 김연정(서울고) 김연주(광주예술고) 김연환(부산여고) 김연희(강원 원주여고) 김영해(경기 돌마중) 김 용(울산 현대청운고) 김용병(김용석(서울 상계고) 김용화(울산 대춘고) 김우권(경기 부천고) 김우천(경기 군포고) 김웅개(경기 주선고) 김원범(김원청(전북 순천여고) 김월봉(전남 옥천동) 김유란(경북 영북중) 김유선(인천 인일여고) 김유효(서울 대룡고) 김윤아(충남 서산고) 김 욘(전남 완도중) 김劉은(전남 광양철도고) 김은경(충북 음성고) 김은영(전북 전주여고) 김은숙(서울 여의도고) 김은석(전남 목포고) 김은열(울산동중) 김은정(경기 한강고) 김은정(광주조대부고) 김은정(부산 남산고) 김은주(부산 성수중) 김은현(부산 충렬고) 김은해(광주분성외고) 김은희(광주 천안여고) 김은희(전남 완도고) 김효운(경북 선산여중고) 김이준(서인천고) 김 약(경북 불국중) 김익선(인천 송도고) 김인순(전남 하당중) 김인섭(전남외고) 김인철(경기 백현고) 김인태(전북 창원산고) 김일규(서울 두촌고) 김자명(강원전남고) 김재만(전북 순천여고) 김재맥(인천 가정고) 김재용(경남 상무고) 김재명(전북 양명고) 김재흥(전북 순천고) 김제옥(경기 속고) 김재영(전북 수지고) 김정권(서울 선사고) 김정수(충남과학고) 김정숙(충북 방어진고) 김정은(경북 경주여고) 김정재(경기 무원중) 김정자(서울고) 김정찬(전북 구봉고) 김정현(경남 김해가야고) 김정환(전북 댄계고) 김정희(경남 진주제일중) 김종문(경기 군포고) 김종민(충남 부촌중) 김종옥(경기 계남고) 김종순(강원 황지고) 김종옥(전북 청수고) 김종환(경북 문화여고) 김종현(서울 연남고) 김종훈(서울 강남중) 김종해(전남 경해여고) 김종해(울산 효정중) 김주미(부산 다대고) 김주동(충남 서천고) 김주회(대구 복동중) 김주희(인천 강남고) 김준숙(강원 상지여중) 김준정(충남 온양여고) 김진행(경상대 역사교육과) 김진숙(대구 서재중) 김진규(부산 화명중) 김진영(울산 무룡고) 김지명(경기 부천북여중) 김지영(경기 안산성호중) 김지현(경기 인덕원고) 김지혜(부산 낙동고) 김진규(서울 수리고) 김진덕(부산 구남중) 김진명(경기 부명청산고) 김진욱(인천 선인고) 김진철(서울 영파중) 김진현(부산 신라중) 김진호(경기 경일고) 김진호(울산 농소고) 김진희(경기 초지고) 김창선(전남 이수중) 김창화(부산고 경남고) 김철환(광주 월곡중) 김 청영(부산중앙여고) 김충현(한국교원대 대학원) 김태규(서울 장흥중) 김태균(경기 양일고) 김태완(한국교원대 대학원) 김태우(경기 의정부중동고) 김태정(충남 마산제일여고) 김태진(전남 순천여고) 김태우(서울 동명여고) 김판수(부산 내성고) 김해규(대구 신라고) 김해수(경기 효원고) 김해경(경남 덕산고) 김현경(경기 성남셀고) 김현덕(울산 무룡고) 김현수(경북 성주중앙초) 김현숙(부산 사직고) 김현숙(서울 금호여중) 김현숙(서울 상계고) 김현숙(성균관대 강사) 김현숙(울산 문수중) 김현주(강원 축천고) 김현주(부산 연산중) 김현국(전북 포항해양과학고) 김현덕(서울 경복고) 김현선(전북 고산고) 김해진(인천 진산중) 김해진(경남 양산여자고) 김혜진(전북 이리고) 김호재(광주 우리중) 김홍성(서울 신한고) 김홍명(강원 철원고) 김화재(충남 천안당동중) 김효정(서울 아현중) 김효진(서울 경희고) 김후이(대전 삼천동고) 김희라(서울 숙명여고) 김희색(서울예고) 김희숙(경기 복현중) 김희영(전북 전주여고) 김희조(인천 계산여고) 김희정(충북 부흥고) 김나경(경남 다사고) 나경숙(부산 효원고) 나보경(경기 시곡중) 나선미(경기 수원여고) 나영길(충남 부여여고) 나은정(서울 세현고) 나재권(부산 첨단초) 나창병(경남 동암중) 남경화(인천 가좌고) 남궁돈(대전 유성생명과학고) 남궁효(서울 선유고) 늠 동(대전정고) 남상숙(강원 춘천중고) 남선위(경기 덕계고) 남수명(인천 삼산중) 남정우(충남 서원고) 남정읍(서울 오금고) 남정호(대구 경북기계공고) 남한호(경북 선주고) 늠혜청(서울 영동여고) 노경현(부산 한국과학영재고) 노근환(경남 진주여고) 노봉색(경남 삼정중) 노상영(부산 연제중) 노성해(부산 국제고) 노창권(충남 동성고) 노희철(충남 천안오성고) 도윤훈(대구 다사고) 류지선(전북 원광정보여중고) 류현종(제주대 교육대학 사회과교육전공) 류형진(경남 창원광지여고) 류호정(강원 경포고) 마일영(부산 개성고) 맹순도(강원 봉명고) 명정아(경기 운남중) 목진은(충북 청주외고) 문경들(부산 부경고) 문미라(경기 부흥고) 문 선(경남 웅산고) 문해경(부산 장명중) 문재경(부산 용봉초) 문지은(경기 철산초) 민경민(경남 양덕여중) 민 원(경기 도일초) 민찬개(강원 주천고) 민현주(경북 경북고) 민 현주(서울 경민고) 민 현주(충남고) 박경영(충남 충북중) 박경원(경기 부명고) 박광수(경기 자동중) 박구근(서울 중화고) 박귀미(경기 수원외고) 박규상(서울 창덕여고) 박금희(부산 양덕여중) 박동성(경기 청도고) 박매룡(전북 금산중) 박래화(서울 독산고) 박명숙(강원 명여고) 박명윤(전북 평촌고) 박명훈(서울 보성고) 박명신(충남 진덕고) 박미영(경기 성남셀고) 박미명(부산 홍진고) 박미정(경남 마산내서여고) 박미현(인천 부계고) 박민재(부산 충렬고) 박병호(서울중앙고) 박병만(경기 부천공고) 박병섭(전남 순천제일고) 박보건(경남 아림고) 박보영(경기 안양고) 박상민(충북 율암중학교) 박상준(서울 대광고) 박상철(서울 화곡고) 박선영(경기 영통중) 박선형(대전 대전선중) 박선희(서울 고명중) 박성개(경기 하남고) 박성수(경기 백신고) 박성윤(삼성제일고) 박성호(전북 이리고) 박소라(경기 백양고) 박수경(경북 영주여고) 박수성(서울 무학중고) 박수연(경기 풍동고) 박수연(광주 대자중) 박수정(경남 신아중) 박수현(경기 원미고) 박수화(광주 일곡중) 박승매(경기 범계중) 박앙숙(부산 첨단중) 박앙숙(부산 부흥고) 박언주(대구

310

중리중) 박연근(대구 경명여중) 박영경(부산 충렬고) 박영경(전남 순천왕의중) 박영규(충남 한마음고) 박영복(경북 영주제일공") 박영숙(대구 운암중) 박영숙(전남 동광양초) 박영애(강원 송정여중) 박영애(원주여고) 박영졍(인천 가정고) 박영주(인천 계양중) 박영해(경기 평내고) 박옥련부산? 금수고) 박용규(서울 선란인터넷고) 박 옹(인천 계산여고) 박유신(충남 천안신당고) 박윤순(경기 세류중) 박용해(인천 인향고) 박은주(경남 삼가중) 박인숙(부산 충원중) 박인숙(울산 삼일여고) 박인숙(충북 진천여중) 박재용(대구 성광고) 박정애(천안 천안중) 박정숙(경남 밀양중) 박정숙(경남 곤양고) 박정순(인천 작전여고) 박정은(인덕 인일여고) 박정재부산 사직고) 박정하경기 양주백석고) 박정희(경남 창목중) 박종옥(부여고) 박종옥(강원 북원여고) 박춘희(강원 진광고) 박춘현(경북 영천고) 박춘호(강원 김천읍인고) 박춘현(서울 양재고) 박지숙(서울 도봉정산고) 박진순(충남 예산고) 박찬수(경기 성문고) 박찬영(울산 서부초) 박창신(서울 동대부여중) 박천욱(경남 은해가야고) 박철호(경기 용동초) 박태기(서울 오산중) 박태규(충남 온양용화고) 박태선전주고 중두중) 박택색(경기 대평고) 박향숙(인천 정진중) 박 현광주 동부초) 박현경중(천안고) 박현억(고대대 역사교육과) 박현욱(충남 동부초) 박현철(대구 성서고) 박현철(전북 군산중앙고) 박혜성(서울 경복고) 박호순(서울 영남중) 박효진(경기 조원고) 방경원(경기 송현고) 방영춘(인천박부여중) 방송훈(울산 무룡고) 방지원(신라대 역사교육과) 배경한(신라대 사학과) 배성호(서울 수송초) 배수출(전남 한빛고) 배애란(부산 해운대초구) 배양화광주 상일여고) 배연주(광주 신창고) 배영석(경북 영양용화중) 배우현(서울 효문고) 배정윤(울산중앙여고) 배정훈(울산 남목고) 배촉만(부산상영애중고) 배주영(광주 전남여고) 백동훈(경기 안협고) 백명옥(충남 예산초중) 백수연(서울 대광고) 백숙구(충남 광천제일고) 백명주(부산 강서고) 백옥초(경기 금초고) 백유선(서울 보성중) 변량구(경남 영운고) 변순남(부산 금정여고) 변제숙(경기 성남여고) 변주현(강원과학고) 봉원준(대전 동신고) 빈상혜(대구 성서초) 서광묘(대구 경북예고) 서규주(경기 원효고) 서남권(전남 칠량중·사동여(경기 화정초) 서맹숙(충남 예산중) 서미선(서울 동신중) 서선주(대전 만년고) 서성희부산 창전중) 서소영(부산디자인고) 서승매(인천 원당고) 서원생(전북 송지송고) 서원희경기 광문고) 서재현(전남 화순중) 석진숙(대구 운암중) 선명완(전남 장흥삼업고) 선혜려(충남 목천고) 선휘성(전남 봉래중) 설연해광주 무장초) 설정애(전남 중마고) 설혜민(경기 부천북고) 성상재(한국교원대 대학원) 성주현(인하대학원생) 성현옥(강원 경모고) 소 영(경기 창당중) 손덕호(부산 용호고) 손선해(경기 도당고) 손성호(울산 삼일여고) 손수범(경기 광주중앙고) 손 숙(경기 동안고) 손영광(경기 구리고) 손주영(서울 영신고) 손현숙(신라대 역사교육과) 송 경 (경기목초벌초?충북 광혜원초) 송문현(충남 역사교육과) 송수남(서울 신화중) 송승호(제주여중) 송영실(서울 충동중) 송영찬(대전전자디자인고) 송복준(서울 신현고) 송용현(광주 광덕중) 송윤관(서울 한양중) 송은숙(전북 정읍중) 송청규전북 황도중) 송지선(서울 구로고) 송진욱(경기 신길고) 송 철(서울 광남고) 송치호(서울 석관중) 송대면(울산연중) 송해정(경기 광명고) 송현경(경기 남서중) 송현목(경기 성남고) 송호경(전남 예당고) 시정선(경기 성남여고) 신동해(경기 단원고) 신병철(서울 여의도여고) 신봉수(광주 첨단고) 신성애(서울 용문중) 신수경(경기 주엽고) 신용균(경남 거창고) 신유리(서울 한국삼육고) 신유애광주 하남중) 신화해(경북 비봉초) 신안신(인천 인하대부고) 신재인(강원 경포고) 신칠웅(울산시현여중) 신주백(국민대 한국학연구소) 신주영(충남 천안용용고) 신찬규(경남 단성고) 신치욱(경기 운초) 신치호(경기 상동고) 신현숙부산 다송중) 신현노(충북 운동중) 신현애(경기 은행중) 신현진부산 명도여고) 심영옥(경기 소래고) 심우권(경기 효자여고) 심재민(서울 대진고) 심지혜(대전 동대전중) 심재호부산 정관중) 심호준(서울 석관고) 심지혜대전 중대전중) 심현섭(광주 살래시오여고) 심경택부산 분포고) 안영지(전남 고대초) 안동수(대전 노은고) 안미라(인천 가정고) 안병갑(과학고) 안병휘(서울 송현여고) 안성필(대전 신탄진고) 안성민(충북 옥천여고) 안영빈(전북 오 리고) 안은혜(경기 흥진고) 안재성(서울 창초고) 안정애(서울 공항고) 안정애(전남 담양고) 안지숙(인천 부평동중) 안지현(서울 공항고) 안찬준(대구 계성중) 안현주(부산 만덕초고) 안현주부산 화명중) 안형식(서울 오수마인?부산 창전초) 양순옥(충남 예산초) 양연명(경기 용인고) 양석만(서울 상계고) 양성숙(부산 남일고) 양정화(서울 영신고) 양준호(경남 합포초) 양찬모(대전 송촌고) 양춘재부산 개금고) 양치구(대구 학남고) 양태표(서울 목천고) 양택관(서울 현대고) 양현청경기 김해명운고) 양화섭(인천 부평서중) 엄기환서울 둔촌초) 엄덕순(경기 수리고) 엄재국부산 대덕여고) 엄윤숙(충남 연무고) 여진해(경북 선주고) 예예경울산생물과학고) 염병희부산기계공고) 예영주(경남 마산내서여고) 오나리(서울 이화여고) 오도화경남 합포중) 오민영(서울 세화고) 오병수(성균관대 동아시아학술원) 오선아 오성국(누산시대부고) 도세완(경기 가목고) 오세운(서울 대영고) 오수미(인천 작전중) 오순옥(충남 예산초) 오연수(울산 일원봄교) 오영월(경기 남사고) 오용규(부산 남일고) 오원종(경기 원종고) 오정화(신라대 대학원) 오지영(경기 소래고) 오창호(충북 주성고) 오창화(광주여고) 오치은(대구 경덕여고) 오칠근(경기 조원고) 오현숙(전남 해남중) 오현주(울산 농소고) 오예지(경남 김해가야고) 옥서연(강남물고고) 원홍식(서울 보성중) 우명조(전남 순천금당고) 우상수(경북 금오고) 우선수(서울 상암고) 우윤성(경기 유신고) 우은정(인천 인일여 고) 우재열(서울 세화여고) 우정애(서울 온곡중) 우주연(서울 영신고) 우주명(경북 영광여고) 우현국(전남 경덕중) 우희태(강원 대성고) 원성식(인천 부개고) 윤윤희(서울 경동고) 원재윤(경기 인창초) 원총혁(충북안도고) 유근선(전남 여천고) 유경주(전남 완도여중) 유대현(경기 효자고) 유상화(경기 가운고) 유성희(인천 기산고) 유선미(대구 서부고) 유성희(서울 동일여자전산디자인고) 유수용(경남 위천중) 유승연(서울 수락고) 유양식 유영주(충북 금천고) 유용태(서울대 역사교육과) 유인애(경북 양남중) 유정순(대구 성서고) 유충원(전북 남성고) 유필조(서울 시흥중) 유현희(서울 시흥중) 육성진(경기 창현고) 육성화부산 초연중) 윤경수(서울 예일여중) 윤경원(강원: 김해성동고) 윤공희(서울 등명중) 윤국선(경기 관악정보산업고) 윤덕후(광주제일고) 윤동주(경기 소하고) 윤미경(부산 당리중) 윤미경(부산 주감중) 윤미리(서울 성동고) 윤애예(경북 신명중) 윤병무(경기 효자고) 윤상호(경기 광명고) 윤부천한부산고 윤석규(충남 홍주중) 윤성원(경북 문경여고) 윤용출(부산대 역사교육과) 윤은미(경기 이천고) 윤이상(전남 회덕중) 윤민발(서울 영신계공고) 윤자영(충남 홍덕고) 윤종배(서울 온곡중) 윤종도(충남 오성고) 윤지 현(경기 부명고) 윤지현부산신도고) 윤진회(경기 구리여고) 윤창숙(충남 부석고) 윤현미(대전 도원고) 윤현진(전북 홍천고) 윤호수 윤희철(경남 창원용양여고) 이강닥(서울 인창중) 이강훈(인천 계산여고고) 이개배(경남 샛별중) 이경재(경기 부천동여중) 이경주(경기 토평고) 이경훈(일본 오사카금강학교) 이경원(서울 오산고) 이관민(서울 신관중) 이금생(경기 성호고) 이금생(경기 무동고) 이기봉부산 금무고) 이명훈강원 원주여고) 이길현강원 원주고) 이대영(서울 상병시대부여고) 이대희경기 남양고) 이동욱(경기 수원정보산업교고) 이동연인천 신송고) 이동진부산인천여상교고) 이동훈(서울 문명고) 이명미제주 조천중) 이명섭(경기 창현고) 이명해(초봉예고) 이봉색전북 합평교포고) 이룬경경재부산 동명고) 이문정(경기 원촌고) 이문모(전남 삼호중) 이미숙(인천 도화기계공고) 이미현(대구 성서중) 이미현(경기 시화공고) 이무타(대전 중리공고) 이민숙서울 대명중) 이민청(경기 무동고) 이민진(경기 효원고) 이범선(전남 강진고) 이벽산(인천 산곡여고) 이부모(경기 화정고) 이상경(서울 자양고) 이상차부산여고) 이상권(울산 성암여고) 이상근(경기 수원한일전산여고고) 이상섭(전북 배영고) 이상철(울산새물과학고) 이상철(충북 청주신 흥고) 이서후(쿠산전자공고) 이석영(경북 부남고) 이선옥(경남 창원신월고) 이성근(서울 성산초고) 이성미(부산중앙고) 이성열(경남 거창여고) 이성신(서울 배명중) 이성해(경기 명문고고)이세면(경기 일산고) 이수일(서울 상계고) 이숙영(경기 안양공고) 이숙연(경남 거창대성환경정보고) 이순옥(울산 동평초) 이순용(서울 숙명여고) *이순은 이순인(서울 용화여고고) 이순형(제주 한림공고) 이승녹(서울 충정고) 이승근(서울 충주고) 이승옙(경기 부평고) 이승택(인천 정봉해서울 대도고) 이은현광주 화정중) 이은화(경기 영덕고고) 이이리(서울 제주여고고) 이아리(새전남 산동중) 이양재(서울 가락고) 이어라(전남 영광군남초) 이연숙(경기 군서초) 이연재(인천 계산여고고) 이 연주(경북 경주여중) 이영권(새북 영주고) 이영길(대전고고) 이영매(부부산고고) 이영애(서울 상원중) 이영길(서울 대영고) 이영출(부산국제고) 이영화(난남대 역사교육과) 이영화(경남 김해영운고) 이예 섭(충남 조치원고) 이옥자 이용색(서울 증산중) 이용우(충남 대천고고) 이용용(경기 계남고) 이우출(전북 김해여고고) 이우훈(인천 계산고고) 이욱경(부산 사직고) 이 옹(전남 여수충무고고) 이원철(경기 가상고고) 이윤구(중국 천진한국국제학교고) 이은실부산 대국중고) 이은령(경기 흥명고고) 이은해(서울 동직고고) 이은청(경북 병곡중) 이은정(서울 원묵중) 이은주(경기 매원중) 이은철(전남 광양제철고) 이인석서울 문정고) 이인용(서울 예일여중) 이재득(대구 영남중) 이재명(인천 대전공고) 이재미(경남 김해분성고) 이재성(강원 북원여고) 이재숙부산 상당초) 이재영(경남 마산초) 이재관광주 고려중) 이재두(서울계 이재행부산 삼정초) 이재해(충남 대천중) 이재해(경남 창목중) 이점자(경남 진주중앙고) 이정례(인천 작전초) 이정미(경기 수리고) 이정숙(인천 부평서중) 이정순(대구 상원고) 이정애(서울 창덕여고) 이정영(경북 금오중) 이정수대부고 성산초) 이정용(서울 화수공고) 이정희(인천 명신고고) 이정후(경기 계양중고) 이종년부산 대덕고) 이종래(경기 경주 강구중) 이종원(부산 금성초) 이종선(충남 성환고) 이종숙(강원 유봉여초) 이종현(서울 상계고) 이종희(경기 은행고) 이종해(대구 대명중) 이 수상(경기 숙지고) 이주연(충남 안면중) 이주영(경기 모송중) 이주호(경기 진성고) 이중재(충남 이지선경기 권선고) 이지연(경기 유신고) 이지현(서울 경서여고) 이지해(경기 정봉고) 이진식(서울 신서초) 이진현(경남 진주중앙고) 이 창(경북 청송충부동분교고) 이창개(충남 옥천초) 이창용(경기 일산동고) 이창호(서울 성심여고) 이춘섭(서울 오산초) 이춘트(충북 산남고) 이태현광주 살레시오여고) 이한발(경기 백탐고) 이행숙전남 목포제일초) 이현수(충남 배재초) 이현걸(광주 광명고고) 이현숙(인천고) 이현숙(전 진상초) 이현옥(경기 부천여고고) 이현원(경기 예안예고) 이현주(서울 세화여고) 이현주(서울 자양고) 이현진(경기 합포여중고) 이현용(울산 우신고) 이형숙(서울 신림고고) 이현경(경기 한솔고) 이호은(전남 장흥고) 이호현(경기 숙지고) 이효순(경기 충현고) 이효춘(광주 중앙중) 이홍만부산 동명공고) 이홍원(경기 부흥고) 이희범(경기 부천고) 이희언(경기 부천여고) 이희옥(전북 계화초) 이희원(경기 유신고 이희주(경남 삼성중) 이희진(경기 계남고) 이희찬(인천 인항고) 인명찬(충남 대천고) 임경희 임권묵(경기 영덕고) 임금숙(전남 구례여중) 임난실(서울 경기여고) 임명희(부산기계공고) 임미경(충북 칠금중) 임미순(경기 비산중) 임병철(신라대 역사교육과) 임선일(서울 독산고) 임성빈(서울 한성女) 임식경(경기 효양고) 임연재(부산 주감중) 임영배(서울 청원고) 임영주(서울 온곡고) 임영창(대구 동부女) 임영해(경기 천천중) 임재환(대구 와룡고) 임재호(인천 인명여고) 임진해(부산 구남중) 임하영(전남 백운고) 임행만(서울 세촌고) 임현행(경기 초지고) 임형춘(제주 남주고) 임혜정(대구 동명女) 임 훈(충북 제천고) 임화란(경기 일산동고) 임희란(부산 양동여고) 장국천(서울시대부고) 장태수(대구 강동고) 장동표(부산대 역사교육과) 장두호(서울 신현고) 장병재(대구 동문고) 장명해부산 화명고) 장 대광주 지원중) 장미영(대구 축천중) 장범석(강원 원주여고) 장병원(대전 버드내중) 장병일(경기 능곡고) 장석규(경기 봉담고) 장석일(전남 문명중) 장선영(경기 부명고) 장세욱(충남 부여여고) 장수민(경기 성남고) 장승문(서울중앙중) 장신영(경기 이매고) 장연환(경기 효명고) 장연해(경남 구암여중) 장용준(전남 함평고) 장원재(경기 효명고) 장유철(대전둔산고) 장윤석(인천 제물포고) 장정진(경북 옥천고) 장성해(경북 상곡중) 장지영(광주 전남공고) 장진생(경기 광탄고) 장현영(울산 호계고) 장혜진(경기 지산초) 장화정(부산 동주중) 장희정(경남 장유고) 전경희(경기 광명북고) 전근영(인천 삼산고) 전기윤(경기 성모고) 전문희(경남 거제북고) 전병철(충남 공주공고) 전승철(전남 해제초) 전영필(서울 용와여고) 전인선(부산 남산고) 전정원(충남 목천고) 전정호(경북 한일고) 전호현(서울 해성여고) 전지영(경기 광주중앙고) 전형호(서울 상명고) 전혜선(광주 상무고) 전효순(경기 기흥중) 정경아(서울 가원중) 정경호(부산 강서고) 정경화(전남 순천공고) 정경악(강원 원통고) 정기욱(부산남중) 정기천(경기 평택고) 정기환(경기 능부른고) 정다운(상인천여중) 정덕용(대전 갑고중) 정만섭(광주 살레시오여고) 정명재(전남 청호중) 정문숙(경기 창원원호고) 정미경(부산 금곡중) 정미래(울산 효정고) 정미선(충남 남면중) 정미애(경기 청명고) 정민영 정보금(인천 만수고) 정상규(경기 평택여고) 정상오(서울고) 정석기(경북 예천여중) 정선웅(충남 공주중) 정승경(경북 성주중) 정세정(경기 능곡고) 정송이(경기 평택여고) 정순옥(부산디지인고) 정승석(경기 봉일천고) 정승화(경북 북원여고) 정연길(충남 아산중) 정연주(서울 성동고) 정연란(경기 충흥고) 정영신(광주 분포고) 정영엽(부산 동신중) 정영조(부산 금양중) 정영태(경기 유신고) 정옥숙(부산 가성중) 정용유(경남 김해생명과학고) 정용택(경기 홍진고) 정온영(인천 강화고) 정은택(서울 서라벌고) 정윤희(경기 원촌고) 정은선(대구 다시고) 정승식(서울 세촌고) 정의순(강원 상지여고) 정 안(경기 가좌고) 정인영(경기 백석고) 정인해(부산 영남중) 정재천(부산 예문여고) 정재호(경남 대아고) 정정훈(부산 동래여고) 정종복(부산 다대고) 정주미(대구 침산중) 정주현(울산 문수고) 정준모(경북 화동중) 정조 숙인(천북 부개고) 정지영(광주 양산중) 정진숙(경기 성가고) 정태윤(고려대 대학원) 정해권(인천 삼산고) 정철숙(서울 강윤고) 정정철(전남 강진고) 정해란(전남 김해경원고) 정혜숙(부산 부곡여고) 정환호(부산 연산중) 정담양고 채애성(부산 개성고) 채명숙(경기 용호고) 채효승(서울 동성고) 천강석(충남 온양여고) 천은수(인천 부개고) 천진수(전남 고흥실업고) 천효정(광주 금호고) 최가은(경남 진주기계공고) 최갑선(서울 동덕여고) 최강란(서울 경기여고) 최광표(전남 소안중) 최규생(충남 연무여고) 최덕수(고려대 한국사학과) 최명희(인천 선인고) 최문석(경기 저동고) 최문섭(전남 별고여고) 최문숙(전남 해남고) 최명영(경기 소야고) 최봉해(경기 효명고) 최석숙(경남 거제고) 최순(경남 아산구암고) 최의순(서울 로봇고) 최영화(대구 상인고) 최병화(부산 낙동고) 최보경(경남 간디학교) 최상호(경기 행신고) 최상윤(서원대 역사교육과) 최선경(경기 대명고) 최선숙(서울 성동고) 최선우(경기 중흥고) 최소숙(서울 당곡고) 최승기(충남 홍성여고) 최승원(광주 전남여고) 최승해(경기 시곡중) 최 영(충남 천안방용고) 최명숙(강원 대창중) 최원관(경기 동안고) 최화정(부산 명신중) 최윤경(울산 우신고) 최윤정(경기 김해경원고) 최윤정(광주 몽당고) 최윤해(경기 호평고) 최은선(경기 부일중) 최은별(서울 경수중) 최은정(경기 행신고) 최정문(대전 대신고) 최재웅(경기 수성고) 최재호(부산 브니엘여고) 최정오(경기 소하고) 최정훈(광주 상무고) 최지은(경남 삼계중) 최진일(대전고) 최정훈(서울 금호여중) 최형숙(경남 밀양여고) 최향숙(충남 부석고) 최현미(경북 삼성현중) 최현상(서울중앙고) 최혜정(경기 신평중) 최효면(울산 무거고) 최효성(경기 유신고) 최희경(서울 가락고) 최희순(강원 원주중고) 최희강(울산여상) 최희면(경기 동안고) 최회원(서울 세촌고) 최희정(부산 개금고) 추인영(충북 주성고) 탁불욱(군포 신철원고) 허경아(부산여중) 하마미(경기 구리여고) 하명실(제주동중) 하상비(울산 남창중) 하상영(경남 함양고) 하성해(서울 강북중) 하명숙(인천 계양고) 하진환(충남 다산고) 하해경(경남 진해여고) 한규환(경기 구리고) 한기모(서울 상강고) 한대철(경기 마산여고) 한민수(서울 창중고) 한민(경남 광주 성무고) 한치호(경남 삼계중) 한성수(충남 천안동고) 한빛이(경기 중흥고) 한수현(경기 축전동) 한순옥(부산 구서여중) 한승연(충남 예산여고) 한은설(서울 중화고) 한재해(경기 심원고) 한재희(서울 문정고) 한정해(경기 화흥고) 한지영(경기 성복중) 한천우(부산 인지중) 함마명(서울 공항고) 허두영(서울 세현고) 허승권(경기 비봉고) 허신해 허은철(서울 가락고) 허인순(경기 양주백석고) 허현주(경기 부천고) 허민정(전북 여수고) 현성수(제주 남녕고) 홍경래(서울 대원고) 홍경숙(경기 성남공고) 홍근진(울산 영덕여중) 홍석범(경기 돌마고) 홍성비(경기 부명고) 홍세경(경북 경북고) 홍순두(충북 한국교원대부고) 홍영숙(광주 홍익중학교) 홍윤선(부산 지산고) 홍윤화(서울 영동동고) 홍은선(충남 천안두정고) 홍한빛이(경기 중흥고) 홍혜람(전북 목포여고) 홍혜숙(부산 부흥고) 홍희성(서울 성동고) 홍희남(경남 양산중) 황 헌(서울 가락고) 황명숙(경기 화수고) 황상진(대구 운암고) 황석해(부산 동래중) 황선희 황성연(광주중앙중) 황명숙(충남 목천고) 황재연(강원 학성중) 황지숙(서울 신림고) 황혜면(경북 울진고)

이상 1300명의 전국 초, 중, 고, 대학 역사 교육자가 참여하였습니다.

〈행사 안내〉

역사 교육의 정치적 중립성과 건강한 발전을 위해 역사 교육자 여러분의 뜨거운 참여를 부탁드립니다!!!

1. 역사 교과서를 위한 열린 토론회

　　때: 11월 20일(목) 오후 1시 30분 – 5시 30분

　　곳: 정동 프란치스코 교육관

　　내용: 교과서 수정 논란의 전말, 검정 교과서 제도의 개선 방향 등

2. 한국 근현대사 특강

　　때: 12월 2일부터 12월 18일까지 3주간 화, 목요일 오후 7시 – 9시

　　곳: 정동 프란치스코 교육관

　　내용: 대한민국 건국사, 뉴라이트와 교과서 문제 등

[전국 및 해외 역사학자 선언문]
교육과학기술부는 교육의 정치적 중립성을 훼손하는 교과서 수정 작업을 중단하라!*

전국의 역사학자와 역사교사들의 반대에도 불구하고 교육과학기술부는 10월 30일 검인정 교과서 제도의 취지를 부정하는 '수정 권고안' 55개 항목을 공표하였다. 이러한 조치에는 집권 세력이 원하는 방향으로 교과서 내용을 바꾸겠다는 정치적 의도가 깔려 있다. 역사 연구의 전문성을 존중하고 역사 교육의 정치적 중립성을 보장해야 할 교육과학기술부가 스스로 이를 짓밟는 초유의 상황이 도래한 것이다.

이는 다음 몇 가지 점에서 심히 우려된다.

첫째, 교과부의 수정 권고는 정부가 원하는 오직 한 가지 역사만 서술하게 하는 것으로, 이는 헌법적 가치인 학문과 사상의 자유를 억압하는 것이다.

둘째, 획일적인 역사 서술 강요는 국정 교과서와 다름없는 검인정 교과서를 양산하도록 만들 것이며, 교사의 교권과 학생들의 학습권을 침해하게 될 것이다.

셋째, 획일적인 역사 교육은 학생들의 창의적이고 주도적인 학습을 저해함으로써 개방적이고 다원적인 사고 능력 양성에 치명적인 독소가 될 것이다.

이에 교과서 집필자들은 11월 4일 기자회견을 통해 교과부의 수정 권고

---

* 개인들의 성금을 모아 2008년 11월 11일자 《한겨레신문》에 광고로 게재하였다

안을 전견 거부한다는 입장을 밝혔다. 우리 국내·해외의 역사학자들은 학문의 자유와 교육의 중립성을 지키고자 하는 이들의 입장을 전폭적으로 지지하며 다음과 같이 우리의 요구를 밝힌다.

1. 교육과학기술부는 역사학계의 연구 성과를 존중하고 교육의 정치적 중립성을 보장하라!

1. 교육과학기술부는 역사학계의 목소리를 겸허히 수용하여 현재 정치적인 목적 하에 진행하고 있는 교과서 수정 작업을 중단하라!

1. 교육과학기술부는 교과서 출판사와 집필자에 대한 부당한 외압을 중단하라!

2008. 11. 11

전국 및 해외 역사학자 일동

[국내 명단]

방기중(연세대 사학과 교수) 강길중(경상대 사학과 교수) 강대민(경성대 사학과 교수) 강명길(서울시립대 대학원) 강문석(한국역사연구회 고대사분과) 강미자(경상대 한국학연구소 연구원) 강단철(가톨릭대 국사학과 석사과정) 강병색(역사실학회 회장) 강봉룡(목포대 교수) 강봉원(경주대 문화재학부) 강성길(광양제철고 교사) 강성봉(성균관대 박사과정) 강성호(순천대 인문학부 교수) 강영경(숙명여대) 강길휴(수원대 사학과 교수) 강재광(경기대 사학과 강사) 강정숙(성균관대 박사과정) 강정현(부산대 사학과) 강판권(계명대 사학과 교수) 강혜경(숙명여대 교수) 강혜라(가톨릭대 국사학과) 강호선(서울대 국사학과 대학원) 강효숙(진실화해위원회) 고동환(한국과학기술원 인문사회과학부 교수) 고영진(광주대 교수) 고원(청주대 교수) 고정휴(포항공대 인문사회학부 교수) 고지훈(역사문제연구소 연구과) 고현아(가톨릭대) 곽차섭(부산대 사학과 교수) 구덕회(교천고 교사) 구도영(한국여대 연구회 중세사2분과) 구만옥(경희대 사학과 교수) 구산우(창원대 사학과 교수) 구완회(세명대 교수) 권기철(부산대 경제학과 교수) 권내현(고려대 역사교육과 교수) 권덕영(부산외대 교수) 권연웅(경북대 사학과 교수) 권영국(숭실대 사학과 교수) 권영배(계성중 교사) 권영오(대저중학교) 권오영(한신대 교수) 권오중(영남대 사학과 교수) 권인혁(제주대 사학과 교수) 권태억(서울대 국사학과 교수) 기경량(서울대 대학원) 기광서(조선대 교수) 김건태(성균관대 동아시아학술원 교수) 김경남(학습원대 연구원) 김경란(성균관대 대동문화연구원 연구교수) 김경ље(서울대 국사학과) 김경옥(목포대 연구교수) 김경일(동국역사문화연구소 연구원) 김광철(동아대 사학과 교수) 김기봉(경기대 사학과 교수) 김기섭(부산대 사학과 교수) 김기승(순천향대 교수) 김기주(호남사학회 교수) 김남석(충남도서고) 김남식(서울산업대 교수) 김남윤(역사학연구소) 김다래(신라대 경제학과 교수) 김대호(한국역사연구회 근대사분과) 김도형(연세대 사학과 교수) 김도훈(국민대) 김돈(서울산업대 교수) 김동수(전남대 사학과 교수) 김동전(한국교원대 사학과 교수) 김동철(부산대 사학과 교수) 김두현(동신대 역사문화학과 교수) 김락기(인하대 사학과 강사) 김명진(경북대 강사) 김무진(계명대 교수) 김문기(부경대 사학과) 김문식(단국대 사학과 교수) 김미기(성신여대 인문과학연구소 연구원) 김미현(성균관대 박사과정) 김민석(한양대 대학원 박사과정) 김민철(민족문제연구소) 김배철(청주교대 교수) 김백철(서울대규장각) 김병우(대구한의대) 김보영(한양대 강사) 김봉렬(경남대 인문학부 교수) 김선경(역사학연구소) 김선미(부산대 사학과) 김선호(한국학연구원 박사과정) 김성보(연세대 사학과 부교수) 김성우(대구한의대 교수) 김성준(서울대 대학원) 김세봉(단국대 동양학연구소) 김소남(한국역사연구회 현대사분과) 김수현(한양대 사학과 박사과정) 김수인(광운대 교양학부 교수) 김숙(한양사이버대 교수) 김재웅(고려대 대학원 박사과정) 김정숙(영남대 국사학과 교수) 김정인(춘천교대 교수) 김종은(숙명여대 대학원 박사과정) 김종준(서울대규장각 선임연구원) 김주란(경북대 사학과) 김주용(독립기념관 한국독립운동사연구소 연구원) 김주완(한제노사이드연구회) 김준형(충남대 강사) 김춘행(경상대 역사교육과) 김지수(전남대 법학과 부교수) 김지영(국립중앙박물관) 김지연(숙명여대 한국사학과 박사과정) 김지혜(숙명여대 한국사학과 박사과정) 김진영(민족문제연구소 연구원) 김진한(한국학중앙연구원 박사과정) 김창록(경북대 법과대학 교수) 김창회(가톨릭대 근대사분과) 김철준주산업대 교양학부 교수) 나희라(진주산업대 교양학부 교수) 남기현(성균관대 사학과 박사과정) 남동신(서울여대 사학과 교수) 남무우(국민대) 남미진(동아대 사학과) 남재우(창원대 사학과 교수) 남종국(동국대 사학과 교수) 남지대(서원대 역사교육과 교수) 남철호(대구사학회 강사) 남화숙(워싱턴대 교수) 노명환(한국외대 사학과 교수) 노영기(조선대) 노중국(계명대 사학과 교수) 도면회(대전대 역사문화학과 교수) 도현철(연세대 교수) 라정숙(숙명여대 대학원 박사과정) 류승렬(강원대 교수) 류명철(영남대 강사) 류은해(영산대 시간강사) 류준범(역사문제연구소 연구원) 류한수(상명대 교수) 류현희(한국역사연구회 고대사분과) 문수현(경희대 인문학연구원 연구교수) 문영주(역사문제연구소 연구원) 문용식(고려대 강사) 문용호(양산·제일고) 문중양(서울대 국사학과 교수) 문창로(국민대 사학과 교수) 민덕기(청주대 역사문화 교수) 민유기(광운대 교양학부 조교수) 박건주(전남대 사학과 강사) 박길순(충북대 사학과 교수) 박경수(강릉대 일본학과 교수) 박광명(동국대 사학과 석사과정) 박광연(한국역사연구회 중세사1분과) 브.대재(고려대 한국사학과 교수) 박만규(전남대 역사교육과 교수) 박맹수(원광대 사학과 교수) 박상철(전남대 사학과 교수) 박선애(동명대 교수) 박성준(서울대구-장772) 박수현(민족문제연구소) 박순수(동의대 사학과 교수) 박우룡(서강대 연구교수) 박원용(부경대 사학과 교수) 박유하(고려대 한국사학과) 박유미(상명대 대학원 박사과정 박윤선(성해원-단대 한국연구소) 박윤재(연세대 연구교수) 박은경(동아대 고고미술사학과 교수) 박은숙(서울시사편찬위원회) 박정배(숙명여대 사학과) 박종기(국민대 국서학과 교수) 박종관(성균관대 동아시아학술원 연구교수) 박종진(숙명여대 한국사학과 교수) 박준성(역사학연구소) 박준형(한국역사연구회 고대사1분과) 박지영(동아대 사학과 석사) 박진반(경희대 사학과 교수) 박진우(숙명여대 일본학과 교수) 박진태(대진대 사학과 교수) 박진훈(명지대 사학과 조교수) 박진희(한국역사연구회 현대사2분과) 박찬구(단국대 동양학7) 박찬문(제주대 사학과 교수) 박천승(한양대 사학과 교수) 박창균(서강대 연구교수) 박천수(영남대 사학과 교수) 박철웅(숙실대 강사) 박태화(서울대 교수) 박해식(청주교대 사회과교육과 교수) 박현순(서울대 규장각) 박호성(서강대 교수) 박화진(부경대 사학과 교수) 박훈(수원대 사학과 교수) 박흥식(서울대 서양사학과 교수) 반병률(한국외대 사학과 교수) 방지원(신라대 교수) 배병욱(동아대 사학과 강사) 배석만(부산대 한국민족문화연구소 연구원) 배영순(단국대 국사학과 교수) 배은아(이화여대) 백길녀(연세대 사학과 석사과정) 백승옥(부산경남사학회) 백승철(연세대 국학연구원 교수) 백영미 백영서(연세대 사학과 교수) 백옥경(고려대 박물관) 변광석(부산대 사학과 강사) 변동명(전남대 사학과 교수) 이순신3래양문리연구소 부교수) 변정섭(대구가톨릭대 역사교육과 외래강사) 서명일(고려대 박물관 서영건(부산대 사학과 교수) 서인원(동성대 강사) 서정복(충남대 명예교수) 서정석(공주대 교수) 서정훈(울산대 역사문화학과 교수) 서송태(호남교회사연구소 연구실장) 서충석(성균관대 사학과 교수) 성백용(한남대 사학과 교수) 소현숙(한양대) 손동유(한국역사연구회 근대사1분과) 손병규(성균관대 동아시아학술원 HK교수) 손승회(영남대 사학과 교수) 손영호(청주대 교수) 손정미(대가박물관) 손철배(성균관대 동아시아학술원) 송규진(서원대 역사교육과 교수) 송용덕(서울대 국사학과) 송충섭(서울대구규장각 연구원) 송치섭(방송대 문화교양학과 교수) 송호상(계명대 사학과 강사) 송호정(한국교원대 역사교육과 교수) 신소철(서울대 대학원 박사과정) 신종원(한국학중앙연구원 이스트 인문사회과학부 교수) 신동하(동덕여대 국사학과 전임) 신민철(서울대 과학사및과학철학 박사과정) 신세대모스크바1국립대 역사학부 박사과정) 신수철(원광대 사학과 외래강사) 신안식(숙명여대 다문화통합연구소 연구교수) 신영희(부산대 사학과) 신은제(동아대 사학과 강사) 신주백(서울대규장774) 신태갑(동아대 사학과 교수) 심재석(방송대 강사) 심재우(한국학중앙연구원 교수) 심재훈(단국대 사학과 교수) 심철기(연세대 대학원 박사과정) 안병우(한신대 국사학과 교수) 안환(부산1경남사학회) 양명수(이화여대 양미숙(동아대 강사) 양상진(삼파교중) 양상현(울산대 역사문화학과 교수) 양정심(성균관대 연구원) 양호환(부산대 사학과 교수) 양홍숙(부산대 교수) 여호규(한국외국어대 역사교육과 교수) 여호규(부산대 인문문화 HK연구교수) 유장근(경남대 교수) 유재건(부산대 사학과 교수) 유현동(아대 사학과) 유현경(고양근- 대가박물관) 유현재(서울대구규장각) 윤경로(한성대 총장) 윤경진(경상대 사학과 교수) 윤대원(서울대규장각 책임연구원) 윤덕영(역사문제연구소 연구원) 윤시원(성균관대 사학과 석사과정) 윤용출(부산대 역사교육과 교수) 윤용혁(공주대 교수) 윤원영(경희대 사학과 교수) 윤재박(경북대 사학과 교수) 윤치현(동아대 역사문화학과 교수) 윤천숙(부산대 교수) 이가현(인천대 사학과 교수) 이갑현(인천대 박사과정) 이개석(경북대 사학과 교수) 이경규(전북대 사학과 교수) 이경구(한림대 한림과학원 HK연구교수) 이경미(한국외대 사학과 박사과정) 이광수(부산외대 러시아인도통상학부 교수) 이광호(동아대 사학과 강사) 이규철(가톨릭대 국사학과) 이기명(동아대 사학과 교수) 이기훈(목포대 역사문화학과 교수) 이동인(임원경제연구소) 이동현(한양대 강사) 이명선(숙명여대 석사과정) 이명숙(경희대) 이문자(경북대 역사교육과 교수) 이민아(서울대 국사학과 대학원) 이병례(성균관대) 이병휴(경북대 역사교육과 명예교수) 이병희(교려대 한국사학과 교수) 이상균(강남대 교수) 이상영(인천대 교육연구소 책임연구원) 이상진(동아교통대 사학과 박사과정) 이성임(서울대구규장각 연구원) 이성주(강릉대 사학과 부교수) 이성형(계명대 일본학과 교수) 이세영(한신대 국사학과 교수) 이송순(한국역사연구회 근대사1분과) 이응희(신라대 사학과 교수) 이수원(민수혁화운동기념사업회) 이수훈(경남대 국사학과 교수) 이숙영(연세대 사학과) 이승민(가톨릭대 대학원생) 이승민(동국대 강사) 이신철(성균관대 연구교수) 이애숙(연세대 대학원 박사과정) 이영빈(호남대 역사문화학과 교수) 이영색(광주대 외국어학부 교수) 이영애(경기도 박물관) 이 영학(한국외대 교수) 이영화(한국학진흥원) 이완범(한국학중앙연구원 현대사분과) 이종구(서울대 역사교육 교수) 이상훈(경북대 한국사학과 교수) 이옹찬(민족문제연구소 책임연구원) 이우석(한국역사연구회 중세사분과) 이욱(한국국학진흥원) 이원배(고려대 한국사학과 고대사전공) 이윤갑(계명대 사학과 교수) 이윤상(창원대 사학과 교수) 이임하(성균관대) 이정진(서울대 국사학과 강사) 이정반(경희대 사학과) 이정선(서울대 대학원) 이정숙(가톨릭대) 이정신(한남대 사학과 교수) 이정선(역사문제연구소) 이정호(고려대 BK21한국사학교육연구7) 이정후(한국역사연구회 중세사분과) 이충범(조선대 교수) 이종봉(부산대 사학과 교수) 이충서(울산대 역사문화학과 교수) 이충현(한신대 사학과 교수) 이추현(이순신전쟁대 사학과 교수) 이교-1 이진모(한신대 사학과 교수) 이진호(부산대 사학과 교수) 이진한(고려대 한국사학과 교수) 이태훈(연세대 사학과) 이핌은(나사렛대) 이학수(부경대 해군사학회) 디한상(대전대 교수) 이향진(서울여대 사학과) 이해준(공주대 사학과 교수) 이현숙(이화여대 한국문화연구원) 이현주(서울대규장각) 이형우(영남대 교수) 이혜二연세대 사학과 강사) 이혜옥(한국외대) 이호룡(한국역사연구회 현대사분과) 이환병(능촌고 교사) 이효형(부산대 한국민족문화연구소 연구원) 임경석(성균관대 사학과 교수) 김민혁(여사실학회 총무이사) 임병훈(경북대 사학과 교수) 임성혜(전남대 박사과정) 임세권(안동대 사학과 교수) 임송자(성균관대 사학과 교수) 임학성(인하대 한국학연구소 교수) 임하영(역사교양학부 운영위원) 임혜련(숙명여대 역사교육과 교수) 장미애(가톨릭대) 장미엔동(중남대 국사학과 교수) 장선화(동아대 사학과) 장성진(신대 국사후-과 석사과정) 장세룡(부산대 한국민족문화연구소 HK교수) 장신(역사문제연구소 연구원) 장여옥(계명대학교 한국학연구원 방문교수) 장영민(상지대 교수) 정흥숙(상명대) 장준철(원광대 사학과 교수) 전경숙(숙명여대 박사) 전국역사교사모임) 전덕재(경주대 교양과정부 교수) 전명혁(한국외대 전영섭(부산대 사학교육과 강사) 전영옥(서울시립대 대학원생) 전영준(중앙대 연구교수) 전우용(서울대병원 병원역사문화센터 교수) 전제현(민국민대 사학과 교수) 전진성(부산교대 사회교과교육 교수) 전현수(경북대 사학과 교수) 전형택(전남대 역사교육과 교수) 전호태(울산대 역사문화학과 교수) 정동락(대가박물관) 정동준(성균관대 BK21사업단 박사후연구원) 정동후(단국대 대학원) 정미선(서울대 국사학과 강사) 정병삼(숙명여대 한국사학과 교수) 정병웅(역사문제연구소 연구원) 정성일(광주주대 교수) 정송(교려대 한국사학과 교수) 정연태(가톨릭대 국사학과 교수) 정요근(숙명여대 다문화통합연구소 연구원) 정용욱(서울대 국사학과 교수) 정재훈(경상대 사학과) 정재휴(서울대 HK연구원) 정진상(경상대 사회학과 교수) 정진아(성균관대 동아시아학술원 연구교수) 정진영(안동대 사학과 교수) 정창렬(한양대 명예교수) 정철웅(명지대 교양과정부 교수) 정호섭(숙명여대 다문화통합연구소 교수) 정해은(군사편찬연구소) 정현백(성균관대 교수) 정호훈(연세대 국학연구원 조경철(연세대 사학과 강사) 조광(고려대 한국사학과 교수) 조규태(한국민족운동사학회 연구이사) 조닉영(서울대 강사) 조명근(역사문제연구소 연구원) 조미은(성균관대 박사과정) 조병로(경기대 사학과 교수) 조성운(교토대학부 인문과학연구소) 조세열(민족문제연구소) 조세현(부경대 사학과 교수) 조승래(청주대 교수) 조영광(경북대 사학과 강사) 조완래(순천대 사학전공 교수) 조원욱(부산대 사학과 강사) 조윤선(청주대 교수) 조재곤(한국역사연구회 근대사분과 조준희(대초중고 조한국교원대 교수) 주경미(부경대 국민대 교양과정부 교수) 주명철(한국외대 교수) 교육과 교수) 주웅영(대구교대 사회과 교수) 주진오(상명대 역사콘텐츠학과 교수) 진상영(동아대 사학과) 차미희(이화여대 사회생활과 교수) 차선혜(경기대) 차인배(동국대 강사) 차철욱(부산대 한국민족문화연구소 채상식(부산대 사학과 교수) 채웅석(가톨릭대 국사학과 교수) 최갑수(서울대 서양사학과 교수) 최경선(연세대 사학과 석사졸업) 최덕경(부산대 사학과 교수) 최보영(동국대 대학원 사학과) 최연숙(식목포대 역사문화학과 교수) 최연주(동의대 사학과 교수) 최영심(김해외국어고) 최영태(전남대 사학과 교수) 최원규(부산대 교수) 최유오(연세대 사학과 교수) 최은신(한양대 석사과정) 최인기(한국대사연구회 중세사2분과) 최진규(조선대 사학과 교수) 최해별(한국정보소년대문화원 역사 교수) 최현(경북대 사학과 강사) 최혜주(한양대 연구교수) 최홍조(경북대 강사) 하세봉(한국해양대 동아시아학과 교수) 하유식(부산대 하일식(연세대 사학과 교수) 하충돈(이-너 일본지역핵과 교수) 하지영(동아대 사학과 한명근(숭실대 박물관 한병개(방지대 사학과 교수) 한모니까(가톨릭대 한문종(전북대 교수) 한봉석(성균관대 사학과 박사과정) 한상권(덕성여대 사학과 교수) 한성민(동국대 사학과 강사) 한성욱(한국문화유산연구원) 한승훈(고려대 한국사학과 박사수료) 한시준(단국대 역사학과 교수) 한운석(성균관대 사학과 교수) 한정숙(서울대학과 교수) 한정호(부산대 사학과 교수) 한창균(한남대 역사교육과 교수) 한희숙(숙명여대 한국사학과 교수) 함순섭(국립대구박물관) 허수(동덕여대 연구교수) 허신혜(홍익대 강사) 허영란(울산대 역사문화학과 교수) 허혜(서원대 역사교육과 교수) 허왕영(한국학중앙연구원 장서각 연구원) 허은(고려대 한국사학과 교수) 허종(충남대 국사학과 교수) 혀태용(고려대 강사) 현재열(부산대 사학과) 현종철(경희대 박사과정) 홍문기(서울대 국사후-과) 홍석률(성신여대 조교수) 홍순권(동아대 사학과 교수) 홍순민(명지대 교수) 홍영기(순천대 인문학부 교수) 홍영의(숙명여대 연구교수) 홍정완(역사문제연구소 연구원) 황병주(역사문제연구소 연구원) 황보영조(경북대 사학과 교수) 황인정(이화여대 사학과)

[해외 명단]

Charles Armstrong(Professor, Columbia University) Edward J. Baker(Professor, Hanyang University) Donald Baker(Professor, University of British Columbia) Brett de Bary(Professor, Cornell University) Remco E. Breuker(Researcher, Leiden University) Mark Caprio(Professor, Rikkyo University) Alfredo Romero Castilla(Professor, National University of Mexico) Koen De Ceuster(Professor, Leiden University) Edward Chang(Professor, University of California Riverside) Kornel Chang(Professor, University of Connecticut) Hyaeweol Choi(Professor, Arizona State University) Hye Seung Chung(Professor, University of Hawaii Manoa) Michael Chwe(Professor, UCLA) Donald N. Clark(Professor, Trinity University) Nicole Cohen(Postdoctoral Fellow, Columbia University) Bruce Cumings(Professor, University of Chicago) Lisa Kim Davis(Professor, UCLA) John DiMoia(Professor, National University of Singapore) Jamie Doucette(Lecturer, University of British Columbia) Alexis Dudden(Professor, University of Connecticut) John Duncan(Professor, UCLA) Carter J. Eckert(Professor, Harvard University) Marion Eggert(Professor, Ruhr University) Henry Em(Professor, Korea University) Stephen Epstein(Professor, Victoria University of Wellington) John Fetter(Editor, Foreign Policy in Focus) Norma Field(Professor, University of Chicago) Takashi Fujitani(Professor, University of California San Diego) Mel Gurtov(Professor, University of Oregon) Dennis Hart(Professor, University of Pittsburg) Martin Hart–Landsberg(Professor, Lewis and Clark College) Laura Hein(Professor, Northwestern University) Todd A. Henry(Professor, Colorado State University) Christine Hong(Postdoctoral Fellow, University of California Berkeley) Theodore Hughes(Professor, Columbia University) Sheila Miyoshi Jager(Professor, Oberlin College) Roger L. Janelli(Professor, Indiana University) Kelly Y. Jeong(Professor, University of California Riverside) Jennifer Jung-Kim(Editor, UCLA) George Kallander(Professor, Syracuse University) Namsoon Kang(Professor, Texas Christian University) Ken Kawashima(Professor, University of Toronto) Walter L. Keats(President, Asia Pacific Travel Ltd.) Daniel Y. Kim(Professor, Brown University) Elaine H. Kim(Professor, University of California Berkeley) Hyung–A Kim(Professor, Australian National Universcy) Jina Kim(Professor, Smith College) Joy Kim(Professor, Princeton University) Kyung Hyun Kim(Professor, University of California Irvine) Sang–Hyun Kim(Postdoctoral Fellow, Harvard University) Sun Joo Kim(Professor, Harvard University) Sun–Chul Kim(Professor, Barnard College/Columbia University) Suzy Kim(Professor, Boston College) Thomas P. Kim(Professor, Scripps College) Jungwon Kim(Professor, University of Illinois Urbana–Champaign) Taik Kyun Kim(Visiting Assistant Professor, University of Wisconsin Madison) Youngnan Kim–Paik(Professor, University of Wisconsin Milwaukee) Ross King(Professor, University of British Columbia) Lev Kontsevich(Researcher, Russian Academy of Sciences) Hagen Koo(Professor, University of Hawaii at Manoa) J. Victor Koschmann(Professor, Cornell University) Tae Yang Kwak(Professor, Ramapo College of New Jersey) Nayoung Aimee Kwon(Professor, Duke University) Gari Ledyard(Professor, Columbia University) Eun–Jeung Lee(Professor, Free University Berlin) Namhee Lee(Professor, UCLA) Timothy S. Lee(Professor, Texas Christian University) James Kyung-Jin Lee(Professor, University of California Santa Barbara) Walter K. Lew(Professor, University of Miami) John Lie(Professor, University of California Berkeley) Ramsay Liem(Professor, Boston College) Gavan McCormack(Professor, Australian National University) Yong Soon Min(Professor, University of California Irvine) Seungsook Moon(Professor, Vassar College) Jane Myong(Professor, Sinclair Community College) Sung–Deuk Oak(Professor, UCLA) Robert Oppenheim(Professor, University of Texas Austin) Hyung Il Pai(Professor, University of California Santa Barbara) Gary Pak(Professor, University of Hawaii Manoa) Albert L. Park(Professor, Claremont McKenna College) Andrew Sung Park(Professor, United Theological Seminary) Chan Park(Professor, Ohio State University) Eugene Y. Park(Professor, University of California Irvine) Jin Y. Park(Professor, American University) Samuel Perry(Professor, Brown University) Michael J. Pettid(Professor, State University of New York Binghamton) Leslie Pincus(Professor, University of Michigan) Janet Poole(Professor, University of Toronto) Jorge Rafael Di Masi(Professor, National University of La Plata) Youngju Ryu(Professor, University of Michigan) Wesley Sasaki–Uemura(Professor, University of Utah) Naoki Sakai(Professor, Cornell University) Andre Schmid(Professor, University of Toronto) Mark Selden(Professor, State University of New York Binghamton) Jungmin Seo(Professor, University of Hawaii Manoa) James D. Seymour(Professor, Chinese University of Hong Kong) Gi–Wook Shin(Professor, Stanford University) Edward J. Shultz(Professor, University of Hawaii Manoa) Tatiana Simbirtseva(Lecturer, Russian State University for the Humanities) Eric Sirotkin(Chair, National Lawyers Guild Korean Peace Project) Min Suh Son(Professor, Johns Hopkins University) Jesook Song(Professor, University of Toronto) Min Hyoung Song(Professor, Boston College) Jae–Jung Suh(Professor, SAIS-Johns Hopkins University) Serk Bae Suh(Professor, University of California Irvine) Seung Hye Suh(Professor, Scripps College) Vladimir Tikhonov(박노자)(Professor, Oslo University) Jun Uchida(Professor, Stanford University) Luc Walhain(Professor, St. Thomas University) Boudewijn Walraven(Professor, Leiden University) Kenneth Wells(Professor, Australian National University) Rob Wilson(Professor, University of California Santa Cruz) Hyangsoon Yi(Professor, University of Georgia) Theodore Jun Yoo(Professor, University of Hawaii Manoa)

* 역사학을 전공하는 교수, 강사, 연구원, 교사, 대학원생 등 676명임. 서명자의 자세한 직함은 한국역사연구회 홈페이지(www.koreanhistory.org) 공지 사항 참조.

학교의 자율성과 정치적 중립성을 위해
교장 선생님께 드리는 편지

존경하는 교장 선생님께,

　바쁘게 진행되었던 학사 일정을 거의 마무리하고, 대입시험을 목전에 둔 중요한 시기에 역사 교과서와 관련한 갑작스런 사안이 발생하여 무척이나 곤혹스러울 선생님께 몇 가지 의견을 드리고자 합니다.

　지난 10일 서울시 교육청을 필두로, 일부 지역교육청이 나서서 학교장에 대한 역사 교과서 연수를 실시하였던 바, 명목상 교과서 안내였지만 대놓고 교과서 채택 변경을 지시하는 내용이어서 교장 선생님께서는 참으로 난감하셨으리라 생각됩니다. 인사권자인 교육감의 공공연한 지시를 거역하기에는 마음이 편치 않고, 이미 신학기 교과서를 다 주문해 놓은 마당에 역사 교사들과 적잖은 갈등을 겪으며, 채택을 바꾸자니 그 또한 답답하셨을 것입니다. 아시다시피 이러한 채택 변경은 사상 유래가 없는 일로 교육적으로 상당한 문제가 있습니다.

　첫째, 교육과학기술부(이하, 교과부)가 교과서 필자들과 수정 논의를 진행하고 있는 가운데, 교육청이 아무런 명분도 없이 교과서 문제에 개입하는 월권적 행위에 교장 선생님이 말려 들어가는 것입니다. 검정교과서가 교과부 소관 업무이며, 교과부가 수정 지시를 한 것도 아니고 권고를 하였다는 사실을 알고 계실 것입니다. 교과부의 권고안에는 정통성 문제를 검토했다고 적혀 있을 뿐, 세부 내용에 정통성에 문제가 있다는 표현은 전혀 없습니다. 교과서 논란이 정치적인 의도로 부풀려진 알맹이 없는 시비였음이 밝혀진 것입니다. 그런데도 교장 선생님께서 굳이 교과서를 바꾸려 한다면, 결과적으로 정권 교체 이후 촉발된 정치적 문제를 학교 현장으로 끌어들여 이념 대결의 장으로 만드는 격이 되고 맙니다. 만약 이것이 실현된다면, 다음 정권 때는 또 어떤 갈등을 겪을지 모르는 일입니다. 부디 교육의 정치적 중립성을 뒤흔드는 불행한 선례를 남기지 말았으면 합니다.

둘째, 이러한 시도가 현행 법규를 위반하고 있다는 사실도 잘 아실 것입니다. 이미 학교에서는 교과용 도서 규정 30조에 따라 내년도분 교과서를 8월 말까지 주문 완료한 상황일 것입니다. 이는 질 좋은 교과서를 안정적으로 공급하기 위한 필수적인 요건이기도 합니다. 그런데 뚜렷한 근거도 없이 관련 규정을 상급기관이 스스로 어기고 있는 것입니다. 한편으로 이는 학교운영위원회 운영 규정을 무시하는 것이기도 합니다. 초중등교육법 60조에 따르면 학교운영위원회는 최대한 구성원의 합의로, 민주적 절차로 운영되어야 하기에, 논의 결과를 승인할 권한은 교장 선생님께 드렸지만, 독단적인 결정을 하지 않게끔 사유서를 제출하게 되어 있습니다. 일부 교육청에서는 사유서만 제출하면 되니까 교장의 리더십을 발휘하라고 했다는데, 과연 이것이 규정을 올바르게 해석한 것일까요?

셋째, 부당한 채택 변경이 학교운영위원회의 자율성과 역사 교사의 전문성에 어떤 악영향을 미칠지 한번 생각해보셨으면 합니다. 지금 시점의 채택 갈등은 학교 자치의 상징인 학교운영위원회를 사실상 부정하는 격이며, 오랜 시간 학생들을 지도한 역사 교사들의 전문적 판단을 무시하는 처사가 됩니다. 그동안 함께 학교 발전을 도모해온 학부모님, 지역위원님의 뜻과 다른 결정을 교장 선생님께서 했을 경우, 학교 운영이 정상적으로 될 수 있을지 무척 걱정스럽습니다. 또 20년간 역사를 가르친 경험으로 교사들이 채택한 교과서를 단 2시간 연수받고 교장 선생님께서 바꾸는 상황을 어떻게 받아들여야 할까요? 그만큼 혜안을 가진 교장 선생님이라고 믿어야 할까요? 아니면 그 학교 역사 교사들을 전문성 없는, 혹은 인정할 수 없는 교사로 여겨야 할까요? 과연 이러한 교사들과 함께 머리 맞대고 공교육

내실화를 꾀할 수나 있을까요? 이에 따른 갈등과 후유증은 고스란히 학교의 몫이 되고, 그것은 또 교장 선생님의 고민거리가 될 것입니다.

모쪼록 실체가 없는 정치적인 공세, 상급기관의 부당한 압력으로 학교 현장이 소모적인 갈등의 장으로 전락하는 것을 교장 선생님께서 막아주시기를 바랍니다. 평생 묵묵히 교사의 길을 걸으셨고, 이 땅의 사표로서 제자와 역사 앞에 당당했던 모습 그대로 소신 있는 판단을 해주시기를 감히 부탁드립니다. 그리하여 어려운 시기에 학교의 등불이 되고, 열악한 여건에서 공교육을 함께 발전시킬 교사들의 나침반이 되어주시기를 간곡히 당부드립니다.

앞으로도 내내 건승하시고, 학교의 교육 활동에 많은 성과를 거두시를 기원합니다.

2008. 11. 20

민족문제연구소, 아시아평화와역사교육연대, 역사문제연구소, 역사학연구소, 한국역사교육학회, 한국역사연구회, 전국가정교사모임, 전국과학교사모임, 전국국어교사모임, 전국기술교사모임, 전국도덕교사모임, 전국미술교과모임, 전국사회교사모임, 전교조수학교사회, 전국역사교사모임, 전국영어교사모임, 전국음악교과모임, 전국지리교사모임, 전국체육교사모임, 전국한문교사모임, 공동육아와공동체교육, 학교자치연대, 그린훼밀리운동연합, 남부교육시민연대, 건강사회를위한보건교육연구회, 민주화를위한전국교수협의회, 서울교육혁신연대, 원탁토론아카데미, 전국교직원노동조합, 전국대학노동조합, 전국전문대학교수협의회, 전국지역아동센터공부방협의회, 정의교육시민연합, 참교육을위한전국학부모회, 학벌없는사회, 한국생태유아교육학회, 한국YMCA전국연맹, 함께하는교육시민모임, 흥사단교육운동본부, 4월혁명회 (이상 40개 단체) 드림

서울시 교육청은 정치적 중립성 훼손을 중단하라!

지난 11월 27일부터 서울 시내 고등학교에서 이른바 현대사 특강이 진행되고 있다. 이는 명목상 수능 이후 다양한 교육과정 운영을 지원한다면서 내용적으로는 국가관, 정체성 확립 운운하는 목표를 세운 행사이다. 막대한 혈세를 쏟아부으면서 벌이는 이 같은 행사가 학교의 요구와는 사실상 무관하게 진행되는 것도 문제려니와, 강사의 면면을 보면 대다수가 보수논객으로 이름을 알린 사람들이거나 역사관 교육과 무관한 사람들로 채워져 있어 도대체 특강의 목적이 무엇인지 의심하게 만든다.

이에 우리는 다음과 같은 요구와 함께, 서울시 교육청이 특강에 대한 실질적인 대안을 마련하기를 강력히 촉구한다.

첫째, 정치적 중립성을 엄격히 준수하라! 현재 서울시 교육청은 '한국 근현대사 교과서'의 좌편향 문제를 거론하며 각 학교에 교과서 채택 변경을 종용하고 있다. 국가 차원의 교과서 수정 논의를 방해하면서까지(?) 좌편향 논란을 증폭시키고, 학교 현장으로 그 갈등 양상을 확대시키고 있는 것이다. 그것도 모자라 이번에는 특강의 이름으로 우편향 인사들을 내세워 대대적인 이념 교육을 시도하고 있다. 이런 식의 특강을 강행한다면, 애초에 서울시 교육청이 내세웠던 이념적 균형이라는 것이 무엇인지 되묻지 않을 수 없다. 서울시 교육청은 정치적 중립을 지키기는커녕 스스로 심각하게 훼손시키고 있음을 자인해야 할 것이다.

둘째, 올바른 역사관 운운하는 표현을 삭제하라! 모름지기 역사관은 누구나 가질 수 있으나 그에 대한 특강이라면 강사는 엄격하고도 객관적인 자격을 필요로 한다. 특히 이번에 서울시 교육청이 발표한 명단에는 올바른 역사관을 거론할 사람이 몇 명이나 되는지 찾기가 어렵다. 보수언론에서 냉전적 사고를 드러낸 사람들, 뉴라이트 교과서를 집필하여 친일과 독재를 미화했던 인물들이 주류를 이루고 있으며, 나머지 인사들은 어떤 자격 요건으로 추천되었는지 기준조차 밝혀지지 않았다. 또 막대한 혈세를 쏟아부으며 역사관을 논하는 자리에 역사학계에 도움을 요청하지도, 강사를 추천받지도 않는 것은 도대체 서울시 교육청이 무슨 역사관을 어떻게 설파하려는 것인지 진의를 의심하지 않을 수 없다.

셋째, 학교 현장에 이념 대결적 혼란을 조장하지 말라! 현재 강의를 듣게 되는 고3 학생들은 국사 또는 한국 근현대사 수업을 받고 수능시험까지 치른 학생들이다. 그런 학생들을 대상으로 지금까지 좌편향 교과서로 수업을 받았으며, 잘못된 역사관을 지니게 되었다는 식의 교육을 한다면, 학생들에게 엄청난 혼란을 가져다줄 것이다. 더욱이 걸러지지 않은 자신의 역사관을 마치 역사학계에서 인정받은 주장인 양 설파하였을 경우, 특강 이후 일상적인 수업에서 학생들을 만나야 하는 교사들은 어떻게 수업을 해야 할지 걱정하지 않을 수 없다. 개인의 편향된 역사관을 무분별하게 특강으로 진행했을 경우 그 후유증은 고스란히 역사교사의 몫으로 남는다. 누가 이 비교육적인 상황을 책임질 것인가!

넷째, 학교의 자율성, 다양성 확보를 위한 대책을 수립하라! 서울시 교육청은 공문의 제목은 다양성 교육으로 붙였지만, 특강 주제는 국가관, 정체성으로 못 박고 자신들이 정해놓은 강사 집단 내에서 강사를 선정하게 함으로써 다양성도, 자율성도 인정하지 않는 태도를 수정해야 한다. 일선 학교들이 필요성을 느낀다면, 적정한 예산을 바탕으로 학교 일정과 필요에 맞게 다양하게 추진할 수 있도록 도와야 할 교육청이 자신들이 의도하는 내용으로, 그 일정에 맞추어 추진하고 보고까지 하게 함으로써 학교의 자율성은 설 자리를 잃게 만들었다. 이른바 대한민국 교육을 선도한다는 서울시 교육청이 스스로 표방한 자율과 개방, 다양성을 외면하고, 절차적으로도 비민주

적인 행태를 보인다면, 과연 학교 현장의 교육 자치와 민주시민 양성이라는
목표가 달성될 수 있을지 의문이다.

2008. 11. 28

역사교육연대회의(민족문제연구소, 아시아평화와역사교육연대, 역사문제연구소, 역사학연구소, 전국역사교사
모임, 한국역사교육학회, 한국역사연구회)

역사 교과서 개악 저지를 위한
미래 역사학자 · 교육자 470인 선언[*]

우리의 주장

1. 정부는 역사학과 역사 교육의 전문성을 훼손하는 행위를 즉각 중단하라.

2. 정부는 역사학자들을 '좌파'로 몰아세우는 등의 탄압을 즉각 중단하라.

3. 정부는 역사 교과서 서술을 수정하려는 시도를 즉각 중단하라.

역사 교과서 개악 저지를 위한 국내·해외 대학원생 일동

(http://cafe.daum.net/gradhisto)

2008. 11. 28

서명자 명단

국내 대학원생

강경천 강동민 강명화 강민철 강성봉 강소영 강수진A 강수진B 강예라 강효주 고경 고바야시 고은찬 고대후 고현이 곽영상 곽현민 구경남 권가희 권혜미 권유진 규혜진 기영란 김가람 김규민 김경석 김경진 김경철 김경애 김경완 김고희 김광규 김기정 김남영 김봉희 김귀희 김대중 김도원 김두영 김문성 김문선 김미선 김미식 김미A 김민석 김민A 김민섭 김선규 김선A 김선식 김성식 김성A 김수민 김수연 김수혜 김수원 김송은 김다혜 김다영 김관혜 김동진 김관수 김관호 김관수 김민지 김민A 김민철 김범지 김범수 김보원 김빛나 김진호 김진욱 김진수 김건지 김건A 김건지

해외 대학원생

Nicole Barnes(UC Irvine) Javer Cha(Harvard) Jisoo David Choi(Harvard) Sung Eun Choi(Tokyo U) Angela Cova(UC Irvine) Jerome de Wit(Sungkyunkwan U) Olga Fedorenko(U of Toronto) Ju Hui Judy Han(UC Berkeley) Whitney Taejin Hwang(UC Berkeley) Andrew David Jackson(U of London) Yong Ha Jeong(U of California) Heein Jun(U of Michigan) Howard Kahm(UCLA) Jin-Yeon Kang(U of Michigan) Hyunchin Kim(Northwestern U) Immanuel Kim(UC Riverside) Jane Kim(UCLA) Jae-Hun Kim(Indiana U) Jimin Kim(Columbia) Jooo Kim(Columbia) Min Kim(UC Irvine) Monica Kim(U of Michigan) Song Kim(UCLA) Sunil Kim(UC Berkeley) Taehyung Kim(UC Irvine) Derek Kramer(U of Toronto) Yamamoto Kunihiko(Bukyo U) Konrad Mitchell Lawson(Harvard) Dennis Lee(UCLA) JunHeol Lee(McGill U) Sanbom Lee(Tokyo U) Li Sang_son Lee(NYU) Soo'ny Lee(NYU) Tobias Lehmann(Sogang U) Won-san Lem(NYU) Hannah Lim(UCLA) Sungyun Lim(UC Berkeley) David Malinosk(UC Berkeley) Kate McDonald(L of California) Jenny Wang Medina(Columbia) Kwi-ng-hyung Park(U of Oregon) Saeyoung Park-Primiano(NYU) James F. Person(George Washington U) Frederick M. Ranallo-Higgins(Columbia) Sang-ho Ro(Princeton) CedarBough T. Saeji(UCLA) Henry Savenye(U of Groningen) Ruth Schedhauer(U College London) Deborah Solomon(U of Michigan) Michael Sprunger(U of Hawaii) Mass Stfile (UCLA) Minkyu Sung(U of Iowa) Bonnie Titard(U of Washington) Debermere J. Torrey(Renr State) David G. Tully(Northwestern U) So Jung Jin(U of Michigan) Tommy Vand(U of Auckland) Joel Webb(U of Massachusetts) Molly Wagerhaupt(U of Michigan) Yoshikawa Atoko(Kyoto U) Huili Zhong(UC Irvine)

참가학교

가톨릭대(국사학과) 경북대(국사학과, 역사교육과, 계명대(사학과) 고려대(한국사학과, 사학과, 역사교육과) 단국대(사학과) 동국대(역사교육과) 동아대(사학과) 부산대(사학과) 서강대(사학과) 서울대(국사학과, 역사교육과) 숙명여대(사학과, 역사교육전공) 성신여대(사학과, 역사교육전공) 울산대(사학과) 이화여대(역사교육전공) 전남대(사학과) 조선대(역사교육전공) 충남대(사학과) 충북대(사학과) 한성대(사학과) ㅇㅇ대(사학과) 역사교육전공)

＊ 대학원생들의 개인 성금을 모아 2008년 11월 28일자 《한겨레신문》에 광고로 게재하였다.

근조! 대한민국 역사교육

실로 비감한 심정이다. 어찌 이럴 수가 있단 말인가. 이 나라의 상식과 법도가 이렇게 땅에 떨어질 수 있는가? 어찌 이러고도 역사 교육을 정상화했다고 말할 수 있는가?

마치 군사 작전을 전개하듯 교육과학기술부는 두 달의 짧은 기간 동안에 역사 교과서 문제를 처리하려고 한다. 수년간 교육과정을 연구하고, 교과서를 만들었고, 정부가 인정하고 학교 현장에서 사용한 지 수년이 흐른 지금, 그 모든 것을 부정하기 위한 노력에 정부가 온 힘을 쏟고 있다. 터무니없는 정치 공세를 수용하여 교과서 수정 지시를 주도하고, 나아가 시, 도 교육청에서 벌이는 교과서 채택 변경 연수에 힘을 실어주며 적극 방조하는 양면작전을 펼치고 있다. 급기야는 저작권법에 위배되는 줄 알면서도 출판사에 외압을 넣어 수정 지시를 관철시키려 함으로써 집필자에 대한 최소한의 신의와 보편적 상식조차 무너뜨렸다.

역사학계는 좌편향되었다는 전제 아래 일체의 대화도 갖지 않고, 그저 눈앞의 정치적 부담을 덜기 위해, 학교 현장이 어떤 혼란에 빠지든 상관하지 않고 작전을 수행하고 있다. 그 과정에서 70년대식 국정교과서 발상으로 21세기 역사 교육을 함부로 재단하고, 세세한 구절까지 서술 변경을 요구하는 횡포를 저질렀다. 더욱 기막힌 일은 그 수정 내용이란 것이 도무지 납득하기 힘든 것들이라는 점이다. 역사 교육의 비전문가인 대통령, 정치인, 관료 들이 수정에 개입하고 있으니 당연한 결과일 것이다. 이것이 정녕 검정 교과서 제도 하에서 있을 수 있는 일인가?

더욱이 교육청을 통해 채택 변경을 강제하면서 자신들이 정한 법규와 절차조차 무시한 채 밀어붙임으로써 이 나라의 민주주의를 근본적으로 부정하는 모습을 보이고 있다. 이러고서도 민주시민을 양성하라고 일선 교사들에게 요구할 수 있는가? 이 같은 비민주적 행태가 초래할 우리 사회의 민주의식의 후퇴는 어찌할 것인가? 그 역사적 평가를 어찌 감당하려 하는가? 일찍이 세계 교과서 역사상 유래를 찾아볼 수 없는 폭거가 21세기 대한민국의 교육 현장에서 버젓이 진행되고 있다. 더구나 이 모든 정치적 억압의 배후에 대통령의 편향적인 발언이 자리 잡고 있다는 보도는 우리를 망연자실케 한다. 근조 역, 사, 교, 육!!! 이것이 우리의 외마디 비명이다.

그러나 상대가 편법과 비상식으로 문제를 왜곡시킨다고 해서 침묵할 수는 없는 일, 우리 역사학계와 상식을 가진 시민들은 교과부의 이러한 행태를 엄중히 문책할 것이다. 그리하여 정치 논리로 역사 교과서를 왜곡시킨 나쁜 선례를 역사의 이름으로 단죄할 것이며, 갖은 탈법과 편법에 대한 법적 도의적 책임을 물을 것이다. 우리는 이번 교과서 수정 과정에서 드러난 우리 교육계 곳곳에 만연한 독재적 행태를 지적하고, 이의 실현을 위해 전면적인 투쟁에 나설 것을 다음과 같이 선언한다.

첫째, 실체 없는 수정 논란을 증폭시키고, 교과서 집필자들의 명예를 훼손하며, 검정 교과서 제도의 근간을 부정한 교과부를 고발한다. 자기 손으로 검정하고 문제없다고 옹호해온 교과서를 정권이 바뀌었다고 자기 손으로 뜯어고치는 자기모순을 지적한다. 역사학계의 진심 어린 호소를 철저히 외면한 채, 특정 집단과 정치권만을 의식한 정치적 중립성 훼손을 꾸짖고자 한다. 어이없게도 출판사를 내세워 교과서 수정 지시를 받아들이게 함으로써 문제의 본질을 왜곡시키는 무책임하고도 저열한 행태를 지적한다.

둘째, 검정 교과서에 대한 월권적 행위, 학교의 자율성과 학교운영위원회의 고유 권한을 무시한 일부 시, 도 교육청의 권력 남용을 고발한다. 일부 교육감들은 교과부 차원의 수정 논의가 진행되는 와중에 교과서 교체를 종용하는 학교장, 학부모 연수를 실시하고, 변경 여부를 보고하게 함으로써 교과서 수정 논의를 사실상 무의미하게 만들었다. 또 학교의 자율적 판단과 학교운영위원회의 결정 내용을 뒤집는 교과서 채택 변경을 강제하여 학교 현장을 좆치 갈등의 터전으로 전락시켰다. 아울러 우리는 정치적 외풍을 막기 위해 뽑은 민선 교육감이 민감한 정치적 사안을 학교로 끌어들여 학교 공동체를 파괴한 죄를 묻는다.

셋째, 학교운영위원회와 관련한 최소한의 절차와 의견 수렴도 무시한 채 불법적으로 교과서 채택을 변경한 일부 학교장을 고발한다. 그들은 부당한 지시인 줄 알면서도 교육청 연수를 핑계로 전공 교사의 신중한 판단을 무시하였으며, 학교운영위원회를 비민주적으로 이끌면서 교과서 채택 변경의 첨병 역할을 하였다. 심지어 전공 교사가 반드시 제출해야 하는 채점표조차 없이 채택 변경을 감행하는 불법을 자행하여 해당 교사에게 지울 수 없는 상처를 주었다. 더 나아가 학교장의 교육자로서의 양식을 의심하게 만드는 경우도 있었다. 과연 이런 상황에서 공교육 내실화가 이루어질 수 있으며, 학교 자치가 진정으로 발전할 수 있겠는가? 우리는 부당 사례들이 취합되는 대로 이 사실을 만천하에 공개하여 그 과오를 물을 것이다.

넷째, 정권의 외압이 있었다고는 하지만, 저자와의 협의 없이 독자적인 수정에 나서겠다는 출판사들의 비양심적 행태에 대해서도 책임을 묻는다. 출판사 측은 교과서 제작이라는 일이 단순한 자본의 논리나 정권의 논리에 놀아나서는 안 된다는 것쯤은 누구보다 잘 알고 있을 것이다. 그럼에도 정치 권력과 야합하여 저자들의 저작권을 무시한 행태는 앞으로 교과서 발행 과정의 왜곡을 초래할 것이고, 출판 관행에도 부정적 영향을 미칠 것이다. 지금이라도 권력의 외압에 굴복한 사실을 반성하고 교육 현장의 민주주의와 올바른 역사 교육을 위한 길에 동참할 것을 촉구한다.

근거 없는 색깔론으로 눈을 가린 권력, 영혼 없는 관료, 그리고 이익에 눈이 먼 출판사의 야합은, 지금 이 순간에도 최소한의 다양성도 없는 검정 교과서와 무너진 법도와 짓밟힌 상식을 우리에게 강요하고 있다. 우리 앞에는 낡은 독재의 논리가 펼쳐져 있으며, 무능과 편법으로 얼룩진 비교육적 현실이 드리워져 있다. 우리는 이 모든 것을 허위로 규정한다. 죽은 역사 교육이라고 엄숙히 주장한다. 그리하여 근조 역사 교육의 기치를 치켜들 것이다.

그리고 그 주검 위에 새로운 역사 교육의 이정표를 세울 것이다. 우리는 다양성에 바탕하여 창의적 사고로 21세기 대한민국의 역사를 힘차게 열어갈 건강한 역사 교육을 펼칠 것이다. 갈등과 파행으로 무너진 학교 현장의 상흔을 보듬고, 정직과 신뢰로 다시 일으켜 세울 것이다. 나아가 온갖 관료적, 비민주적, 비상식적 행태를 바로잡기 위해 우리 사회의 양식 있는 시민들과 함께 맞서 싸울 것이다. 이 모든 문제의 근원이 대통령과 교과부에 있음을 다시 한 번 지적한다. 또한 그와 관련한 모든 사태의 책임도 그들에게 있음을 밝혀두는 바이다.

1. 청와대와 교육과학기술부는 출판사에 대한 부당한 외압을 즉각 중단하라!
1. 교육과학기술부는 집필자의 자율을 무시하는 수정지시를 철회하라!
1. 교육청은 모든 불법행위를 중단하라!
1. 교육과학기술부는 정치적 중립성을 엄격히 준수하라!

2008. 12. 3

역사교육연대회의(민족문제연구소, 아시아평화와역사교육연대, 역사문제연구소, 역사학연구소, 전국역사교사모임, 한국역사교육학회, 한국역사연구회)

[역사학계, 교육계, 시민단체의 항의 서한]

정부는 부당한 역사 교과서 수정 지시와
채택 변경 시도를 즉각 중단하라!

2008년 대한민국의 역사 교육은 시대착오적인 이념 공세에 시달리고 있다. 지난 5월 교육과학기술부 장관의 역사 교과서 좌편향 발언 이후 정부 차원에서 총력을 기울여 소위 '역사 바로잡기'에 나선 까닭이다.

일찍이 정부가 이렇게까지 '역사 바로잡기'에 몰두한 적이 있을까 싶을 정도로 전방위 공세를 펼치고 있다. 교과서 검정의 주체였던 교과부는 정권이 교체되자마자 기존의 입장을 바꿔 적극적으로 교과서 수정 논란을 주도하더니 수정 권고와 수정 지시를 남발하며, 교과서 검정제도의 근본 정신을 부정하고 있다. 교과서 문장과 낱말까지 불러주는 대로 받아 적게 함으로써 사실상 국정교과서로 후퇴시킨 것이다. 일부 시, 도 교육청은 학교장, 학부모를 대상으로 교과서 연수를 실시하며, 특정 교과서를 학교에서 퇴출시키기 위한 노골적인 지시를 하였다. 그들은 교과부와 집필자 간의 수정 논의를 무의미하게 만들었고, 단위 학교운영위원회의 자율적 권한을 부정하였다. 특히 서울시 교육청은 3억 원의 혈세를 쏟아부으며, 우편향 역사 특강을 강행하여 논란을 더욱 증폭시키기도 하였다.

이 과정에서 무수한 변칙과 반칙이 횡행하였다. 교과부는 정상적인 방법으로는 수정이 여의치 않게 되자 출판사에 압력을 넣어 집필자의 동의 없이 교과서를 수정하게 하는 폭거까지 자행하였다. 저작권법에 위배됨은 물론 민주사회의 기본 상식에도 맞지 않는 방법을 동원하여 기어이 수정을 강행한 것이다. 또 시, 도 교육청의 압력을 받은 학교장들은 부당한 지시인

줄 알면서도 역사 교사들에게 교과서 채택 변경을 강요하는가 하면, 학교 운영위원회의 정상적인 심의 절차를 거치지 않고 임의로 교과서를 변경하는 행태를 보였다. 교육자적 자질이 의심스러운 일부 학교장의 망동에 역사 교사의 전문성은 질식당했고, 학부모가 자율적으로 학교 운영에 참가하는 노력도 무산되었다. 이로 인한 학교 현장의 갈등과 과행은 씻을 수 없는 상처로 남을 것이다.

문제는 상황이 이 지경이 되도록 정부 당국이 당사자인 집필자, 역사학계, 역사교육계와 대화할 의사를 전혀 보이지 않고 있다는 점이다. 정부는 소위 뉴라이트 집단과 경제 단체가 제기한 편향 시비를 받아들여 수정 논란을 일으켜놓고, 정작 역사학계와의 진지한 토론이나 성실한 대화를 시도한 적이 없다. 1300여 명의 역사 교사가 시국 선언을 하고, 670여 명의 역사학자, 해외 한국학 연구자까지 선언에 동참하여 정부의 태도를 비판했음에도 불구하고 모르쇠로 일관하였다. 이는 애초부터 역사학계가 좌편향되어 있다고 규정하고, 여론몰이를 통한 이념 공세로 사태를 키워온 것과 같은 맥락이다.

이러한 정부의 역사관은 소위 〈기적의 역사〉라는 학습자료에 극명하게 나타난 바, 4·19혁명을 '4·19데모'로 폄하하고, 광주 민주화 운동이나 6월 민주항쟁은 아예 다루지도 않는 편향적인 인식을 보여주었다. 대한민국 헌법 전문에도 나오는 4·19혁명은 자유민주주의를 상징하는 헌법적 가치이며, 민주화 운동의 출발점으로서 그 역사적 의의는 국민적 상식에 속한다. 민주화 운동 전반을 부정하는 학습자료를 제작한 부서가 바로 교과서 좌편향 논란을 주도하고 있는 부서라는 것은 무엇을 의미하는 것인가? 이는 교과부 자체가 우편향된 역사 인식으로 수정 논란을 주도하고 정상적인 교과서를 좌편향으로 몰아 수정 지시까지 감행하게 만든 것임이 백일하에 드러난 것이다.

이처럼 역사 교과서와 관련한 정부의 행태는 내용상으로 낡고 편향된 이념 공세의 반복임은 물론이거니와 절차상으로도 문제가 많은 까닭에 우리 사회의 양식 있는 사람들의 공분을 일으키고 있다. 역사학의 전문성, 교육의 정치적 중립성, 교사의 전문성, 학교의 자율성 등 민주시민 양성을 위한 교육의 기본적인 철학을 외면한 채, 무리하게 추진되는 수정 시도에 맞서 우리 역사학계와 교육계는 뜻을 모아 교과부의 부당한 정치적 개입을 규탄하고, 즉각적인 중단을 강력히 요구한다. 역사교육의 당사자이자 현 상황의 피해자로서 더 이상의 사태 악화를 막기 위해 여러 시민사회단체와 함께 다음과 같은 사항을 강력하게 요구하는 바이다.

우리의 요구

1. 청와대와 교육과학기술부는 출판사에 대한 부당한 외압을 즉각 중단하라!

1. 교육과학기술부는 교과서 검정제도를 훼손시키는 수정 지시를 철회하라!

1. 교과부와 교육청, 학교장들은 부당한 교과서 교체 압력을 즉각 중단하라!

1. 교과부와 교육청은 교육의 정치적 중립성과 역사 교육의 전문성을 보장하라!

2008. 12. 9

대구사학회, 쿠산경남사학회, 역사교육연구회, 호남사학회, 호서사학회, 한국고대사학회, 한국근현대사학회, 한국민족운동사학회, 한국사연구회·교과서 문제 해결을 위한 공동대책위원회(준) (민족문제연구소, 아시아평화와역사교육연대, 역사문제연구소, 역사학연구소, 한국역사교육학회, 한국역사연구회, 전국가정교사모임, 전국과학교사모임, 전국국어교사모임, 전국기술교사모임, 전국도덕교사모임, 전국미술교과모임, 전국사회교사모임, 전교조수학교사회, 전국역사교사모임, 전국영어교사모임, 전국음악교과모임, 전국지리교사모임, 전국체육교사모임, 전국한문교사모임, 공동육아와공동체교육, 학교자치연대, 그린훼밀리운동연합, 남부교육시민연대, 건강사회를위한보건교육연구회, 민주화를위한전국교수협의회, 서울교육혁신연대, 원탁토론아카데미, 전국교직원노동조합, 전국대학노동조합, 전국전문대학교수협의회, 전국지역아동센터협의회, 정의교육시민연합, 참교육을위한전국학부모회, 학벌없는사회, 한국생태유아교육학회, 한국YMCA전국연맹, 함께하는교육시민모임, 흥사단교육운동본부, 사월혁명회) 이상 49개 단체 드림

관 련 글

김기봉, 〈역사교과서 논쟁 어떻게 할 것인가 − "역사의 정치화"에서 "정치의 역사화"로의 전환을 위하여〉, 《역사학보》, 2008년 198호.

김기협, 《뉴라이트 비판》, 돌베개, 2008.

김성보, 〈역사교과서, 진정 무엇이 문제인가〉, 《역사비평》, 2008년 겨울호(통권 85호).

김승은, 〈뉴라이트의 위험한 교과서 읽기〉, 《민족사랑》, 2008년 6월호.

김종훈, 〈대안 교과서의 조건과 뉴라이트 '대안 교과서'〉, 《역사교육》, 2008년 여름호.

류승렬, 〈뉴라이트 '위험한 교과서'를 해부한다 − 군사정권식 논리를 답습한 '대안 교과서'〉, 《내일을 여는 역사》, 2008년 여름호.

박귀미, 〈뉴라이트의 역사 인식〉, 《역사교육》, 2008년 여름호.

박찬승, 〈교과서포럼의 '대안 교과서' 어떻게 볼 것인가 − 식민지 근대화론에 매몰된 식민지 시기 서술〉, 《역사비평》, 2008년 여름호.

신주백, 〈교과서포럼의 역사 인식 비판〉, 《역사비평》, 2006년 가을호.

_____, 〈교과서포럼의 '대안 교과서' 비판 − 근대물질문명만을 절대화하고 보편가치를 왜소화시켜〉, 《월간 말》, 2007년 2월.

_____, 〈뉴라이트 '위험한 교과서'를 해부한다 − 일본 우익의 후쇼사 교과서와 '대안 교과서'〉, 《내일을 여는 역사》, 2008년 여름호.

역사교육연대회의 편, 《뉴라이트의 "위험한 교과서" 바로 읽기》, 학술토론회 자료집, 2008.

_____, 《'한국 근·현대사 교과서' 문제의 성격과 해결 방안》, 역사교과서 토론회 자료집, 2008.

이신철, 〈새 정권과 역사교과서 흔들기〉, 《역사와 현실》, 2008년 6월호.

이정무, 〈뉴라이트의 침습〉, 《월간 말》, 2008년 7호(통권 265호).

임대식, 〈과거사 내전을 두고 − 거대한 음모와 악한 고리 엿보기〉, 《역사비평》, 2005년 여름호.

정상호, 〈미국의 네오콘과 한국의 뉴라이트에 대한 비교 연구〉, 《한국정치학회브》, 제42집 제3호 (2008. 9).

정지영, 〈뉴라이트의 실체 그리고 한나라당 식민지 근대화론의 허구성 − 주종환 동국대 명예교수〉, 《월간 말》, 2008년 6호(통권 264호).

정해구, 〈뉴라이트 운동의 현실인식에 대한 비판적 검토〉, 《역사비평》, 2006년 가을호.

주종환, 《뉴라이트의 실체 그리고 한나라당 − 식민지근대화론의 허구성》, 일빛, 2008.

주진오, 〈교과서포럼의 '대안 교과서' 어떻게 볼 것인가−뉴라이트의 식민사관 부활 프로젝트〉, 《역사비평》, 2008년 여름호.

_____, 〈위험한 『대안 교과서』, 위기의 한국사 교육〉, 《역사교육》, 2008년 여름호.

최갑수, 〈국가, 과거의 힘, 역사의 효용〉, 《역사비평》, 2008년 겨울호(통권 85호).

편집부, 〈종합토론: '대안 교과서' 어떻게 바라볼 것인가〉, 《역사교육》, 2008년 여름호.

하종문, 〈반일민족주의와 뉴라이트〉, 《역사비평》, 2007년 봄호.

한홍구, 〈뉴라이트 '위험한 교과서'를 해부한다−되살아난 친일 세력과 독재자의 망령〉, 《내일을 여는 역사》, 2008년 여름호.

_____, 〈이경박 시대의 과거청산과 역사논쟁〉, 《역사와 현실》, 2008년 69호.

홍석률, 〈교과서포럼의 '대안 교과서' 어떻게 볼 것인가−'대안 교과서'의 난감한 역설: 현대사 서술 분석〉, 《역사비평》, 2008년 여름호.

홍순권, 〈교과서 수정 권고에 대한 단상〉, 《월간 말》, 2008년 12호(통권 270호).